资源型企业创新能力评价

陈泽明　付红玲◎著

科学出版社

北　京

内 容 简 介

本书重点研究生产要素、资源型企业、产业链、区域环境等构成的创新有源系统，揭示系统的关联性、层次性、动态性、平衡性，分析系统形成的一些机理；研究在有源系统中，创新要素存在形式、集中模式、层次结构，揭示有源系统——企业内生要素与环境要素对企业创新的影响，进而系统研究了影响企业创新的全要素；全面、准确、科学地建立了指标体系，评价了资源型企业的创新能力，创建了一种便捷评价企业创新能力的科学方法。

本书兼具理论性和操作性，前瞻性和现实性，指导性和实用性。案例、专栏并存，图文数表并茂，深入浅出，容易理解，读者经过较短时间的学习，就能举一反三，掌握资源型企业创新能力评价知识。

本书对大专院校师生、理论工作者、广大企业管理人员、技术创新人员、各级政府公务员、事业单位人员等都有很好的理论和实用价值。

图书在版编目（CIP）数据

资源型企业创新能力评价 / 陈泽明，付红玲著 .—北京：科学出版社，2015.2

ISBN 978-7-03-043389-3

I.①资… II.①陈… ②付… III.①能源工业-工业企业-企业创新-创新能力-研究 IV.①F407.2

中国版本图书馆CIP数据核字（2015）第031208号

责任编辑：杨婵娟 郝 悦 / 责任校对：张怡君
责任印制：吴兆东 / 封面设计：铭轩堂
编辑部电话：010-64035853
E-mail: houjunlin@mail.sciencep.com

科学出版社 出版
北京东黄城根北街16号
邮政编码：100717
http://www.sciencep.com
北京厚诚则铭印刷科技有限公司印刷
科学出版社发行 各地新华书店经销
*
2015年3月第 一 版 开本：720×1000 1/16
2025年3月第三次印刷 印张：15 3/4
字数：267 000

定价：88.00元

（如有印装质量问题，我社负责调换）

前　言

企业创新能力是企业发展的核心要素。企业是资源配置的主体，企业如何以最小的投入，实现最大的产出，满足人们不断增长的物质精神需要，是经济学、管理学的立学之本，也是多门学科都关注的重大问题。

全球化不断深化，市场化不断扩展。自然垄断、寡头垄断逐渐被推向垄断竞争和完全竞争。例如，管线自然垄断，被基础设施建设与管理的分离弱化；差别政策垄断，因政府还权于市场被取消；资源独占垄断，因各种交易平台的建设被打破；少数寡头垄断，则由于引进新的市场主体增强了竞争性。这些都使越来越多的企业失去了垄断利润，只能参与差别竞争和完全竞争，进而使市场信息不对称逐渐减少，等量资本无论投向任何行业，都只能获得大体相同的回报，即企业只能获得社会平均利润率。这种情况下，企业要想获得超额利润，必须拥有核心竞争力。核心竞争力是企业独占的竞争能力。要独占，就要不断超越对手；要超越，唯有不断创新。

从物质形态的角度来看，企业是生产要素的集合体。企业创新能力取决于企业的生产要素构成体系。长期以来，很多学者、企业家沿着这一路径探索了企业创新能力构成体系。但在建立创新能力评价指标体系时，很多学者、企业家大都只是按行业分类，进行指标体系设计；在评价过程中，对权重的测度，多采用专家评定法，评定出的分值，因无法设定零基点，而难以获得可比较的结果。这样一来，一是企业创新能力评价难以进入应用评价阶段；二是评价体系的多样性，造成不同行业企业创新能力难以相互比较；三是专家评定权重客观性不足，科学性不够；四是零基点难寻，就难以按等级对企业创新能力进行分类和指导。基于此，笔者在 2009 年主持的国家自然科学基金项目“基于企业内部与环境创新要素的资源型企业创新能力评价指标体系研究”，系统研究资源型企业内部要素和环境要素的指标集成，获得企业创新指标权重，采集大量资源型企业上市公司数据，集成模拟标杆企业，设定资源型企业创新优、良、中、差评价标准，找到资源型企业创新能力评价指标体系并通过了应用验证。

笔者在基础研究和应用研究方面进行了颇有成效的探索。

基础研究方面，通过建立资源型企业创新能力评价指标体系，进一步探查了资源型企业创新能力与资源环境的相关性，揭示创新环境要素对资源型企业创新影响权重达 50% 左右；发现资源密集型企业创新能力受环境影响的成果，提示了加工密集型、知识密集型企业创新能力可能同样受环境影响。这两种企业生产要素，主要包括人力、技术、设备、管理、知识、信息等，这些要素通过生产链、知识链与环境密切相关。加工密集型、知识密集型企业创新能力受环境影响，应该比资源型企业受环境影响小。另外，本书还尝试探究加工密集型企业和知识密集型企业内部创新要素如何通过产业链、资金链、知识链与环境地理、经济、人文空间相联系。进一步研究不同要素密集企业与环境的联系机理应能很好揭示这种规律，进而有望建立全产业企业创新能力评价指标体系，即通过调整环境和企业之间影响系数的方法，就有望建立全产业通用的企业创新能力函数表达式。

应用研究方面，应用管理学、经济学、熵学、系统科学等对资源型企业创新能力评价指标体系进行研究。用 N 维空间结构理论，揭示了该评价指标体系的“二元结构”，研究了企业创新内部和环境要素集成体系，构建了“完备评价指标体系”，用粗糙集理论寻找指标体系的核，消除冗余信息，将多重共性较大、数据可得性较差的指标约简得到有效指标体系。最终形成 2 个结构层、5 个能力层、16 个要素层、90 个观测层的指标体系。在不同指标层上，采取不同的赋权方法（熵值法、多元回归法、指标逆向集结法）确定指标体系的权重，权重效度得到很大提升。根据均匀分布原则，对样本企业各指标的最高和最低分进行集合模拟，确定企业创新能力各指标上限和下限值，获得直观分层模拟标杆企业，得到企业评价指标体系的等级标准。最后通过应用验证指标体系的效度、信度和可行性，修改完善了评价指标体系。

这些研究成果，应该说也是笔者长期努力的结果。从 2003 年开始，笔者一直围绕企业动态优势这一管理科学“十五”重点研究前沿问题，开展了大量理论研究，掌握了多学科、宽领域、深视角研究复杂问题的方法。部分成果在《经济学家》上发表，在国内外学术界引起广泛关注。同时，笔者在2009年承担的国家社会科学基金面上项目“生产要素跨区域流动带动产业转移的理论与对策研究”中，进一步研究了资源、环境和能力三种企业优势。在省级软科学基金项目“企业评价指标体系”中，研究评价体系的N维空间结构等。研究表明，企业集合体中生产要素的构成不同会使企业拥有不同的竞争优势；企业受环境影响，同质生产要素在不同的环境空间中，其使用价值会发生变化；企业所在环境空间和企业内生要素共同影响企业创新能力。基于这些研究基础，笔者得以使项目如期结题。为了促进企业创新能力评价，推动生产力发展，笔者除了在一些国家权威、核心刊物上发表研究成果，被EI、ISTP、CSSCI等收录外，还应同行专家的请求，把独立研究的部分成果，整理充实出版了这部专著。特别感谢教育部人文社会科学重点研究基地——重庆工商大学长江上游经济研究中心对基础性研究成果的重视，对专著的出版给予的大力支持和帮助。感谢科学出版社的同志，因为他们的辛勤劳动，此书在短时间内就与广大读者见面了。

作者

2014年12月28日

目　录

第一章 绪 论

1.1 资源型企业创新能力评价逻辑

以区域、产业、企业、要素立体视角，笔者基于前期对企业创新的内生动力源，企业竞争优势受环境的影响，以及企业创新环境要素的空间结构研究等一系列成果，应用管理学、经济学、熵学、模糊数学、系统科学等对资源型企业创新能力评价指标体系进行系统研究。

本书逻辑路径如下。

（1）基础概况。主要包括思维框架、文献述评、比较优势等。

（2）企业创新本源理论分析。运用熵、自由能等理论，研究资源型企业内部资源、资本、知识创新要素，掌握资源型企业通过产业资源链、资金链、知识链与环境地理、经济、人文空间相联系的规律。

（3）企业创新环境 N 维空间研究。运用辐射场、矢量等理论工具，揭示受 N 维要素影响的区域空间，通过矢量叠加形成地理空间、经济空间、人文空间。不同的区域空间是由三维空间中不同的一维或多维空间引致的。不同空间是由这一空间的要素、结构、比例的不同造成的。处于不同区域空间的同一要素，具有不同的使用价值量。这是同一企业处于不同区域空间，企业创新能力可能发生变化的根本原因。

（4）企业创新体系与要素构成。基于企业创新内生要素与外部环境的相关理论思想，采集企业创新有关的内部和环境要素，分析企业资源、资本、知识要素在企业内部和地理、经济、人文环境空间单元的存在形式，分析要素的特征、分层形式和体系。

（5）资源型企业创新能力完备评价指标体系的构建。基于企业内部要素与外部环境要素构建充分非必要条件下的资源型企业创新能力完备评价指标体系。

（6）资源型企业创新能力评价指标体系的约简重构。通过原始数据的搜集与整理，用粗糙集理论对资源型企业创新能力完备评价指标体系进行合并、约简重构。

（7）资源型企业创新能力评价指标体系权重确定。采用熵值法、逆向指标集结法确定指标体系的权重，并通过多元回归的办法进行验证。

（8）资源型企业创新能力评价指标体系的评价标准。以若干资源型上市企业为样，模拟出最优与最差企业，形成评价标准，并进行等级区分。

（9）资源型企业创新能力评价指标体系应用与验证。通过对一定量的样本企业进行实际应用，验证所构建的指标体系的效度、信度和可行性。

（10）项目推广的建议及进一步研究方向。对项目进行总结，以及对进一步的研究方向进行探索。

1.2 综合评价与企业创新能力评价综述

1.2.1 综合评价理论综述

国外的管理科学学派最早提出综合评价理论。美国管理科学研究所最早对系统综合评价问题进行研究；决策学派的代表人物西蒙也将系统评价作为科学决策的关键；系统工程的不断发展推动着综合评价理论的发展，如 Satty 提出层次分析法 (analytic hierarchy process, AHP) [1]、Charnes 等学者提出数据包络分析法 (data envelopment analysis, DEA) [2]，Chankong 和 Haimes 系统地提出多目标决策技术理论 [3]。

随着系统科学、管理科学、数学、计算机及人工智能等学科的不断融合和创新，产生了许多新的综合评价理论与方法。从 20 世纪 80 年代开始，新的综合评价方法不断涌现，如模糊综合评价方法、灰色评价方法、主成分分析法、聚类分析法等。

随着计算机和信息技术的发展，人机交互的评价模式产生了。Levine 和 Pomerol [4]、Crabowski 和 Wallace [5] 提出人机交互评价方法。Booker 等 [6]，Dagli 和 Schierholt [7] 将人工神经网络技术 (artificial neural network, ANN) 导入综合评价中，模拟人脑学习、联想的过程，对复杂评价对象进行智能化综合评价。

1982 年，波兰学者 Pawlak [8] 提出粗糙集理论，此后，Greco 等 [9] 学者不断将其完善，将粗糙集理论应用到综合评价中。

国内外主要研究成果如表 1-1 所示。

表1-1 国内外主要综合评价理论研究成果

年份	学者	主要观点与成果
1978	A.Charnes, W.W.Cooper	数据包络分析方法及 C2R 模型
1980	T. L. Saaty	基于 1~9 标度的 AHP 法
1982	Z. Pawlak	粗糙集理论是一种处理模糊性和不确定性的数学工具。可以去除冗余属性，生成约简属性集；客观评价属性的重要度；产生规则知识并对新对象进行决策
1983	V. Chankong, Y. Y. Haimes	系统建立多目标决策技术理论
1984	R. D. Rank, A. Charmes, W.W. Cooper	根据评价对象的“输入”和“输出”数据来比较相对效率，作出评价
	Jackson, Keys	提出系统方法论，研究如何在特定环境下选择评价方法
1986	P. Levine, J. C. Pomerol	提出多目标决策的人机交互决策模式
1988	水本雅晴	促进了模糊综合评价方法的产生
1989	W. Ulrich	批评式系统启发方法
	L.B.Booker，D.E.Goldbers and J.H.Holland	基于人工神经网络技术的综合评价。但是这种方法训练速度慢，很难保证学习精度，网络泛化能力差
1990	C.C.White	提出专家系统与评价的结合
1993	H.Maeda	将模糊集理论引入多目标决策中构成模糊决策方法，用于不良定义决策问题的求解
	M.R. Crabowski, W.A. Wallace	提出人机交互式评价方法
1995	Clemencia Morales-Montejo	总结了不同的评价方法论及评价所需要的系统方法：基于目标的评价方法论需要交互式的管理，系统资源的评价方法论需要生存系统建模，多行动者的评价方法论需要软系统方法论，文化的评价方法论需要理想设计
	R. Slowinski	粗糙集理论应用于综合评价中
1998	R. Sorkin, R. West, D. Robinson	群决策支持系统，核心的模型库是各类单一评价方法的算法模型，是专家系统、知识库、推理机与人工智能领域的结合，支持半结构化和非结构化问题求解
1999	R. R. Yager	提出有序加权平均（ordered weighted averaging, OWA）算子，它是一种介于最大与最小算子之间的多属性决策信息的集结方法，在 OWA 算子的基础上推广提出了诱导有序加权平均（induced ordered weighted averaging, IWOA）算子
1999	G. Weiss	将模糊数学、遗传算法、基于 agent 的建模方法和 Swarm 仿真、离散事件系统建模工具 Petri 网等技术方法应用到综合评价领域，更加灵活、智能化

续表

年份	学者	主要观点与成果
2000	Fritz, Hosemann	用单变量线性判别分析法估测每个指标与评价类别的相关程度，选取最具判别力的指标消除冗余指标
2001	Fusun Ulengin, T. Y. IIker, Sule Onsel	将多方法组合、交互式思想同先进的技术方法综合，构成集成式智能化交互式评价支持系统，形成“人 - 机 - 评价对象”一体化模式，融评价对象集、目标集、评价人集、评价方法集及其他先进技术于一体
2003 2004 2005	陈国宏等[10]，陈衍泰等[11,12]	对组合评价方法及其计算机系统实现问题作了一系列研究，运用系统分析，对组合评价系统进行多层次、多角度的探索，根据综合评价方法的内在属性差异，将评价方法分为三个层次，提出了同一层次上评价方法的组合以及各层次之间相应的评价组合问题，构建有效的组合评价计算机系统模型
2006 2008	金菊良和魏一鸣[13]，王硕等[14]	对智能化综合评价方法进行了系统研究，包括赋权的智能化、模式识别的智能化、决策分析的智能化、组合理论的智能化、相似理论的智能化等评价方法
2007 2010 2011	郭亚军等[15-17]	深入动态评价方法，将有序加权算子及其相关算子推广到时序数据集结的方法中，提出了时序加权平均（time order weight averaging, TOWA）算子和时序几何平均（time order weighted geometric averaging, TOWGA）算子两种新的算子，并应用于动态综合评价方法中。利用时序加权平均算子和时序几何平均算子对时序立体数据进行降维处理，并给出了确定时间权重的最小方差法。在事先给定的时间度的情况下，尽可能地寻找一组最稳定的时间权重系数来集结样本值，即寻找一组时间权重系数使其波动最小
2011 2010 2012	苏为华，陈骥，孙利荣等[18-20]	对群组评价进行研究，基于 Delphi-AHP 构权过程中专家意见一致性的统计检验问题，提出了 p 阶对称均值比指标用于度量专家意见一致性，并建议了两种确定阈值的方法。同时，设计基于累进分布的区间指标排序方法（分多种类型的区间数及其评价）

当前学术界对综合评价方法研究呈现以下特点。

（1）评价过程动态化。从动态角度设计评价模型与参数，包括基于函数型数据的评价思想。

（2）评价应用广泛化。综合评价技术已经演化为一种多属性测度技术，广泛应用于各种类型的现象测度分析中。

（3）评价方法智能化。各类人工智能方法、统计学习理论、数据挖掘等有学习能力的学科方法被引入到综合评价领域。

（4）评价工具软件化。已经有团队在开发综合评价专用软件，从而使得评价计算过程自动便捷、评价结果实时可视。

（5）研究力量团队化。国内学术界已经形成了若干个综合评价理论研究团队与应用团队，研究成果的学术影响与社会影响日益扩大。

（6）研究领域交叉化。综合评价方法与多目标（属性）决策方法、运筹优化技术、应用数学方法等学科之间的结合日益密切，使评价方法更加复杂。

1.2.2 企业创新能力评价综述

企业创新的概念最早是由熊彼特提出的，他认为创新就是建立一种新的生产函数，即把一种从来没有过的关于生产要素和生产条件的新组合引入生产体系。 对于创新的内涵不同学者有不同的定义，但大都是“按照物质生产及其相关技术的发展来定义、来评价的”，基本上都认为企业自主创新能力是多种能力的综合，尤以技术创新作为企业创新的主要来源[21]。

国外学者关于企业创新能力评价指标体系的构建也有一些研究成果：West phal 从组织行为的角度，把企业技术创新能力看成是组织能力、适应能力、创新能力和技术与信息获取能力的综合[22]。Stcck 采用核对表对 R&D 活动进行了评价[23]。Barton 从企业主体视角，认为企业技术创新能力由员工的知识和技能、技术系统、管理系统、科技意识和价值规范等组成[24]。Ransley 和 Rogers 以技术传递、技术交换、知识管理和知识创新来评价企业创新能力[25]。Burgelman 把企业技术创新能力看成是可利用的资源、对竞争对手的理解、公司的组织结构和文化、开拓性战略等能力的组合，注重内部环境与外部环境的共同作用[26]。Terziovski 等基于创新的系统集成和网络模型从创新投入、创新流程、创新产品和创新战略四个方面来测评组织的创新能力[27]。Bagno 和 Cheng 提出组织内部创新系统（intelligent instruction system, IIS）的概念，并指出战略准备、外部环境、内部组织结构、外部结构的一体化、系统化组织的基本过程、人为因素 6 个基本要素[28]。Rush 等提出的评价指标，主要包括技术创新的意识与意愿、外部动力、核心竞争力、技术战略发展情况、技术创新的可行性研究能力、获得技术的能力、企业内部技术的实施吸收及运作的能力、技术创新中的学习能力、与外部的合作与激励机制等[29]。Perdomo-Ortiz 等在研究全面质量管理与企业技术创新的关系时，提出技术创新的衡量尺度包括产品范围和推出频率、生产系统的技术新颖性、技术创新上的开支、专利等[30]。总体来看，外国专家学者关于技术创新能力影响因素的构成各有独创之处。例如，Stcck[23] 采用核对表的形式，从不同的问题中反映与技术创新能力相关的主要因素，更具创造性和指导作用；Terziovski 等[27] 的测评更具有过程性与系统性相结合的特点，因而更具科学性和现实意义。但有的研究系统性不够，有的在影响因素的划分上存在交叉与混合，整体上仍有待进一步完善。国内学者对企业技术创新能力评价指标体系的研究可概括为以下三类。

（1）从企业技术创新实现过程中所投入要素的量与质的角度评价技术创新能力的评价指标体系。程涛基于要素提出了一个由“人员能力、设备能力、信息能力和组织能力”四个要素组成的评价指标体系模型。察志敏等将企业技术创新能力划分为企业潜在技术创新资源、技术创新投入、技术创新组织、技术创新产出四个方面，以此设计了指标体系[31]。

（2）从企业技术创新过程的角度评价技术创新能力的阶段性评价指标体系。远德玉等依据企业技术创新过程的阶段性特征和在不同阶段三类创新资源的配置和利用状况，提出了“机会选择—技术开发—样品制造—批量生产—销售”五阶段模型思想[32]。杨宏进提出了“决策—实施—实现”三阶段模型[33]。郑春东等提出了“需求分析—构思规划—研究开发—生产—价值实现”五阶段模型[34]。

（3）综合了上述两类观点并考虑环境、资源要素等在内的较系统全面的评价指标体系模型。这一类技术创新能力指标体系在检索到的文献中占大多数，其核心指标大致包括“创新投入能力、创新管理能力、研究开发能力、制造能力、营销能力和创新产出能力”。傅家骥将技术创新能力分解为创新资源能力、创新管理能力、创新倾向、研究开发能力、制造能力和营销能力，受到多数专家学者认可，对以后的研究具有一定的指导意义[35]。董岗和傅铅生将指标体系主要分为：外部环境、内部环境、研发能力、信息化水平、制造能力、营销能力、协同能力和经济社会效益等[36]。韩超群等提出的指标体系主要构成包括创新投入能力、创新管理能力、研究开发能力、制造能力和营销能力等[37]。孙细明等提出的指标体系主要构成有创新投入能力、创新管理能力、研究开发能力、产品生产能力、创新营销能力和创新产出能力等[38]。刘晓威提出包含有创新投入能力、创新管理能力、研发能力、创新生产能力、创新营销能力、创新产出能力、信息化能力7个一级指标和37个二级指标的评价指标体系[39]。李琪提出的指标体系主要由创新倾向、创新资源投入能力、创新水平、制造能力、营销能力和创新产出能力等构成[40]。曹崇延和王淮学提出了包括R&D能力、生产能力、组织管理能力、投入能力、营销能力、财务能力和产出能力等7个指标类、40个分指标的评价指标体系[41]。骆珣和张振伟构建了包括企业家综合能力、组织文化、员工综合水平、资源获取能力、资源配置能力、研究开发能力及营销能力在内的7个指标的企业技术创新能力评价指标体系[42]。崔总合等提出创新能力评估的四个维度：技术创新、管理创新、市场创新和制度创新，将企业技术创新能力评价指标体系又分为R&D投入、产出和创新组织与管理三个维度[43]。

综观国内外企业创新评价指标，各指标都有较明确的评价目的，指标体系层次分明，通常由二层或三层指标构成，每层指标间具有极强的内在逻辑联系，共同构成了完整的评价指标体系。通过分析对比上述国内外具有代表性的创新指标，重点指标稍有差异，见表1-2。

表1-2 国内外创新评价指标重点指标

指 标	国 外	国 内
资金投入	√	√
人员数量	√	√
知识产权	√	√
创新产出	√	√
创新环境	√	√
互联网接入率	√	
风险投资	√	
人员素质	√	
创新障碍	√	
企业分类		√
总盈利状况		√

可以看出，国内外的创新评价存在具有普遍重要意义的创新指标。其中，资金投入、人员数量、知识产权、创新产出和创新环境为国内外创新指标都采用的指标，可以将其归纳为三类指标：创新基础、创新绩效和创新环境。但由于受国内外实际情况及调查指标类别的限制，国内与国外选用的评价指标有所不同。具体表现在：国外的创新指标尤其注重互联网接入率、风险投资、人员素质和创新障碍考核，而国内相关考核指标很少；国内创新指标注重总盈利状况，并对不同类别的企业进行不同处理。可见，研究者从不同视角出发，对创新理解的角度不同，导致了创新指标的构成也不尽相同。另外，国内外各创新指数编制的目的和原理不尽相同，因此在指标设计上也会存在一定的差异，所强调的主题也会有所不同。

尽管国内外专家学者对企业创新评价指标存在不同的构建模式，但大多集中于从投入与产出（内生要素）及环境（外生环境要素）两个指标类型，通过企业、产业、国家三个层面进行指标划分，指标主要分为人员、R&D、经费、同其他机构的合作程度、公众创新支持计划的认可度、企业人员的教育背景、专利、新产品销售收入、创新产品数目、同其他机构的合作创新程度、绿色技术创新投入指标等维度。这些指标体系通常存在以下缺陷。

（1）过于强调要素对企业技术创新能力的贡献，忽略整个企业技术创新的过程性和系统性的不足，或者突出产品创新而忽略工艺技术创新；过分依赖研发投入、专利等数据；体现企业在时间与环境等因素方面差异性的指标比较缺乏。

（2）指标适用范围较窄，横向可比性较弱。很多指标属于区域创新指标，只可纵向比较，不具有国际可比性，不能体现与国际先进水平的差距。

（3）创新指标的选取大多是静态指标，没有从动态角度考虑创新活力因素，未将企业创新能力、产业创新集群、创新网络及国家或地区的创新环境结合起来。

（4）绝大多数指标体系的构建仅提供了一个指标群，对于如何评价、如何获取数据、指标体系如何应用等均避重就轻，一言蔽之。

（5）对于指标体系中关键参数——权重，目前基本通过主观打分确定，这无疑导致了整个指标体系信度和效度的下降。

1.3 本书的特点

国内学者及企业家从不同角度来分析企业创新能力构成要素，探索建立企业创新能力的评价指标体系，国外很多研究机构和企业也在尝试制定适合评价企业创新能力的指标体系，一些商业性的创新评比也逐渐盛行起来。各杂志会定期评选出最具创新力公司，如从2007年开始，《经理人》每年都会评选出“中国最具创新力公司”，并对企业创新能力给出了四点客观指标：整体盈利能力、研发创新能力、管理创新能力、营销创新能力。在主观指标方面，则从商业模式的创新性、领导人的创新意识、企业的创新文化等加以考量。与此类同，《财富》、腾讯网等一些知名杂志和媒体也经常对企业的创新能力进行评论和总结。

相比学者们学术性的指标体系探讨，这些机构的企业创新能力评价更加实用，更具可操作性，也更加能够得到各界的认可和推广。2005年，国家统计局中国经济景气监测中心发布《中国企业自主创新能力分析报告》，提出的衡量企业自主创新能力的指标体系，包括潜在技术创新资源指标、技术创新活动评价指标、技术创新产出能力指标及技术创新环境指标在内的四个一级指标。

（1）潜在技术创新资源指标，包括企业工程技术人员数、企业工业增加值、企业产品销售收入等项。这一指标包括人力资源存量和经济资源存量，主要反映某区域内的所有企业潜在的技术创新能力。

（2）技术创新活动评价指标，包括科技活动经费占产品销售收入比重、研究和试验发展活动经费投入占产品销售收入比重等项。可用企业在技术创新活动各个环节的经费投入来衡量。

（3）技术创新产出能力指标，包括申请专利数量占全国专利申请量比例、拥有发明专利数量占全国拥有发明专利量比重、新产品销售收入占产品销售收入比重等项。

（4）技术创新环境指标，包括财政资金在科技活动经费筹集额中的比重、金融机构贷款在科技活动经费筹集额中的比重等项，这些因素可以归结为企业所处地域的信息化水平、市场竞争程度、政府部门的扶植与金融机构的支持等。

但是，国家统计局中国经济景气监测中心并没有发布企业自主创新能力评价指标体系的具体评价方法和评价过程，所提出的评价指标体系仅是一个方向性的指导。

目前，国内最具权威的企业创新能力评价指标体系是2008年由国务院发展研究中心批准，中国企业评价协会主办的“中国企业自主创新TOP100评价”活动。该活动从2008年开始，每年进行一次，并发布年度《中国企业自主创新评价报告》。主办方从创新投入和创新产出的角度构建了评价指标体系，采用模糊综合评价方法，以企业填报涉及的R&D能力、生产制造能力、价值实现能力、组织管理能力等40项数据作为评价依据，解决企业自主创新能力评价体系中这类包含定性和定量指标的多指标、多属性，以及评价指标存在不确定性和模糊性的综合评价问题。该方法应用模糊关系的合成原理，将企业自主创新评价中的一些边界不清，不易定量的因素定量化，从而实现对企业自主创新能力的综合评价。

虽然“中国企业自主创新TOP100评价”能够通过特有的方法将中国企业

自主创新能力进行指数量化，从而进行排序评价，但其中有几个关键问题仍旧没有解决。

（1）指标体系理论基础相对匮乏无力、不够充实。从创新投入产出视角进行指标体系构建，将两个重要概念——创新效率和创新能力视为等同。创新效率是企业创新活动的静态结果，反映出来的就是投入与产出之间的比值。比值越高可以认为效率更高。创新效率和创新能力之间存在正相关关系，但却是一种弱边界效应的正相关关系。单纯从数值上看，创新效率高，并不意味着创新能力强；创新效率低也不一定就是创新能力弱。效率衡量的是事物静态时点上的状态；而能力则是事物动态过程中表现出来的行为水平。这种不一致性的根源在于企业创新系统外部的环境因素。企业内生创新能力与外部环境相适应的情况下，表现出来的就是高的创新效率；而当企业内生创新能力与外部环境不匹配的时候，这种正的相关关系则会被弱化。

（2）不能区分不同要素企业受环境影响创新优势的不同，也就不能准确、真实地再现各种要素构成的企业的创新能力，使研究的指标体系使用范围受限。

（3）指标体系的指标群选择不全面，有些重要的指标并不被包含在指标体系中。为什么是这些指标而不是那些指标？没有对指标入选的充分性和必要性进行论证，一个指标进入或不进入指标体系完全由人为控制，其效度有待考察。

（4）指标体系的权重是如何确定的没有交代清楚（至少我们研究过程中始终没有找到相关资料能够直接或者间接说明其指标体系权重是如何确定的）。若由专家打分确定，其主观弹性将放大，整个指标体系权重的信度需要再考证；若由客观赋权，由于其考察样本是企业自主填报的原始数据（并非所有企业都愿意将自主创新的相关核心数据资料公布），样本的覆盖率和可代表性存在不确定性，从而权重确定需要再研究。

（5）评价系统并没有给出评价标准，仅能够给出一个最终评价指数，然后对指数排名从而得到企业创新能力的水平。这就使得必须在大样本考察的情况下，该指标体系才能够正常工作。在小样本或者仅对单个企业评价时，这种指标体系就失去评价意义了。

从上述分析看，目前国内外真正能够有效评价企业创新能力的指标体系还很不完善，存在诸多未解难题。相比之下，本书所构建的资源型企业创新能力评价指标体系有以下六个特点。

（1）理论基础较为坚实。本书以企业内生创新要素与外部环境空间密切相关理论观点，以作者前期对企业创新环境要素的空间结构、企业创新的内生动力源、企业竞争优势受环境的影响等一系列研究成果为基础，通过大量严谨的论证，借助管理学、熵学、系统动力学等学科理论，深化了对企业创新规律的认识。认为企业创新能力源于内外部创新要素的链式交互；异质性的创新价值链在企业生产与资源配置环节，通过各创新资源要素链与企业外部的创新要素市场和环境相联系，并将企业内部创新知识和信息外化，通过扩散效应影响时空；动态变化的时空与创新资源环境要素通过各种创新资源要素链内化为企业创新资源要素使用价值变量，在企业内部产生聚集和整合效应，从而影响企业的生产和创新；企业与环境之间存在类似系统动力学规律的物质、能量交换，环境创新系统和企业创新系统的结构都是动态反馈的结构；内生创新要素与市场体系的结合是企业资源配置的必须途径，与政策体系的结合是企业规避风险的有效措施，与社会创新服务体系的结合是企业创新重要手段，与文化环境的结合是企业创新成功的保障。

（2）评价对象较为专注。企业创新是一个复杂过程，不同类型企业在相同的时空环境中，其创新投入、产出、模式等具有较大的异质性，相同类型的企业在不同的时空环境中同样也表现出强烈的创新异质性。这些异质性对企业创新能力具有重要作用，不可忽视。如何处理这些异质性是设计评价指标体系需要首先解决的问题。两条途径：其一，专注于某一类型企业，构建创新能力评价指标体系，如本书中所设计的资源型企业创新能力评价指标体系；其二，构建一个能够将这些创新异质性量化分离出来的通用评价指标体系，这是需要后续研究的问题。本书以资源型企业作为研究对象是对模糊的一般企业创新能力评价指标体系的细化、深化和合理化。

（3）指标体系较为系统。在前文理论基础上，我们以企业创新源泉为视角，将企业创新分为企业内生性创新和企业创新三维空间两个方面，并研究了企业创新体系“二元结构”：企业内生性创新在企业创新三维空间中完成；企业内生性创新成果外溢之后将导致企业创新三维空间的变化和改进；企业三维空间对企业内生性创新具有约束与条件功效；企业内生性创新与企业创新三维空间通过知识流、人才流、资金流、商品流实现交互；企业创新的源泉来自于创新要素，我们将其归纳为五类，共16个要素层，90个观测要素。

（4）指标选择较为科学。在综合评价指标体系中，评价对象的复杂性及评价要求的全面性，常常导致指标体系的不完整、不精确，这是传统指标体系构建流程所极力回避的问题。如果把资源型企业创新能力完备评价指标体系的具体指标看成一个集合，那么真正意义上的资源型企业创新能力评价指标体系，应该是资源型企业创新能力完备评价指标体系的一个子集，资源型企业创新能力完备评价指标体系是资源型企业创新能力评价指标体系的充分非必要条件。鉴于此，本书应用粗糙集理论约简重构资源型企业创新能力评价指标体系。粗糙集不同于概率论、模糊集等其他传统数学分析工具，在定量分析和处理具有不确定性和不完备性的数据时很有优势，表达方式非常客观，通过上、下近似的概念来描述和表达系统的含糊性和不确定性。概率论和模糊集在处理数据时都需要先验知识，而粗糙集对数据的分析不需要任何先验知识，完全基于数据本身，避免了主观因素的影响。粗糙集可以发现指标间完全或部分的依赖关系，在不影响分类结果的前提下，最大限度地消除冗余信息，将多重共线性较大、数据可得性较差等指标合并、删除、重组，解决指标体系不确定性问题。

（5）指标权重较为合理。我们采用客观赋权法，即在不同指标层上，根据指标及原始数据的特点，采取熵值法、逆向指标集结法测算指标权重，并构建模型，采用多元回归法对指标体系权重进行验证，提升了指标体系权重确定的科学性。

（6）评价标准较为严谨。我们大胆设计了一种方法，以资源型企业现实具有的创新指标极值（极大值与极小值）为参照标杆，写出各指标的值域，并以四分法划分等级，形成评价标准。这种方法既科学，又可行，可满足资源型企业之间，以及企业本身进行创新能力横向、纵向和静态、动态相互比对的要求。把选取的资源型企业样本在某些指标上能够达到的最高得分指标进行集合模拟，形成理想中的最好标杆企业。最低得分指标进行集合模拟，形成理想中的最差标杆企业。由最优模拟标杆企业确定企业创新能力的上限值；最差模拟标杆企业确定企业创新能力的下限值。将最优企业与最差企业的总分按照等分法分成若干等级，便可将连续的得分值划分成若干个离散的档次，从而起到直观评价的目的。评价结果直观易懂，且与实际相符，所构建的指标体系是科学、合理、可用的。

【专栏 1】创新引领 增强企业核心竞争力

创新是一个民族进步的灵魂，是一个国家兴旺发达的不竭动力。如今的知识经济时代，没有创新的企业，不是面临失败就是被市场淘汰。创新已经逐渐成为企业的主流思维方式，任何一个充满活力的企业，都需要拥有系统性的创新思维和工具。企业只有打造出系统性且持久的创新能力，才能在激烈的竞争中脱颖而出。

比起企业发展新产品来说，创新在企业的生产经营中更为重要。“创新”在企业运营的各个环节中都存在着潜在的影响力，是创造价值的关键，也是驱动企业领先、成长与获利的重要引擎，更是企业增强自身竞争力的重要因素。

创新并不会自然而然就发生了，是否能成为创新型企业，取决于企业内部的诸多优势及能力。以知识要素为主的创新主要分为技术创新与管理创新两个方面。技术创新能力包含研发能力、技术能力、制造能力、流程能力、行销能力五个构面。管理创新指组织在规划、组织、用人、领导、控制及服务方面的创新，分为用人与管理创新、组织与规划创新与创新知识管理三个构面。

一、技术创新，打造企业竞争力的硬实力

核心竞争力是企业保持持续竞争优势的关键，也是企业持续获得高额利润的源泉。企业要想在激烈的竞争市场中占有一席之地，必须建立并提升自身的竞争力。然而，市场是一个动态的系统，瞬息万变，所以企业的核心竞争力也随市场的变化而变化，为适应市场的步伐，企业加强技术创新是必然要求。

1. 美的集团的科技创新之路

与全球家电巨头经过了近一个世纪的创新积累和沉淀相比，中国家电产业起步相对比较晚，但发展速度很快，走出了一条符合中国特色的科技创新道路。

创业于1968年的美的集团，是一家以家电制造业为主的大型综合性企业集团，在2013年度荣获中国“十大创新型企业”荣誉，成为家电行业中唯一获此殊荣的家电企业。美的荣获的这一荣誉并非徒有虚名，长期以来，企业一直开拓以消费者为中心的技术创新，无论是在研发、技术、制造、流程、行销各方面的能力都很突出，市场份额不断扩大，拥有可持续发展的核心竞争能力。

在2013年度国家科学技术奖的评选中，美的生活电器与吉林大学合作的产学研“仿生耦合多功能表面构建原理与关键技术”项目，获国家技术发明奖二等奖，这是美的首次获得国家技术最高荣誉。项目以吉林大学仿生不黏技术为指导，以美的生活电器制造为平台，研究开发了具有自主知识产权的绿色仿生不黏炊具关键材料及制造技术。

该项目前后经过3年研究与合作、2年申报，最终获得了国家科学技术发明奖。项目的技术成果已经成功应用于美的生活电器，如电饭煲等电热烹调炊具，切实提升了美的生活电器产品的技术竞争力；同时，项目带动了行业不黏技术的升级，充分发挥企业与高校各自优势，有效加强了产、学、研合作。

在第三届中国上市公司领袖峰会上，“转型升级，变革创新”的峰会主题十分引人注目，峰会着力探讨中国经济转型升级和上市公司、资本市场变革创新的新机遇、新发展。在“2013年中国上市公司口碑榜”评选中，美的集团获得众多机构评委一致认可，获得“最具竞争优势上市公司”奖项。这与美的长期保持创新理念，坚持走创新道路的努力是分不开的。

2. 吉利汽车的安全技术创新

爆胎是汽车安全项目中备受关注的一项，也是汽车业久攻不克的难题。但吉利汽车知难而进，锲而不舍，经过多年的研究，终于全球首创并应用一种崭新的电子商务模式——电子商务中介互动网络服务平台（BMCS），增强了汽车在高速行驶中爆胎后的安全性。这一安全技术的创新与应用，使吉利汽车在汽车市场上培育了自身的独特核心竞争力。

据吉利汽车研究人员介绍，以帝豪EC8车型为例，假如车辆在高速行驶时发生爆胎，帝豪EC8上搭载的BMCS，可以在发生爆胎情况后的0.2～0.5秒内介入，代替驾驶者来对车辆进行制动，并向制动模块发出制动指令，对车辆的四个轮子进行制动和方向纠偏，最大限度地保持原向行驶，从而降低车辆打滑的危险，避免侧翻情况的出现。

BMCS技术的诞生和应用，标志着中国汽车在主动安全技术上的巨大进步，是中国汽车在安全技术层面上唯一能与外资品牌相竞争的创新技术。凭借着具有核心竞争力的技术，吉利帝豪全系车型不仅在国内取得了C-NCAP五星安全评价，而且帝豪EC7也获得了Euro-NCAP四星安全评价。

掌握了核心的创新技术，企业才会拥有更强的竞争硬实力，在激烈的市场上才会有话语权。

二、管理创新，打造企业竞争力的软实力

管理创新较技术创新来说，其重要性就像企业的无形资产一样，必不可少且存在着提升企业竞争力的价值。管理创新的本质在于企业能有效地运用自身资源，不断采用适应市场需求的新的管理方式和管理办法，形成完善的动力机制、激励机制和制约机制，使之成为企业保持核心竞争力的软实力。

1. 人才管理创新

营造一个良好的人才环境，才能激发企业的管理创新潜能，这是管理创新的基础。企业内部形成一种尊重知识、尊重人才、鼓励创新的良好氛围，便会吸引外部人才的流入，为企业注入活力。

美的集团非常重视人才管理的创新，其科技研发人才队伍也相当庞大。2014年，美的集团现拥有外籍技术专家117人，科技人才6000余人，技术领军人才30余人，博士近50人。每年将营业收入的3%投入研发已经成为美的集团的硬性指标，2010～2014年美的集团整体的科技投入已超过100亿元。

2．转变商业模式，组织与规划创新

在管理创新的组织与规划层面上，美的打破了传统的商业运营模式，创新思维，实施智慧家居战略，走在了市场的前列。

依托于物联网、云计算等先进技术，美的发布了 M-Smart 智慧家居战略，并与阿里巴巴云计算开展战略合作。运用现代互联网营销模式的思维和技术，彻底颠覆了传统的家电行业的产业模式和运营模式。美的集团基于全球最齐全的产品群优势，致力于给消费者提供最专业的智慧家居体验，由传统的家电制造商纵身一跃变成了智慧的家居创造商，正极力打造一个开放、共享、跨行业的物联网智慧家电生态圈。

2013 年美的集团研发出 8 个品类的智能产品，并在市场上成功销售了 2 个品类的智能产品，开拓了智能产品市场。2014 年，美的集团的智能新品将加速上市，市场上已经推出了美的智能厨房、美的智能空调、美的智能热水器、小天鹅智能洗衣机四款智慧产品。

商业模式的创新，组织战略层面的创新，使美的更清醒地认识到，公司的投资重点应着眼于科技创新、品质改善、IT 信息流程完善、电商渠道拓展与能力提升及 M-Smart 整体智能家居战略执行等方面。

3．战略转型创新

2011 年开始，面对风起云涌的国际国内经济形势，要稳住企业的竞争优势，美的集团面临着战略转型的创新考验：从注重增长数量向注重增长质量转型，从低附加值产品向高附加值产品转型，从粗放式管理向精细管理转型。转型的关键必须依靠科技创新驱动企业发展，通过加大研发投入，美的进一步聚焦核心产业，提升经营效率，研发出一系列尖端技术和创新的新品，并持续推进国际化布局，以新型的商业逻辑构筑中国家电业的“中国梦”，成为中国制造企业转型升级的典型缩影。

美的正朝着转变发展方式、推动战略转型的方向迈进，并不断加强自主创新力度，积极推进结构调整，构建顾客导向的敏捷型企业，力求成为世界级的、具有全球竞争力的白色家电企业。

4．吉利战略创新

2010 年 3 月 28 日，吉利在瑞典以 18 亿美元收购沃尔沃 100% 股权，整合全球资源实现战略创新。

沃尔沃给吉利注入了新鲜的血液，也使吉利快速获得了科技创新能力，极大增强了中国汽车在短时间内进入全球豪华汽车市场并参与竞争的可能性。

此次收购，吉利面临着两大挑战：一是如何复兴沃尔沃；二是如何提升吉利。而现在，这两大挑战似乎已不再成为问题。在经过几年的磨合和努力后，沃尔沃已显露出强劲复苏势头。数据显示，2013 年沃尔沃全球销量达到 427 840 辆，同比增长 1.4%，其中在华销量实现 6.1 万辆，同比增长 46%。财务报告显示，同年沃尔沃营业额达到 1222.45 亿瑞典克朗，营业利润为 19.19 亿瑞典克朗，净利润突破 9.6 亿瑞典克朗。

这标志着沃尔沃汽车成功实现营利性增长，全球复兴战略正在顺利推进。并购沃尔沃，是吉利汽车整合全球资源的战略创新，迅速提高了其核心竞争力。

三、创新追赶，提升资源企业产出率

诸多科技型、加工型、知识型企业创新的成功经验，为资源企业的创新发展带来了借鉴，资源密集型企业技术创新、管理创新成为新的利润增长点。

2012 年 9 月，中国铝业公司贵州铝厂牵头承担的“高性能铝合金及其制造工艺技术开发”项目顺利通过了国家验收，这是在中国铝材料领域拿下的第一个国家科技支撑计划项目。开发的高性能铝合金材料从根本上突破了传统技术对铝合金轻强材料发展的限制，并有望应用在国产大飞机、FAST 重大科技工程上，克服长期困扰中国铝产业创新发展的关键技术难题，有效延伸铝资源产业链。

首钢贵阳特殊钢有限责任公司、贵州新安航空机械有限责任公司、南方汇通股份有限责任公司等单位合作完成的“高速重载列车关键材料及制品研发”项目，突破了“高品质车轴钢产业化”“高速列车用粉末冶金闸片国产化”及“高性能长寿命弹簧生产技术”等关键技术，研发出高品质车轴钢、弹簧钢、高速列车用粉末冶金闸片，多项性能指标达到国际先进水平，在我国高速重载列车、地铁等领域得到广泛应用。

贵州省科技厅组织贵州钢绳（集团）公司、首钢水城钢铁（集团）公司等联合实施并完成国家科技支撑计划项目“高强度低松弛预应力钢丝、钢绞线用钢及制品研发”，自主研发出 1×19 类多丝大直径高强度低松弛预应力钢绞线，设计制造了国内首台筐篮式与跳绳式串联的多丝线接触结构预应力钢绞线组合捻制设备，自主开发集成了国内首台 φ1270 大型直进式拉丝机。

（贵州财经大学　刘芳玉硕士整理）

第二章　企业创新的本源：内外部创新要素的链式交互

2.1　企业是要素与价值链的交互组合

企业本质是一种通过管理和协调参与者的活动，逐步实现资源配置和资源整合逼近帕累托最优的持续经营组织。企业的能力理论、知识理论、资源理论都将企业看成是生产要素的集合体。可供企业配置的资源要素一般包括人力、物力、财力及其技术、信息、文化、企业内外关系等，这些资源构成了有形的企业形态。资源又分为有形资源和无形资源。有形资源主要包括财务资金、物化资源、人力资源等，无形资源主要包括管理能力、信息要素、技术要素、文化资源等。这些有形和无形的资源除了包括自然资源、人力资源，以及资本、技术、管理、信息等生产要素外，还包括由这些资源要素组成的要素结合体。对不同的企业来说，资源是异质的，即资源的种类、比例、数量和结构是不同的。对同一个企业来说，资源是一定的。同一企业处在不同的时空中，受环境的影响，生产要素的使用价值量会发生变化，这种变化相对于另一时空的同质企业，其资源要素也是异质的。这种有形和无形资源要素，在不同的环境中使用价值量的变化是企业竞争优势变化的内因。

研究表明：企业所处环境也是生产要素的集合体。按构成这一集合体的要素进行分类，地理位置、气候、海拔等自然资源要素构成了企业的地理空间单元；

基础设施、产业集群、产业链等资本聚集要素构成了企业的经济空间单元；制度供给、人文理念、文化习俗等人文资源要素构成了企业的人文空间单元；不同的经济发展阶段，构成了企业所处的时段单元。

我们应用系统动力学方法分析发现，经济体与环境之间存在着物质能量交换，外部环境创新要素与企业创新要素，通过物质能量交换，形成相互联系、相互作用的整体。环境创新系统和企业创新系统结构都属于动态反馈结构，创新要素之间相互联系，形成各种价值链的交互组合。企业用资金采购原材料，加工成产品，通过营销网络，实现资本的循环，这既是产品的生产过程，也是企业生产要素或要素单元组合、流动、变异的价值增值活动过程。要素在企业的供、产、销各环节凝聚，形成价值链，可粗分成供应链、生产链、营销链等。除了这条以企业行为为基础的价值链外，从要素层面考虑，还有两条与之平行的实物价值链和知识价值链。实物价值链的构成要素为资源、资金、人力等有形的要素；知识价值链的构成要素主要是管理、技术、信息等知识型要素，见图 2-1。

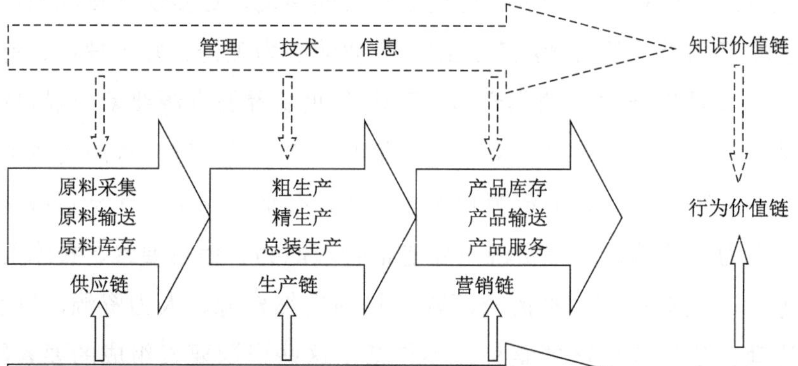

图2-1　企业生产价值链

图 2-1 中，按生产流程构造的行为价值链，包括供应链、生产链、营销链，呈现出从生产上游向下游链式推进。物质形态上，从原料进厂，到产品出厂完成一次生产循环，原料变成了产品；价值形态上，资本完成了一次价值增值循环。

依据企业生产要素的不同，以及生产要素的数量、结构和聚集形式的不同，企业可分成五种类型。

（1）研发密集型企业，包括电子信息、管理咨询、技术服务等。这类企业的特征是拥有高素质的人力资本，即管理、信息、技术和资金要素构成高。

（2）技术密集型企业，包括机械加工、电器制造、环保设备和农业机械等产业。这类企业的特征是拥有高技能型人力资本，技术、管理资金等要素构成高。

（3）资金密集型企业，包括交通通信、冶金化工、食品工业等基础设施和资源深加工企业。这类企业的特征是资金、高技能型人力资本等要素构成高。

（4）劳动密集型企业，包括一般食品加工、森林工业、资源开发等企业。这类企业的特征是劳动力要素和自然资源要素构成高。

（5）资源开发型企业，包括矿产资源、森林资源、水利资源的一般开采等企业。这类企业的特征是自然资源要素和劳动力要素构成高。

企业生产链构成的网络是构成经济空间的主要要素。经济空间是除自然因素外，影响经济发展的具有实体形态的所有要素的总和，是人工自然，包括产业发展环境要素、资源流动环境要素等。与企业生产链和营销链对应，产业发展环境实际上对应了企业的生产价值链所在的环境，资源流动环境实际上对应了企业营销价值链所在的环境。

各类企业的构成要素及价值链是不同的，同类企业即同质要素构成的企业，由于处于不同的经济单元空间，或不同的经济发展阶段，或不同开放度的区域中，其价值链也可能不同。这种不同是由企业集合体中，同质生产要素的使用价值量不同引致的。随着企业所处的经济单元、经济阶段和开放度的变化，同一企业的价值链也可能会发生转移。

2.2 企业内生创新要素与外部环境的互动机理

2.2.1 创新要素区位价值的动态变化

经济区域空间弥漫着大量的要素场，充满要素场的不同经济区域空间内，等量创新要素的区位价值量是不同的。分析表明一定的经济区域空间由一定的地域空间、经济空间、人文空间构成。创新要素在地域空间的赋存量具有非均衡性和层次性，在经济空间具有独立性和聚合性，在人文空间具有趋同性和相容性。经济区域空间的划分，可以依地域空间划分为不同的地区、不同的地域点，依经济空间和人文空间的不同，划分为不同的部门、不同的行业和不同的企业等。地域空间、经济空间、人文空间，还可以进一步细划分成 N 维空间。

在经济区域内，构成地域空间向量的资源禀赋、基础设施等，构成经济空间向量的金融服务、企业规模等，构成人文空间向量的法律制度、文化习俗等，共同作用于经济区域空间，在这一经济区域内形成辐射场。这是 N 维空间此消彼长共同作用的结果。对于 N 个空间要素共同作用的某一经济区域，我们设定 N 维矢量：N_1 表示地理位置，N_2 表示资源禀赋，N_3 表示基础设施，N_4 表示金融服务，N_5 表示企业规模，N_6 表示市场发育，N_7 表示法律制度，…，N_n 表示文化习俗。

地域空间 X、经济空间 Y、人文空间 Z 共同构成了企业所在的区域空间。企业在不同的区域空间，其创新优势是不同的，也就是说创新要素的空间价值量具有动态性。对这一研究的证明，我们应用了矢量模型。

设 $H_3(g)$ 为一定经济区域空间内创新要素的价值。$H_3(g)$为矢量，与其相对应，在经济区域空间范围 G 内的每一个数值，都有一个确定的矢量。则在 O_{XYZ} 直角坐标系中

$$H_3(g)=Hx(g)i+Hy(g)j+Hz(g)k \tag{2-1}$$

矢量 $H_3(g)$，有三个数性函数

$$\begin{cases} X=Hx(g) \\ Y=Hy(g) \\ Z=Hz(g) \end{cases} \tag{2-2}$$

与之对应，即可做出图 2-2。

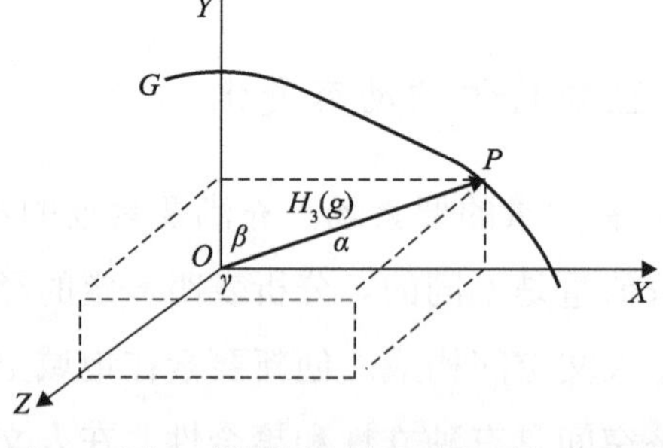

图2-2　同一时期等量创新要素区位价值量

由假定知，这一等量创新要素在不同地域空间 X、经济空间 Y 和人文空间 Z 的价值量变化分别为

$$\begin{aligned} X&=\left|P_0P\right|\cos\alpha \\ Y&=\left|P_0P\right|\cos\beta \\ Z&=\left|P_0P\right|\cos\gamma \end{aligned} \tag{2-3}$$

设等量创新要素分别处于经济区域空间单元 G_0 和空间单元 G，把这两个单元移到同一坐标系中，则其经济区域空间单元价值变化为

$$\left|P_0P\right|^2=(X-X_0)^2+(Y-Y_0)^2+(Z-Z_0)^2 \tag{2-4}$$

区位不同，即 $G_0 \neq G$。

因此，两个不同的经济区域其地域空间、经济空间和人文空间不可能完全相同。即 $X-X_0$，$Y-Y_0$，$Z-Z_0$ 不可能同时为零，若同时为零，与命题相矛盾，则

$$\left|P_0P\right| \neq 0 \tag{2-5}$$

说明同一时期，单位要素在不同的区域内其价值量是不同的。即同一时期，创新要素的空间价值量具有动态性。

由于我们考察的是同一时期的经济区域空间场，场中各点对创新要素的影响是不随时间变化的，这个场是稳定场。同时，场中地理、经济、人文因素的影响强度，从核心向周边辐射，这个场是密度场。场中任一处的影响强度 u，在取定的 O_{XYZ} 直角坐标系中总有

$$u=U(x,y,z) \tag{2-6}$$

我们假定区域内是完全开放的，市场化指数比较高，不存在壁垒。这样场中地理、经济、人文因素的影响强度就不存在空白，强度的大小只随空间距离的变化增加或减少。即

$$\lim_{u \to u_0} U(u)=U(u_0) \tag{2-7}$$

说明：$u=U(x,y,z)$ 为单值，且连续可导。根据隐函数存在定理，则

$$u=U(x,y,z)=c \ (c\text{ 为常数}) \tag{2-8}$$

c 取不同的值，就得到不同的等值面，见图 2-3。

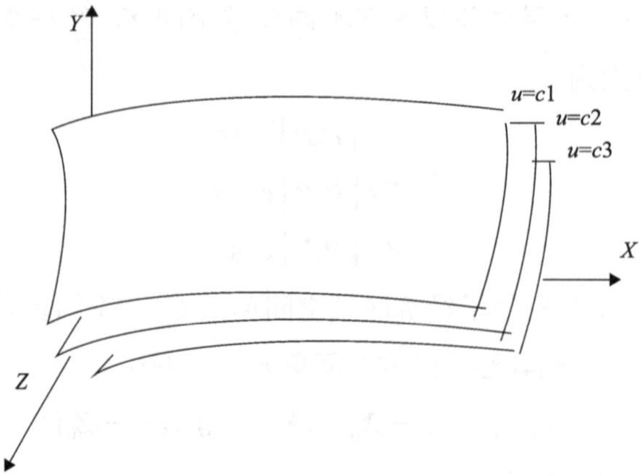

图2-3 经济空间场梯度模型

研究表明这与缪尔达尔在循环积累因果论中提出的经济区域内存在极化效应、扩散效应和回程效应的研究是吻合的。

同一时期，不同经济区域内，经济地域不同的空间单元，自然资源赋存量、交通基础设施、周边地理区位等因素可能不同，就会导致不同经济区域内单位创新要素价值量的不同。要素区域价值量随不同经济区域空间的变化，实质上是在经济区域中，产业构成、要素结构比例及要素密集度的不同，导致了对各种创新要素的不同需求，而不同经济空间的创新要素需求差异，必然导致同一创新要素在同一时期内具有不同的区域价值量。

同一地域空间，不同的经济空间、人文空间会构成不同的经济区域空间。而构成一定经济空间、人文空间的另一方式就是经济发展模式。经济发展模式的选择也不一定依赖于经济水平，同一经济水平完全可以选择不同的经济发展模式。这样就导致同一时期内，各国经济发展的动态模式不一定相同，不同国家可能有不同的发展模式。

同一国家不同地区也会有不同的发展模式。例如，以引进外资发展外向型经济为主的华南模式；以吸纳民间资本、发展个体和私营经济为主的温台模式；以发展乡镇企业集体经济为主的苏南模式；以依托区域内和国内资金、技术，依托专业化市场，推动地区经济高速增长的浙江模式等。不同的模式对创新要素的配置和需求各异。江浙模式不仅和传统的计划经济模式不同，也和多数经济学家所推崇的诸多外向型经济发展模式有显著的区别。比较华南模式创新要素的聚集和市场的获得，江浙主要不是依靠省外，而是依靠地域内部和国内市场，选择具有资源禀赋优势的产业，加大对这类老企业技术改造的力度，采取政府引导，企业投入的方式，开办大量的适合国内、国际市场需求的技术成熟的劳动密集型的轻工、机电等加工业，在具有比较优势的区域建立专业化加工和专业化销售集散地，形成企业集群。工业化所需的资金，大量来源于民间资本和发展劳动对资本替代作用强的劳动密集型产业①。另外，现实中经济区域里各经济单元还存在地理、经济、人文因素等影响强度相同的区位层，即经济区位或梯度。

以上逻辑实证证实，创新要素处于不同的区域空间其要素的价值量是不同的，从而得到本项目基础研究结论1、推论1和推论2。

结论1：同一经济时期，不同的经济区域空间，由于其地理空间、经济空间、人文空间的不同，创新要素的聚集形式、需求比例的不同，同一创新要素处于不同的经济区域空间，具有不同的区位价值量。

推论1：具有不同产业构成的国家和地区，对创新要素有不同的需求量和需求比例，这就使处在不同发展模式下，不同产业构成的国家和地区的同一创新要素具有不同的使用价值。欠发达国家和地区，由于其发展模式的不同，完全有可能具有某些发达国家和地区在另一发展模式下相对紧缺的创新要素。

推论2：同一地理空间，由于经济空间、人文空间不同，或任一空间不同，经济区域空间就不完全相同。这种不同，实际是随着时间变化，经济空间、人文空间发生变化的结果。

2.2.2 创新要素价值量组合的异质性

经济区域空间中创新要素价值量随经济阶段和经济区位相互组合变化而变化。对这一假定研究的难点在于不能准确地找到和描述N维矢量的各个函数，或者就是找到在众多约束条件下的各个函数，这些函数对系统的共同作用，用计算法也只能是近似值。我们研究的思路是，只看经济区域系统的输入和输出两端，即只分析区域系统初始时刻和终止时刻的状态变化，根据其变化差就能方便地判断区域系统内的结构是否发生了变化，从而判定系统是不是原系统。由此，我们引入熵论和耗散结构论，考察不同时期不同经济区域空间场的异质性。

---

① 陈建军．中国高速增长地域的经济发展——关于江浙模式的研究．上海：上海人民出版社．2000.

我们知道，地域、经济、人文空间构成的经济区域空间，具有物质的特性。物质系统的自由能①特性，同样适用于物质的经济区域系统。任何经济区域系统都具有一定的能量、能级和熵②。在自然系统中，地域、经济、文化空间各种创新要素越是有序配置，系统的熵就越小，自由能就越大。反之，创新要素的配置越是无序，系统的熵就越大。经济区域系统可以在没有任何外力的作用下，自发地趋向于熵最大化方向，而与另一经济区域系统进行能量交换，最后趋向于动态平衡状态。这种作用实际上就是经济区域系统的辐射作用，辐射作用趋向于减少系统自身的自由能，增大系统自身的熵。同样，经济区域系统在外力的作用下，可与另一经济区域系统进行能量交换，产生点极效应，即极化作用，这种点极作用如果是有效的，则会增加系统的自由能，减少系统的熵。

现在知识经济时代，任一经济区域与外界经济区域的联系越来越紧密，交换也越来越剧烈，辐射作用和极化作用也越来越强烈。这种交换（自发的和人为的）会引起经济区域空间的自由能和熵的变化。

由此，我们可考察一开放系统经济区域空间自由能的变化情况。设我们考察的经济区域空间 t_1 时点自由能为 $G(t_1)$，经过 Δt 的时间，在 t_2 时点的自由能为 $G(t_2)$，自由能的变化量为 ΔG。则

$$\Delta G = G(t_2) - G(t_1) \tag{2-9}$$

可做出图 2-4。

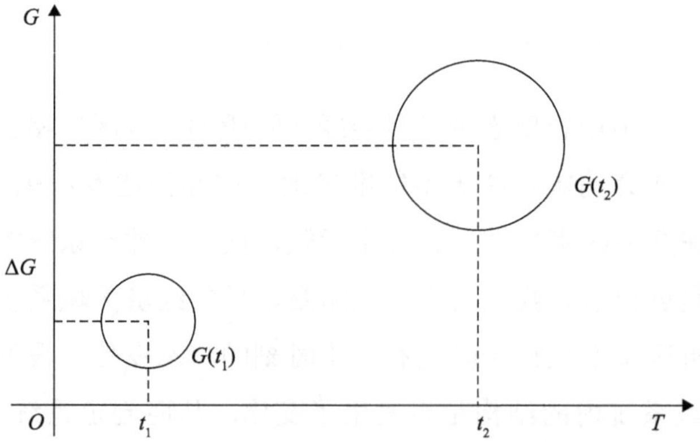

图2-4　开放经济区域空间单元自由能变化模型

① 物质的自由能指该物质在某反应中提供有用功的能力。

② 熵是物质系统无序度的状态函数。爱因斯坦说它是自然科学的第一定律，近年在自然科学以外的各学科广泛被应用。

若 $\Delta G < 0$, 这一经济区域空间单元系统向其他系统传输了创新要素，自由能减少了，熵变大，这个系统趋于稳定的低能状态。若 $\Delta G > 0$, 说明这一经济区域空间单元系统在外力作用下，从其他系统吸纳了创新要素，自由能增加了，熵变小，系统具备了向另一经济单元自发传输要素的能量。若 $\Delta G=0$, 说明这一经济区域空间单元系统向其他系统传送的创新要素，与该系统从其他系统吸纳的创新要素总量处于平衡状态，自由能增加和减少在量上是相同的。

进一步，我们考察两个开放的经济区域空间单元系统。设 t_1 时点上这两个经济区域空间单元系统的自由能分别为 $G_1(t_1)$ 和 $G_2(t_1)$。为简便，假定其他系统对这两个系统的作用很小，影响忽略不计。经过一定的时间 Δt, 两个系统的自由能变为 $G_1(t_2)$ 和 $G_2(t_2)$，两个系统自由能的变化量为

$$\Delta G=G_2(t_2)-G_1(t_2) \tag{2-10}$$

可做出图 2-5。

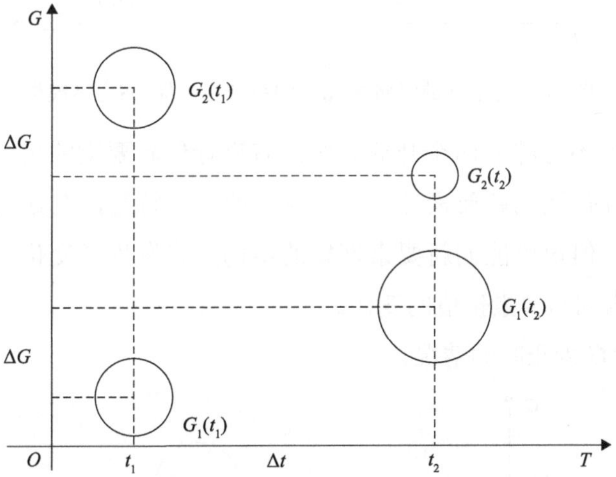

图2-5　两个开放经济单元空间系统自由能ΔG为负模型

图 2-5 中 ΔG 为负，说明系统Ⅱ向系统Ⅰ传送了创新要素，使系统Ⅱ的自由能减少。由于假定开放体系中，其他经济区域空间单元不对这两个系统传送创新要素，也不接收这两个经济区域空间单元系统的创新要素。由于能量守恒和物质不灭，系统Ⅱ自由能总量的减少，应当全部被系统Ⅰ接收，即系统Ⅰ吸纳了系统Ⅱ传送来的全部创新要素。系统Ⅰ能级增大，图 2-5 中 $G_1(t_2)$ 面积增大，系统Ⅱ能级减少，$G_2(t_2)$ 面积减少。这种创新要素在经济区域空间单元聚集的变

化，使创新要素在空间的结构和数量发生了变化，这种变化必然引起创新要素的价值量随区位的变化而变化。从时间上看，经过 Δt 后系统Ⅰ和系统Ⅱ从 t_1 时点到 t_2 时点，其系统内的创新要素的结构和数量都发生了变化，这种变化也必然引起系统内创新要素价值量的相应变化。

图 2-6 为 ΔG 为零时的情况。

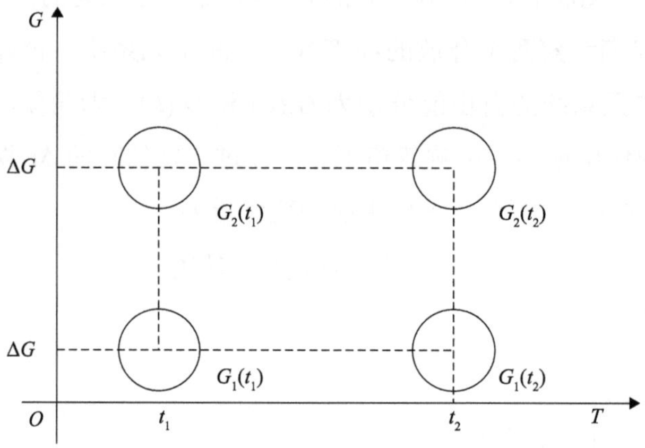

图2-6　两个开放经济单元空间系统自由能ΔG为零模型

这种情况并不意味着两个开放系统没有进行创新要素的相互传递，只能说两个系统在相互传递创新要素后，在系统外的表现特征，在数量级上与没有传递前是等价的。但很可能创新要素聚集的结构形式发生了变化。这样也会带来经济单元空间内创新要素价值的变化。

图 2-7 为 ΔG 为正时的情况。

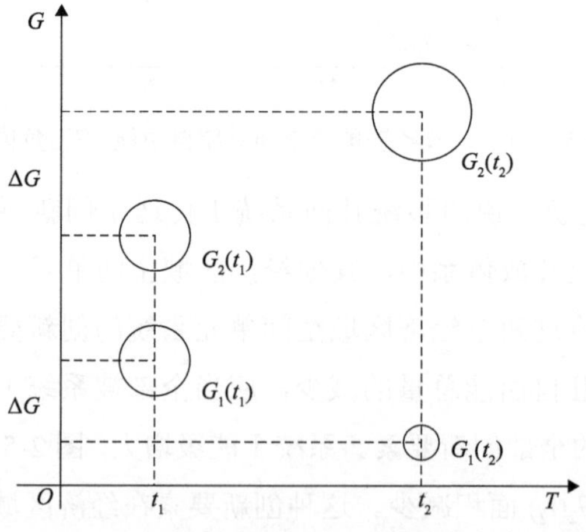

图2-7　两个开放经济单元空间系统自由能ΔG为正模型

ΔG为正时，两个开放经济区域空间单元系统自由能变化，导致两系统创新要素随时间和区位变化在结构和数量上将发生变化，从而导致系统内创新要素价值量的相应变化。

对于N个开放的经济区域空间单元系统，也可以用同样的办法分析出创新要素价值量随时间和空间变化而变化。

信息不对称、地方政府政策存在不对称性及市场不完全性，会导致不同地区、不同行业实际上存在不同的开放度，这往往是导致不同经济区域空间单元要素价值不同的主要原因。特别是企业的存量经济资源，在不同开放度，包括不同预期、不同市场和不同处置方式假定前提下，其价值评价不同，使用价值也会不同。不使用也不交换的经济资源，除土地资源外，一般其价值都是减少的。在恢复使用的假定前提下，其价值是在再生产过程中创造的新价值。在公开市场假定前提下，其价值是在市场上交换的能力。对于企业的无形资产，由于其社会必要劳动时间很难确定（难以与其他劳动相类比），其价值量往往取决于其在社会范围内节约的全部资源的价值量。只有在其失效的时间长度和空间范围内都得到应用，它的价值量才是最大值，不然其价值量都是部分的、不完全的。对于企业的资源性资产存量，其价值评估还必须依据所在国家的有关法律、法规。同一资源性资产，不同国家法律、法规会评估出不同的价值。

创新要素组合变化的一种表现是创新要素的空间和时间变化引起区位价值量的变化，这一点从“地中海时代”“大西洋时代”到“太平洋时代”的演变不难证明。

创新要素组合变化的另一种表现是创新要素的空间位移流动变化引起区位价值量的变化。劳动力、资金、技术、管理等要素在地区之间随时间的流动是经济区域空间单元创新要素价值量随时空动态变化的表现形式之一。这种创新要素动态组合价值量的变化反映在地区间的比较优势变化上，要素流动改变了各地区创新要素的供求比例，从而使该地区的要素赋存优劣势发生变化。改革开放以来，我国创新要素地区间流动达到相当大规模，沿海地区资金、技术、管理向中、西部的转移，从20世纪末开始的东部的一些人才向中、西部的转移，以及西部地区农村剩余劳动力向东部沿海及中部地区的季节性转移等，都使各省区要素供求比例和相应的比较优势发生了相应变化。这种变化带来了中西部地区内部的一些经济区域空间单元在地域空间、经济空间、人文空间上要素价值量的变化。

创新要素组合变化的再一种表现是单个要素随时间的主导变化，引起其他要素相应变化。与其他要素相比，技术进步对经济的影响最为深刻。第二次世界大战结束以后，由于技术进步，美国开发出了使用方便、清洁卫生、成本低廉、热效能高的石油和天然气，并逐步取代煤炭成为美国最重要的能源。而美国 80% 的油气蕴藏在南部地区，所以在技术进步的强有力的推动下，美国南部逐步取代西北部，成为美国最重要的能源基地。油气工业的发展带来了一系列相关工业的迅速发展，并进一步带来南部各州的繁荣。与此同时，其西北部一些老工业区则相对衰落。西北各州曾经是美国最繁荣的地区，由于新材料、新能源的使用，生产过程中物耗水平的降低，这一地区的煤炭、钢铁、有色金属、纺织、建材等传统支柱工业陷于日益严重的危机之中，工厂停产、减产使大量工人失业，而大量失业工人的外迁又使这一地区的财政经济状况进一步恶化[①]。这种变化对地区产生很大影响，使地区的比较优势发生了逆转。

经济区域空间属于物质系统，具有物质系统的一般特征。一定的经济区域空间单元系统就具有一定的熵、自由能和能级。这是由一定的创新要素，在一定的结构比例，一定的聚集方式下构建的。在自由能作用下，经济区域空间单元系统会自发地向自身熵增大方向传输创新要素，处于低能级的动态平衡状态。其传输的速率及最终状态取决于该系统及相互作用的系统的开放度。开放度是在一国国内和国际之间完全开放和完全不开放的选择，在一国内统一金融政策、统一产业政策、统一政府调控手段等条件下，要素的价值量的测定与假设完全不开放的国家之间价值量的测定是完全不同的。由于开放度的不同，经济区域空间单元创新要素的传输，会形成不同的经济带或经济梯度。处于不同经济带或经济梯度的等量创新要素，具有不同的使用价值量。广义的开放度，包括不同预期、不同市场和不同处置方式假定前提下的系统价值评价。其价值评价不同，要素的使用价值也不同。

要素的动态价值量等于要素的价值与要素价值动态变化量之和，要素价值

---

① 朱传一．科学技术发展与美国就业问题．北京：劳动人事出版社．1985.

动态变化量的方向（正负）取决于该系统熵减少或增大。增加开放度和要素自身流动性，能增加该系统的自由能，减少该系统的熵，增加要素的价值动态变化量，从而增加要素的动态价值。构造开放的环境，增加系统内要素的流动性，与熵减少的方向一致，有利于创新要素配置效益的最大化。

由此证实了企业创新要素与环境要素之间通过自由能、熵流作用，处于相互依存的动态平衡状态，从而得到本书基础研究的结论 2、推论 3、结论 3 和推论 4。

结论 2：一定的经济区域空间单元系统具有一定的熵、自由能和能级，有一定的创新要素聚集方式、结构和比例。在自由能作用下，经济区域空间单元系统会自发地向熵增大方向传输创新要素，处于低能级的平衡状态。其传输的速率及最终状态取决于该系统及相互作用的系统的开放度。

推论 3：经济区域空间单元创新要素的传输，由于开放度的影响会形成不同的经济带。处于不同经济带的等量创新要素，具有不同的使用价值。

结论 3：要素的动态价值等于要素的价值与要素价值动态变化量之和，价值动态变化量的方向（正负）取决于系统熵增大或减少。增加开放度和要素自身流动性，使系统有序，能减少系统的熵，增加系统的自由能，增加要素的价值动态变化量，从而增加要素的动态价值。

推论 4：构造开放的环境，增加系统内要素的流动性，与其自由能增大，熵减少的方向一致，有利于创新要素配置效益的最大化。

2.3 企业创新能力源于内外部创新要素的链式交互

企业创新能力源于内外部创新要素的链式交互。现代社会广泛联系，使得企业的边界得以扩展。企业创新不再是企业自身的独立行为，不仅受到企业内生创新要素集聚和合理配置的影响，也受到来自企业外部的创新环境的影响。

1. 企业内生创新要素与外部市场体系的结合是企业资源配置的必然途径

企业存在的必要性在于合理配置资源，以最小的投入实现最大的产出，以满足人们日益增长的物质文化需要。这一资源配置过程，是以市场为出发点和落脚点的，从原料采购到产品销售，无一不是在市场上完成，市场需求是企业创新的原始动力，资源配置实现帕累托最优是一个渐进的无限过程，可以不断地推动企业技术创新。另外，市场竞争给企业带来巨大压力，迫使企业更好、更快、更有效地开展创新活动。企业要通过创新实现生存方式和发展方式的转变，就必须以市场和潜在需求以及未来的发展趋势为依据，明确未来的产业发展方向和发展战略，在此基础上，制订技术创新规划，合理配置创新资源要素。纯粹意义上的研发中心或者综合技术创新发展体系不能带来利润。企业技术创新体系只有与市场接轨，推陈出新，将技术产业化，才能实现有效的创新。鄂尔多斯集团（全国33家行业重点技术创新排头兵企业之一）大力尝试产学研合作机制，一方面强化了产业链纵深研发能力；另一方面，以技术创新创造需求，获取市场份额和横向比较优势。集团每年推出有市场前景的高附加值产品1～2个，新产品年创造销售收入不低于60%，就是企业依托市场不断创新，获取效益最大化的最好实证。

2．企业内生创新要素与所处环境政策体系的结合是规避风险的有效措施

一定的企业创新活动，总是在一定的人文环境中由人来完成的，包括各种创新激励在内的政策体系，直接影响了企业的创新活动。创新充满了未知和风险，创新的过程和结果都充满了众多的不确定性，这种不确定性有可能直接导致企业创新的失败，影响企业发展，严重的还会影响企业的生存。分析企业科技创新的全过程我们知道，一个科研成果从最初构想到形成产业，一般要经过研究、开发、试点和推广四个阶段，其中开发和试点这两阶段收效较慢、资金需求量较多，风险也最大。从政策供给角度看，企业创新活动需要政府消除影响创新的体制机制性障碍，需要政府利用产业、科技、财税等相关政策激励，包括企业制度、专利制度等，营造有利于提高企业创新能力的制度环境，引导和激发企业的创新活动，引导创新要素向企业集聚。政府有效投入和激励创新要素，推动企业创新，不仅可以增强企业创新要素，提高企业科技创新的积极性，引导企业增强自主创新能力，而且可以带动风险资本和其他社会资金的加入。云海金属[①]在高速发展阶段遭遇资金困难，江苏省重大成果转化专项资金不仅及时

① 南京云海特种金属有限公司（简称云海金属）创建于1993年，是国内模合金行业的龙头，产销量位居全球第一，为国家重点创新技术企业，2007年在深圳证券交易所顺利上市，融资5.18亿元。

给予了资助，还吸引了多家风险投资公司参与融资，先后有多家风险投资公司与云海金属洽谈融资合作。创投资本的进入，为企业创新发展提供了技术、资金、管理的多重保障。2010 年，公司销售收入达 30 亿元，是 2006 年的 3 倍；研发投入达到 1 亿元，比 2005 年增长了 7000 万元，公司以技术创新为支撑的镁产业链基本形成。目前，云海金属已成为国际上金属锶、镁合金行业龙头，产销量居全球之首，是我国镁合金出口商中拥有议价权的企业。

3. 企业内生创新要素与社会创新服务体系的结合是创新活动的重要手段

从企业创新的实际看，在相关主管部门的引导下，企业建立创新中心、生产力发展中心和技术推广中心，发展创新孵化器、创新科技园区、技术开发转移技术中心等中介服务机构，是企业创新的一般途径。这些机构能够为企业的创新提供专业化的服务，提供创新信息交流平台、开发公共创新资源、实现创新合作推动，提高创新的成功率，加速技术与研究成果的产业化。沙钢集团[①]积极推进产学研结合，先后与上海同济大学、东南大学、中国地质大学（武汉）、北京科技大学、天津冶金机电学校、武汉钢铁学院、华东冶金学院等 10 多所高校建立产学研联合，进行广泛的技术合作；充分利用国家级企业技术中心、博士后工作站等技术平台，完善自主创新体系的同时，与南京工业大学签署了战略合作协议，建立南京工业大学沙钢学院；与知名高校共建重点实验室、工程技术中心、企业博士后创新基地，构建产学研紧密合作的自主技术创新平台；等等。这些做法经验，就是企业内生创新行为与社会创新服务体系相结合的具体体现。

4. 企业内生创新要素与文化环境的结合是企业创新成功的保障

文化环境对企业创新系统既有促进又有约束作用，它框定了企业创新的行为与价值规范。文化环境对研发人员的创新激励和价值取向选择，对企业家精神和行为方式选择等都有很大作用。积极进取的、符合创新精神的文化环境，

① 江苏沙钢集团有限公司是国内最大的电炉钢和优特钢生产基地、江苏省重点企业集团、国家特大型工业企业和全国最大的民营钢铁企业。2008 年成为入选世界 500 强的中国唯一民营科技型企业，在全国民企中名列第 1 位，并跻身全世界最具竞争力钢铁企业行列：企业先后荣获“中国企业管理杰出贡献奖”“全国质量效益型先进企业”“全国用户满意企业”“全国优秀企业（金马奖）”“国家创新型试点企业”“江苏省高新技术企业”“江苏省优秀民营企业”等荣誉称号。

能够促进企业创新系统朝更高级、更完善的方向进化，为系统创新功能的发挥，创造良好的条件。反过来，消极的、与创新精神相悖的文化环境会阻碍企业技术创新系统的进化，抑制创新功能的发挥。技术创新需要丰富的知识积淀，这些知识往往来源于社会精神文化的各个领域，来源于哲学、科学、宗教、文学、艺术、伦理道德和价值观等。人们通常注意到创新需要自然科学、工程科学知识的积累，而忽视人文社会科学知识积累对技术创新的重要作用。一方面技术创新是直接为人、为社会服务的；另一方面创新的主体也是人。由人去创新，创新成果为人服务。人文社会科学知识积累，对技术创新有着直接的作用。人类的知识是一个整体，不同学科的知识局域具有相关性。人文社会科学知识，通过促进有关自然科学知识和工程科学知识的发展，对技术创新起间接的作用。

另外，技术创新充满着不确定性，一旦技术创新出现困难或受到挫折，积极进取的文化观念就会比任何理性的思考更为重要，更能促进技术创新持续进行，使技术创新度过最为艰难的时期。这种文化价值观，培育创新主体不断进取、不屈不挠的品质，为技术创新提供精神动力。

上述分析，以及企业创新的过程描述，再次实证了前述理论研究得出的几个结论和推论。

（1）不同的经济区域空间由于其地域空间、经济空间、人文空间的不同，创新要素的聚集形式、需求比例不同，创新要素具有不同的区位价值量，从而企业表现出不同的创新能力。另外，经济区域空间单元系统之间，即企业与企业、内外环境之间、企业与环境之间，创新要素存在自发的聚集和扩散效应，特别是环境和企业之间的交互影响，是企业创新能力表现出异质性的主要因素。

（2）不同生产要素集合体的企业，自然资源、劳动力、资本、技术、管理和信息等创新要素的结构比例、集合形式不同，导致企业这个“黑箱”对外部表现出不同的创新能力。企业创新能力的不同，是由企业内部创新要素结构、比例、数量的不同引致的，既体现了创新要素对创新的不同贡献率，也表现了创新要素不同的使用价值量。

（3）企业创新要素的使用价值量，除了随要素不同集合形式、集合结构、集合比例、集合数量等不同变化外，还与企业所处的外部环境相关。在不同的外部环境中，企业创新要素使用价值量的动态变化，直接影响企业创新能力的变化。由于环境影响，创新要素使用价值量增长以及创新要素配置的优化，就会提升企业的创新能力，反之则削弱企业的创新能力。企业创新要素使用价值量的动态变化是企业创新能力的本源。

（4）对于资源开发型企业，资源是基础要素，价值链战略环节更多地存在于资源链中。从资源配置的角度，资源链更多地分布在资源禀赋和交通条件优越的地理空间，以实现更多的价值增值。地理空间是由与自然地理区位等相关的若干自然资源要素构成的。从企业生产角度考察，地理空间主要包括自然资源禀赋及地理、气候等自然因素。地理空间环境在企业创新三维空间要素中，属于非常重要的一维。企业所处的三维空间环境对企业创新要素使用价值的影响主要取决于地理空间单元，自然资源的丰裕度高，将提升资源型企业资源创新要素的使用价值量，即通过资源链（供应链）优化有形创新要素链的投入配置，提升企业创新能力。

（5）对于加工密集型企业，环境对企业创新要素使用价值量的影响主要取决于经济空间单元，产业集聚、产业链密集，将提升加工密集型企业的资源、资本、人力创新要素的使用价值量，即通过生产链优化有形创新要素链的投入配置，从而提升企业创新能力。

（6）对于知识密集型企业，创新所依存的要素主要是知识型要素，一般包括技术、管理、信息等，也就是企业虚拟创新要素价值链。这些要素在区域空间中，具有空间可叠加性、能量非耗散性、流动便捷性等。

一是知识型要素在空间的存在形式，往往附加在机器设备、生产工艺、规章制度、生产产品上，与其共占空间；若以专利、文字、数据信息等形式存在也不独占空间，而是与其承载体共同占有微小的空间，具有轻质性特征。

二是技术、管理、信息等知识型要素，从物质形态上看，具有非耗散性特征，重复使用，或多个主体同时使用，都不会影响其存在。从价值形态上看，由于无限的资源往往具有使用价值，而没有交换价值。在市场经济条件下，这些知识型要素的交易价值往往由专利保护期的长短和获取这些资源的成本来决定。专利过期和很多没有进入专利保护的公共知识要素的共享，使知识价值链对企业效益的作用的边际成本无限小，促使企业更加注重知识价值链的作用，增强了共享性。

三是技术、管理、信息等知识型要素流动的便捷性，来源于其轻质性特征和专利期的长短，以及信息的完全性。相对于企业集合体中的自然资源、劳动力和机器设备等实体要素来说，企业知识型要素不存在运输成本，实现交换的时间也比较便捷，转移扩散比较迅速，具有较强的共享性。对于知识密集型企业，环境对企业创新要素使用价值量的影响主要取决于人文空间单元，人文资源丰裕度高，将提升知识密集型企业管理、信息、技术创新要素的使用价值量，即通过改变各知识创新要素在企业供应链、生产链、营销链上的配置而发生作用，见图 2-8。

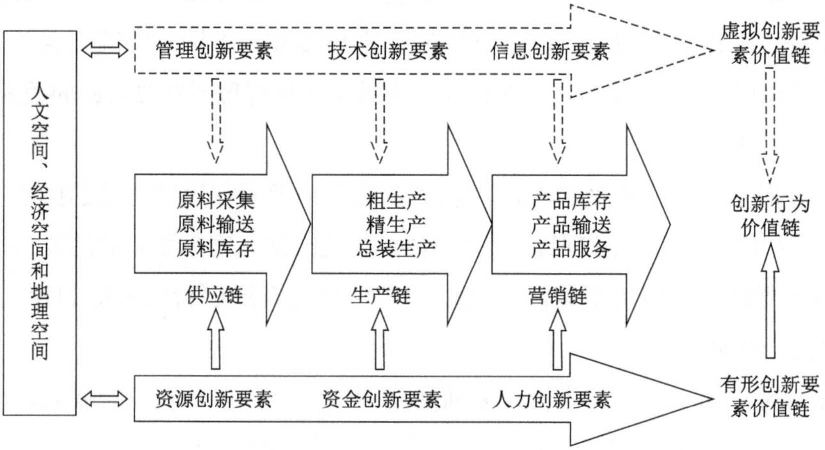

图2-8　企业创新价值链

2.4　本章小结

本章作为全书的理论基础，着重研究了企业创新的内生要素与外部环境要素之间的关系。

（1）企业的本质是各种生产要素和资源通过一定的组织管理，进而追求帕累托最优配置的经营过程。

（2）不同企业的构成要素和资源配置不同，导致了企业的异质性。

（3）相同的企业在不同时空环境下资源与要素构成也不相同，导致了企业不同环境下的异质性行为，这些异质性是企业资源要素在不同时空环境下使用价值量的变化的结果，也是企业获得竞争优势的直接原因。

（4）企业应被看成是各种异质性价值链的交互组合。

这些研究成果表明以下内容。

（1）异质性的创新价值链在企业生产与资源配置环节，通过各创新资源要素链与企业外部的创新要素市场和环境相联系，并将企业内部创新知识和信息外化，通过扩散效应影响时空。

（2）动态变化的时空与创新资源环境要素通过各种创新资源要素链内化为企业创新资源要素使用价值变量，在企业内部产生聚集和整合效应，从而影响企业的生产和创新。

（3）企业与环境之间存在类似系统动力学规律的物质能量交换，环境创新系统和企业创新系统的结构都是动态反馈的结构。

这些研究成果在理论推导和演绎中产生，在现实中经过验证，我们以此作为本书指标体系构建的理论基础是比较先进的，也是科学的、可信的。

【专栏2】内外互动　吉利低成本创新

由于创新的高风险性和创新资源的稀缺性，中国企业必须依赖低成本途径来实现自主创新。通过与其他经济主体进行深入合作，获取和交换创新所需资源和信息，探索基于外部资源整合的企业创新路径。

作为知识产权自主创新十大品牌之一，吉利正在走出一条低成本的自主创新路径，在资金有限和条件薄弱的环境下，通过创新取得了突出的成就。在自主知识产权方面，吉利已经拥有专利3000多项，发明专利340项，多项技术和产品获得中国汽车自主创新成果奖。吉利汽车整合外部创新资源，坚持技术自主探索和开发获得了显著的创新高绩效。

一、自主创新的动力源

创新动力主要来自于市场需求的拉动和市场竞争的推力。在制定了低价占领市场的竞争战略后，基于技术、资金、人才和信息等方面劣势，实现成本领先的战略目标，吉利决定实行自主创新，自主或合作开发汽车关键部件是最重要的策略。以汽车发动机为例，吉利自主研发的发动机仅相当于外购同类别发动机价格的一半，其性能指标却非常优越。

在售价不高的情况下，低成本自主创新支撑了企业的利润率，为企业发展带来了后劲。其自主开发的发动机、变速器等核心零部件均已实现了自给自足，其价格远远低于外部采购的价格。在中低端市场立住脚跟后，吉利延伸其产品体系至中高端市场，企业实施了质量提升战略。吉利投入5亿元对原有的汽车生产线进行技术更新和改造，在关键工序上采用了国际先进工艺设备，引入基于绩效驱动的协同化管理系统，实行全面质量认证体系，提高了产品制造水平和工艺自动化水平，提升了整车和零部件的技术含量。

二、吉利低成本创新能力的构建机制

吉利充分整合知识、研发资源、资金和人力资源等内外要素，形成了低成本自主创新机制，对企业的成功起到了决定性作用。

1. 模仿转化，增强吸收能力

模仿与合作是创新的一种重要方式。生产制造初期研发经验不足，通过模仿学习与拆装试验进行低成本创新。例如，吉利参考分析夏利的车型，并逐步掌握了整车和零部件的研发和配套，在汽车设计、工艺及制造方面取得了突破。吉利还积极地与外部合作方学习。例如，与意大利汽车集团的合作，掌握整车开发流程；与德国吕克的技术合作，提升造型创新以及工程可行性分析能力。吉利在模仿与合作中有意识地完成了知识消化和技术储备，极大增强了企业的自主创新能力。

2. 自主研发关键部件，打造核心竞争力

核心技术自主研发是创新的重点。吉利规划在核心零部件技术实现自给自足的能力。例如，自动变速箱技术和市场很成熟，但为美国、日本和欧洲厂商把控。吉利在缺乏历史数据的情况下，研制和开发自动变速器的专用设备，开展了大量试产，掌握了自动变速器的设计能力。技术人员在6个月内自主研发出了自动变速器并进行了搭载试验，完成了包括制造工艺设计、生产检验设备制造、产品定型、零部件布点在内的产业化工作，实现了产品批量生产。吉利通过开发关键零部件技术，打造自主创新的核心能力。

3. 整合外部研发资源，实现短期突破

外部研发资源是企业创新的重要来源。吉利利用社会研发资源开展技术交流与合作。例如，与奥地利 AVL 进行发动机合作研究；与英国麦拉联合开展整车试验项目；与德国帝目进行变速器的试验开发项目；与德尔福、西门子、博世及上海联合电子公司共同开发了发动机 ECU 项目。吉利还与高校密切合作。例如，与江苏大学签订了整车室内降噪技术合作协议；与同济大学联合开发混合动力、柴油动力技术和网格车身技术；与上海交通大学展开了进气效率及环保能源车型等项目的合作。所获得的阶段性成果提升企业生产力，短期突破技术瓶颈。

4. 引进外部研发人才，释放创新动力

研发人才是创新的持续动力。吉利对标先进企业，实现差异化生产，形成自主知识产权。为了提供更好的研发条件，吉利斥巨资建立了电气、道路和多功能试验室及虚拟造型中心，成立了汽车研究院，并设立专项资金。吉利高度重视人才的引进和培养，形成一支拥有十余名外国专家、上百名高级工程师、数百名博士硕士的科研队伍。其中，有来自韩国大宇国际主管研发的沈奉燮，有曾任国家自动变速器课题组组长的徐滨宽，有一汽汽车研究所的底盘专家华福林，有曾任一汽轿车分厂副厂长兼总工程师的智百年，有参加过克莱斯勒发动机改进项目的发动机专家杨建中，有来自美国戴 - 克公司的 CAE 专家，有来自意大利汽车集团的研发设计师，有来自中国优秀汽车企业的技术专家和管理人员。为满足企业对特色人才的需求，还自主创办吉利大学、吉利汽车技师学院以培养专业技能型人才。吉利将创新精神与先进的管理有机融合，为各类汽车人才提供了发挥最大能力的平台，使企业迅速实现了高速创新发展。

三、小结

激烈市场环境和基于成本领先的战略规划驱动吉利选择低成本的创新路径。吉利汽车的创新成功主要在于积极与外部经济主体进行技术、资金合作，广泛整合国际、国内的资源，通过学习和吸收前沿技术，完成低成本的自主创新目标，实现高水平的创新绩效。

（重庆大学 何山博士）

第三章 企业创新体系与要素构成

3.1 企业创新体系的特征

知识如同空气一样，是一种公共品，具有非竞争性、非排他性。这些特点导致了基于知识研究的创新活动具有开放性。开放式创新包括以下两个层面。

在第一层面中，我们认为企业在发展新技术的同时，应该充分利用内部和外部所有有价值的创意，凭借内部和外部两条市场通道，使这些有价值的创意转化为创新，即企业创新系统包含内外两个子系统。

在第二层面中，我们认为创新是在企业内部的研发过程中产生的，技术的商业化应当以内部条件为基础，而不是仅仅依靠外部技术资源进行创新。企业创新的内部子系统是企业创新的源泉，外部子系统需内化为内部子系统所需要素而起作用。

由此可见，任何创新活动必须以一定的技术、知识为基础和依托。因此，企业创新体系不单包含企业的自主性创新，也包含对外的引进创新和合作创新。引进创新和合作创新将缩短企业的自主创新进程，提高企业整体创新的效率，提升企业的自主创新能力。

企业作为一种最常见的社会组织，具有严格的组织管理程序和原则。而作为企业核心价值的创新系统，由创新主体、创新组织结构、创新客体、创新管理、创新制度等要素组成。各要素之间彼此紧密联系，互为条件。企业创新系统的主体就是企业本身。从企业决策层次性看，最高决策层是战略管理创新的主体；中层管理者是管理创新和制度创新的主体；基层的技术团队是技术创新的实现主体。各主体通过公司组织架构、管理制度等相联系，形成创新主体架构。与各创新主体所对应的组织部门与职能机构是创新的组织结构。这些创新组织结构按照分工，负责各层次创新的协调和统一，实现创新要素的交互。创新的客体是创新活动的承载方。有的时候，创新活动可以凭空产生，这时创新的客体就是创新活动本身。对于企业而言，一般不会将知识创新作为企业的主要任务目标，企业创新更多的焦点，在于应用研究与技术更新和设计，其目的在于提高企业的创新效率。上述诸要素同在一个创新体系之下，相互间存在着复杂的关系，相互影响，互为条件，是企业创新能力的一个系统函数。

开放性和系统性是企业创新系统的最基本特征，同时也是企业创新系统动态性的基础。动态性是指企业创新各组织结构、各要素之间的相互转变。

首先，企业创新系统的内外子系统之间可以相互转变。企业通过内部创新资源的整合，在外部引进和外部合作技术基础上，原发性地获得了创新技术。随着企业将这种技术应用在产品上，进而市场化，这种技术将会被认知、识别、学习，一直到各竞争对手全部获得并使用该技术。这就是企业创新内部子系统向外部子系统的技术溢出。将这个路径反过来，我们就可以得到企业外部创新子系统向内部子系统转变的过程。

其次，企业创新主体与客体之间也是相互促进的。技术进步需要一定的基础，这种基础大多是现实存在的技术条件。也就是说，今天的创新以昨天的创新为条件，而明天的创新将以今天的创新为基础，依此类推，以至无穷，社会才得以进步。

通常我们所说的企业创新大多是某种先进的技术对旧技术的替代。这是创新的结果，其过程相当复杂，涉及企业活动的方方面面。企业的生产过程也是要素投入的过程。从以往的研究来看，人们大多将人力与资金作为生产的两种必不可少的要素。若将存量技术作为外生变量的话，整个生产就由技术、人力、资本三要素组成。随着研究的深入，我们发现一般性的生产要素还应包括资源、信息、管理等非常规要素等，而创新生产投入要素则更加复杂多样。各要素对于企业的创新都具有高度相关性，是企业创新必不可少的组成要素。从这个角度看，企业创新系统又具有多元性的特点。

企业内外创新子系统是企业创新系统最核心、最重要的组成部分。除此之外，企业创新系统还包括创新以外的环境空间系统。任何知识的研究、技术的开发，都必须以一定的地理、经济、人文环境为背景，并且不同的背景对企业创新有着不同的意义，适宜的环境可以为企业创新提供条件，而不适宜的环境将制约企业的创新行为。

3.2 企业创新体系二元结构

从企业创新的源泉出发，我们可以将企业创新分为企业内生性创新和企业创新三维空间两个方面。内生性创新是指企业的关键核心技术研究完全由企业独立完成，具有完全的自主知识产权。在内生创新中，企业边界是清晰的，创新在企业边界内完成。企业创新三维空间指的是企业创新所处的环境空间。任何企业内生性创新都是在一定的环境空间中完成的，这一环境空间就是能够被我们度量的创新三维空间，企业创新内生要素与环境空间要素相互作用，共同构成了企业创新体系。企业创新体系是一个由内外许多要素组成的整体，整体与环境之间、各要素与整体之间以及各个要素之间都存在着繁杂的联系，存在企业创新体系的“二元结构”，见图 3-1。

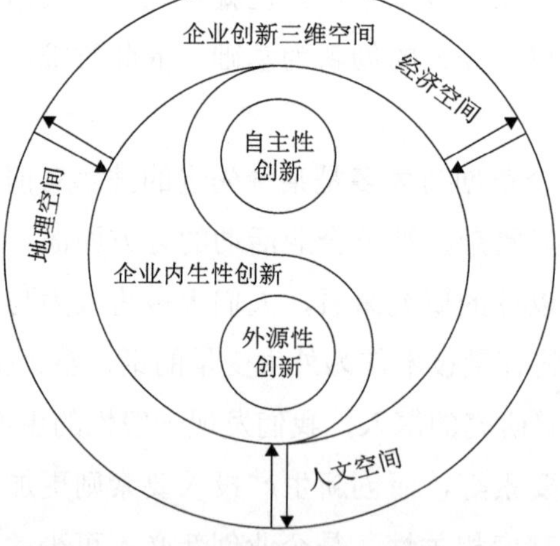

图3-1 企业创新体系的“二元结构”

创新体系“二元结构”中的“二元”，即企业内生性创新和企业创新三维空间。两者之间具有复杂的关系：企业内生性创新是在企业创新三维空间中完成；企业内生性创新成果外溢后，又将导致企业创新三维空间的变化和改进；企业创新三维空间对企业内生性创新具有约束与条件功效；企业内生性创新与企业创新三维空间通过知识流、人才流、资金流、商品流实现交互。

3.3　企业内生性创新的动态演化

企业自主创新与企业外源性创新是一组相对范畴，是辩证的统一。没有企业外源性创新，也就无所谓企业自主创新；同时，没有企业自主创新，也就谈不上企业外源性创新。企业外源性创新的主要功能就是于获取、提升、培育企业自主创新能力。外源性创新这个阶段，企业不可或缺。值得注意的是，并非企业外部所有创新活动，都属于企业的外源性创新，只有那些被企业吸收并内化为企业创新活动的基础的外部创新要素，才能被称为外源性创新要素。企业外源性创新，是企业自主创新的基础。因此，我们可以通过企业生命周期，推导企业创新的一般性演化进程。

通过企业的生命周期分析，我们发现企业的自主创新与外源性创新是一个相互转化，逐次上升的过程。即企业外源性创新为主导→企业外源性创新与自主创新的结合为主导→企业自主创新为主导→企业成为外源性创新的客体→企业新的外源性创新……见图 3-2。

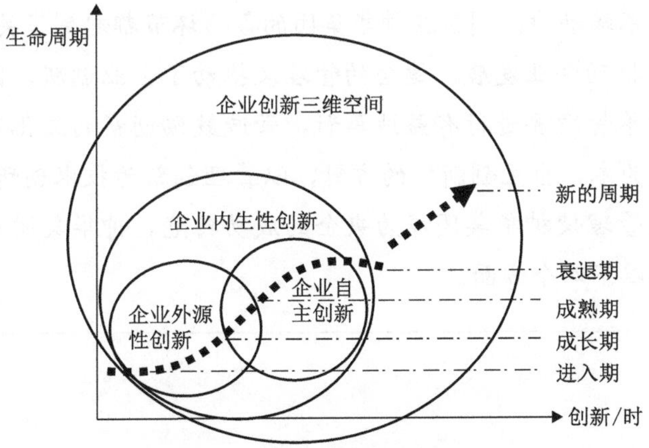

图3-2　企业创新的动态演进

生命周期理论将产品、企业或者产业划分为进入期、成长期、成熟期、衰退期。在产品或者企业的进入期，绝大多数企业经历的就是外源性创新的学习与吸收阶段，只有通过充分学习和吸收，企业才能够对过往或者当前的行业、产品、技术有足够的认识和把握。在外源性吸收的基础上企业进行自身的创新性活动，并逐渐从市场的跟随者成为市场的主力，市场从完全竞争市场（假设初期没有任何一家企业对市场有绝对的控制力）进化成垄断竞争市场（假设少数企业通过外源性创新和自主创新获得了一定的市场控制力）。此时，企业进入到成长期，在成长期，通过激烈的市场竞争，大多数企业无法获取核心竞争力，将逐渐退出市场，市场中只留下少数的企业，市场演化成寡头垄断市场。此时，企业进入到成熟期。在成熟期，标准化的产品和生产技术将随着产品的成熟，而扩散到市场中去，企业的竞争优势逐渐削弱，企业成为其他企业外源性创新的来源。完成这一创新以后，企业若不持续创新，将落后于其他同类企业，其市场份额将被逐渐瓜分，企业就会进入衰退期，完成了创新的一次循环。如果企业再次将外部创新与本企业的创新要素进行整合，寻找新的创新点，通过创新巩固或者重新获取市场份额，就将进入新的生命周期。

【专栏3】知识要素　神华管理创新成果凸显

神华集团是以煤为基础，矿、路、电、港、油一体化，产供销一条龙经营的特大型综合能源企业，项目横跨十几个省区，生产线纵贯上万里，现如今已经成为世界上最大的煤炭运营商，全球500强企业。作为企业发展的不竭动力，创新在神华集团的各项环节都起到了关键性作用。创新的技术推动企业发展，健全的管理又推动了企业创新，因此，神华集团始终秉承管理要进行有益地革新，营造鼓励创新的文化氛围，充分贯彻“以人为本，自主创新”的方针，以管理创新为技术创新开辟道路。先进活跃的管理使神华集团成为央企的成功典范。神华集团的管理创新主要体现在以下四个方面。

一、管理创新之一：以五型企业为主导创新管理模式作为企业独树一帜的标志。

五型企业是神华响应国家科学发展观的号召下自创的管理理论，包括本质安全型、质量效益型、创新驱动型、节约环保型及和谐发展型，在企业中，以“五型”为主导的管理模式得到有力推行并取得了丰硕的成果，荣获2010年全国企业管理现代化创新成果一等奖。神华力图从基础上全面优化企业管理，推进企业走内涵式的发展道路，将创新理念深入企业内部，与责任制、考核体系及激励机制紧密联系，既要严格地遵守企业的各项规章制度，又要贯彻“以人为本”的创新型方针；还值得一提的是对待煤炭产业的重中之重的安全问题上，神华集团也有自己独特的安全管理模式，并积极地进行创新实践，将应急救援管理与日常安全管理两者相结合，应急救援工作由事后单纯救援向事前综合预防与事后救援相结合转变，全面探索建立安全发展的应急救援管理长效机制，形成了“体系建设、队伍支撑、源头控制”“三位一体”的应急救援管理模式，在应急救援方面也形成了具有神华特色的应急救援工作机制，包括物资装备保障机制、应急响应机制、快速出警机制、信息交流机制等。这些努力为神华的安全生产创造了在原煤产量连续五年实现千万吨增长的情况下，死亡事故逐年下降，死亡率降至0.12的好成绩；在煤炭生产线和电力系统上，神华创建了各自适应的流水线，为提高生产力，降低设备维护等方面起到了重要作用。

二、管理创新之二：将自主创新作为企业罗盘指针融入企业战略的最重要部分。

神华集团将自主创新作为企业最首要的战略，它就像一条无形的线将神华的方方面面贯穿、组织，不断带动企业发展。随着自主创新的不断渗透，神华这些年取得的创新成果不胜其数，如针对内蒙古准格尔地区丰富的煤共伴生铝资源，研发了“一步酸溶法”、煤矿安全生产风险预控体系及控制技术、生态脆弱区煤炭现代开采地下水和地表生态保护技术实施等，为安全生产、提高生产力、节能减排等各方面做出重大贡献。

通过自主创新战略建设支撑集团主业的发展，实现组织战略的目标，以重大创新成果占领相关领域的技术制高点，突破自身关键技术瓶颈，不断增加神华集团的核心竞争力。此外，自主创新深入人心，而对于全员的智力成果，神华在知识产权保护战略上也同样别出心裁，在其制定和完善的过程中，健全知识产权的管理和保护制度，加大对专利尤其是煤化工领域的专利申请和保护力度，将集团的智力成果广泛应用实践，提高专利的实施率，最终提高企业核心技术领域的竞争力；在技术标准战略上，神华集团重点规范技术行为，注重国际间的交流合作，积极参与行业标准（包括国家标准、国际标准）的制定，提升神华在行业、国家和国际标准化组织中的话语权和主导权，在我国建设创新型国家过程中起到示范和带动作用。

三、管理创新之三：与时俱进不断实施改革以建设企业体制机制。

体制机制的改革不仅可以强化对集团控制，还会激发企业的未经开发的能力。例如，创新的用人机制可以提高人员的满意度，对加强人才队伍建设有重要作用。神华在众多央企中率先进行了社会公开招聘，并采取创新的干部选拔方式，引进海外人才，得到国资委相关部门的高度肯定；神华集团努力探索创新机制，在企业中形成了鼓励和引导各单位自主创新的良好氛围，建立产学研的合作就是神华创新体制机制的又一重大举措，通过分工合作，强化管理，在产学研合作过程中，明确合作内容、目标等，实现技术创新质量和水平的飞跃；在完善企业管理长效机制方面，神华集团严格落实企业工作责任制，执行企业的考核标准，将科技工作和科技创新的好坏作为人员考核和晋升的重要指标；激励机制方面，神华不断加大对自主创新及科技人员的奖励力度，在技术与任务并重的部位或其重要的子公司，对核心岗位上的科技和工作人员采取多重奖酬方案，如任务定酬、效益定酬及成果按贡献进行利润分配等；另外，在神华集团由部分上市到整体上市的过渡时期，实行特殊的“双层董事会，双层领导班子，一套总部机构”的治理结构，其合法又高效的运转效率为当前有类似情形的公司上市提供了新的思路；神华还将计算机技术与通信技术应用与采煤控制体统，综合集成高效的管理信息系统，该项技术不仅为企业管理带来方便，更作为矿井全体员工生命的一项保障，数字神华为安全机制提供支持。

四、管理创新之四：人力资源管理创新加强人才队伍建设。

为贯彻“人才强企，自主创新”战略，除了进行传统的人力资源管理，神华为了储备科研工作、创新活动、有利于集团发展的人才，组织成立了技术委员会、专家咨询会及专家库，建立“神华博士后科研工作站”，聚集了各类精干高端的人才，逐渐形成了集团强大的核心研发队伍和管理团队。人才是一切创新活动的源头，神华根据各子分公司的需要设立负责科技发展的职能部门，专职负责科技创新和管理创新活动的一切工作；利用集团的资金优势、技术优势，吸引和留住优秀的员工，并加快培养创新型人才的步伐，如与高等院校建立战略伙伴关系，引进海内外的高尖端型人才，特别是在煤制油和煤化工等集团主干行业的高水平、高层次的工程技术人员；集团还为不同的科技人才制定不同的制度和培养办法，结合他们的特殊性和专业性特点，实施人力资源管理；另外，神华也注重群众中间的创新活动，基层群众是企业人数最多的中流砥柱，激发他们的创新热情是必要的，很多专利的研发就是由基层群众提出建议，进行试验并最终取得了成功，因此，以矿、段、作业区、车间为主要实施单位的岗位创新活动同等重要。

管中窥豹，可见一斑。神华集团秉承“科学技术是第一生产力”的要义，以内外环境发展为基础开展管理创新活动，为集团发展提供支撑，这个集团更多的创新和更广阔的发展让我们拭目以待。

（贵州大学 邹小玉硕士）

3.4 企业创新能力要素构成

企业创新体系是从宏观层面描述企业的创新结构的，在我们的研究中将其定义为“二元结构”，但企业创新的最基本单元却是企业创新的要素。我们将企业创新的要素归纳为五类，共 16 个要素层。

五类分别是：企业自主创新要素、企业外源性创新要素、企业创新地理空间要素、企业创新人文空间要素、企业创新经济空间要素。

16 个要素层是：企业创新技术要素、企业创新管理要素、企业创新信息要素、企业创新人才资源要素、企业创新资本要素、企业创新自然资源要素、企业引进创新要素、企业合作创新要素、企业创新环境资源要素、企业创新地理气候要素、企业创新经济活力要素、企业创新经济发展要素、企业创新经济结构要素、企业创新法律环境要素、企业创新文化环境要素和企业创新政治环境要素。

3.4.1　企业内生性创新要素

企业内生性创新要素分为企业自主创新要素和企业外源性创新要素。

1．企业自主创新要素

企业自主创新是指企业通过构建研究开发机构，培育和形成一批研究开发队伍，加大开发投入，围绕主业核心技术，在企业内部组织开展技术创新活动的行为[①]。创新要素的投入是企业自主创新的重要环节。西方经济学对于生产要素的定义与划分存在广泛争论。我们比较赞同现代经济学所提倡的六要素理论，即劳动力（人才）、信息、资本、自然资源、技术、管理六种要素。它们基本包含企业创新所需要的所有内部元素。

（1）人才。企业经济发展主要靠科技创新来实现，而科技创新的关键在于人才。企业只有拥有一批懂生产、会设计、懂工艺、能创新的科研队伍，以他们为核心，才能在企业生产过程中把技术含量高的新设计、新工艺融入到新产品生产中去；只有拥有一批懂经营、善管理、能创新的企业营销队伍，企业才能把产品在短时间内推向市场。

（2）信息。在推动企业成为自主创新主体过程中，信息保障渗透在企业自主创新的各个环节，在一定程度上决定着自主创新的成败。在自主创新过程中，若没有现代化的科技信息系统和丰富的信息资源，企业创新难以获得成功。信

---

① 操龙灿．企业自主创新体系及模式研究．合肥工业大学博士学位论文．2006.

息化不但可以降低企业创新成本，而且可以推动企业的集成创新，在企业自主创新中具有加速器的功能。

（3）资本。在企业创新过程中，资本发挥着重要作用。其作用主要在保有创新人才、购置创新设施、获取信息与技术等方面体现。创新资本帮助企业获得创新过程中所需要的要素，为企业自主创新目标的实现奠定基础。创新的不确定性使得企业面临较大的研发风险，这些风险靠企业资金的长期支持，得以消化和化解。

（4）自然资源。自然资源既影响着企业自主创新方式的选择，又对企业自主创新有重要影响。在自然资源缺乏的环境中，企业新战略和新项目的试验往往受到约束，企业要想在产品和服务、市场及技术方面突破，更是难上加难。如果企业存在自然资源冗余，那么企业便可以充分利用自然资源用于试验一些新的创新项目。此外，企业的自然资源组成、组织形式、决策过程、学习能力、营销策略，以及其他内外部因素的交互作用，对于企业的组织创新有着至关重要的影响。处理好各要素和资源间的合理配置，充分发挥协同作用，对提高组织创新绩效至关重要。

（5）技术。技术是企业自主创新的核心内容，有时也是企业自主创新的成果表现。科技创新，作为企业技术结构、产品结构、经济与组织结构有机化运作的核心动因，是企业发展的原动力，是企业持续竞争优势的源泉。企业创新不可能凭空产生，必须以一定的技术存量为基础。新技术是“旧”技术的升级，是存量技术的再创造和新组合。

（6）管理。企业管理对于企业自主创新的影响，主要通过企业知识管理来实现。知识管理作为一种能充分发挥员工能动性的全新理念，被越来越多的人所接受和认可。将技术创新与知识管理相结合，能为企业创新带来更多机遇。一个拥有技术创新理念的企业，通过建立良好的知识激励机制和人才培训机制，形成高效的知识管理系统，才能促进企业不断推进科技创新，形成企业竞争力。

2．企业外源性创新要素

企业外源性创新包括外部合作创新和引进创新两个方面。外部合作创新是指企业与企业之间、企业与高校之间及科研机构之间相互合作，共同开展技术创新的活动。引进创新是指企业将先进技术从外部引进，并将其消化吸收进行的二次创新活动。

企业合作创新与引进创新之间具有一定的联系。一方面，企业在引进创新的过程中，为了尽快吸收和积累相关技术和知识，往往会与高校或科研机构合作实现二次创新，此时合作创新就被包含在引进创新之中。另一方面，企业在合作创新过程中，往往高技术一方会将技术作为一项投入，相对于另一方而言，合作的过程相当于技术引进的过程，因而引进创新就被包含在合作创新之中。

合作创新、引进创新与自主性创新之间存在相互影响、相互促进的关系。企业进行合作创新和引进创新的目的，既包括从外部取得技术，用来开发和生产高技术的产品，又包括在合作创新和引进创新的过程中向对方学习，促进技术转移速度，提高企业技术水平，提高企业自主性创新能力。企业的自主性创新是企业进行引进创新和合作创新的前提保障。一个企业只有持之以恒地从事研究与开发，拥有较强的自主性创新能力，才能在合作创新和引进创新过程中进行高效率的吸收。

企业之所以要进行外源性创新，其动机不仅是获得技术和知识，而且是在合作的过程中积累企业的自主创新能力。企业之间的合作能否成功，关键是信息和知识能否在各个合作企业之间进行有效流动。企业进行合作创新和引进创新的目的，就是从合作者那里对知识进行学习、转移、整合，将学到的知识内部化和系统化，实现知识积累，创造出新的技术，提高企业自身的创新能力。

外源性创新不仅受企业自身的组织特征的影响，而且会受到其他各种因素的影响。因此，外源性创新过程可以被看成是各个创新主体(包括企业、科研机构、高校)之间进行博弈的过程，以及外源性主体与外界主体进行博弈的过程。有学者对欧洲高技术企业参与的研究与开发合作联盟组织的学习过程进行过观察，发现影响企业的技术学习能力及创新能力的因素主要包括企业中研究开发活动的集成性、合作方的相互信任、合作过程中各成员的参与程度和合作动机、企业自身的研究开发经验、获得足够的互补性资产及技术联盟中的企业数量这六个方面。影响合作与引进创新过程中知识有效传递的因素主要包括：对合作方的信任程度，所传递的知识自身所拥有的属性，大学、企业、研究院等知识和技术提供方的转移意向，知识和技术的转移能力，技术提供方与接受方的知识梯度，等等。

综上所述，影响企业外源性创新的要素可概括为以下六个方面：被传递的知识本身所具有的属性；知识源的技术转移能力；大学、企业、研究院等知识和技术提供方的转移意向及对合作方的信任程度；技术提供方与接受方的知识梯度或者禀赋差距；本企业作为知识的接受方，对知识的接受能力、吸收能力及进一步的开发改造能力；外源性单位的技术与知识产权保护力度。

3.4.2 企业创新三维空间要素①

不同的区域企业发展环境是不同的，这种不同来源于区域的地理区位、资源禀赋、基础设施、金融服务、企业规模、市场发育、法律制度、文化习俗等不同方面（维度）的作用。进一步可对这些要素细分出下一级的多维要素。这些不同层次、不同维度要素的作用，在区域内产生一种经济场。这与缪尔达尔在循环积累因果论中指出的经济区域内存在极化效应、扩散效应和回程效应的研究类似。对影响企业创新环境的这些多维要素进行分类，通过经济辐射场矢量叠加，构建三维空间区域系统，即由地域空间、经济空间和人文空间构成的系统。

经济区域的不同，是因三维空间或其中的任一空间不同引致的，这些不同构成了区域的子系统、区域层。不同的地域空间主要表现在自然资源禀赋、交通基础设施、周边地理区位等方面；不同的经济空间主要表现在产业构成、要素结构比例、要素密集度等方面；不同的人文空间主要表现在政策机制、法律制度、文化习俗等方面。同一地域空间，如果经济空间、人文空间不同，经济区域就不同。例如，澳门与珠海虽然地理区位一样，但人文空间和经济空间却相差很大。而地理相距很远的英国与中国香港在经济空间和人文空间上却相差很小。地域空间直接与自然系统有关，经济空间和人文空间都是人与自然共同构建的。区域内的资源禀赋不同，人对区域的作用方式和作用时间的不同，造成经济区域空间不同。这种不同是由生产要素的量、比例、结构以及人对生产要素的作用方式、作用时序等不同造成的。经济发展模式也是构成经济空间、

① 陈泽明，芮明杰．基于区域三维空间的投资环境优化研究．经济体制改革，2006,(1): 131-137.

人文空间的重要要素。不同国家可能有相同的经济发展模式，这就可能使地理位置相距很远的国家具有相似的经济空间或人文空间。因此，区域系统内不同的产业构成，反映在三维空间矢量上就会影响区域的经济空间矢量；不同的文化背景和政治经济制度，反映在三维空间矢量上就会影响人文空间矢量；不同的自然资源禀赋反映在三维空间矢量上，就会影响地域空间矢量。任一维空间矢量的变化都可能造成区域内企业创新环境的变化。

一般来说，地域空间环境和经济空间环境属于“硬环境”，人文空间环境属于“软环境”。硬环境的状况直接影响企业的技术创新、产品创新、管理创新，直接关系到企业的生存和发展。软环境给企业带来的是创新成本费用的节约和创新安全保障，对企业创新的影响是长期性和根本性的。

地理空间要素主要指自然资源禀赋及地理、气候等自然因素。地理空间要素在三维空间要素中属于区位要素，是非常重要的一维，包括地理环境和资源流动等子要素。经济空间是广义的，是指除自然因素外，影响经济发展的人工自然的所有要素，是企业创新环境中最重要、最直接的要素。它包括经济发展、经济结构、经济活力三大子要素。人文空间环境属于投资的软环境，我们用政治环境、法律环境、文化环境表示。

3.5 本章小结

本章对企业创新的构成系统和构成要素进行了分析研究，得出以下结论。

（1）开放性和系统性是企业创新系统的最基本特征，同时也是企业创新系统动态性的基础。

（2）企业创新系统的内外子系统之间是可以相互转变的。企业通过内部创新资源的整合，在外部引进和外部合作技术基础上，原发性地获得了创新技术。随着企业将这种技术应用在产品上，进而市场化，这种技术将会被认知、识别、学习，一直到各竞争对手全部获得并使用该技术。这就是企业创新内部子系统向外部子系统的技术溢出，将这个路径反过来，就是企业外部创新子系统向内部子系统转变过程。

（3）企业创新主体与客体之间是相互影响的。技术进步需要一定的基础，这种基础大多是现实存在的技术条件，今天的创新以昨天的创新为条件，明天的创新又以今天的创新为基础，以此类推，无限循环。

根据上述认识，我们从企业创新的源泉视角，将企业创新分为企业内生性创新和企业创新三维空间两个方面。内生性创新指的是企业的关键核心技术完全由企业研发，具有完全的自主知识产权。在内生创新中，企业边界是清晰的，创新在企业边界内完成。企业创新三维空间指的是企业创新所处的环境空间。企业内生性创新和企业创新三维空间相互作用，共同构成了企业创新体系。企业创新体系是一个由创新要素组成的整体，整体与环境之间、各要素与整体之间以及各个要素之间都存在着紧密的关系。

企业创新体系“二元结构”，即企业内生性创新和企业创新的三维空间。企业内生性创新在企业创新三维空间中完成；企业内生性创新成果外溢之后将导致企业创新三维空间的变化和改进；企业三维空间对企业内生性创新具有约束与条件功效；企业内生性创新与企业创新三维空间通过知识流、人才流、资金流、商品流实现交互。

企业创新体系是从宏观层面分析企业的创新结构，我们将其定义为“二元结构”。企业创新的源泉是企业创新的要素，我们将其归纳为五类，共16个要素层。

【专栏4】激活要素　振华重工创新凸显

上海振华重工（集团）股份有限公司（ZPMC）由世界500强之一的中国交通建设公司控股，是国有控股A、B股上市公司。总部设在上海，另拥有南通、江阴等地方的8个生产基地，其中长江口的长兴基地是全国也是世界上最大的重型装备制造厂。

2006年5月，振华重工成功竞标美国西海岸奥克兰港的新海湾大桥的建造，拿下授标合同，成为该座大桥的主要承建企业之一，使之在重型装备制造行业里引起了不小的轰动。不仅因为建成后的新海湾大桥将成为美国新的地标性建筑，同时，它也是迄今为止全球投资最多、技术含量最高和预计使用寿命最长的桥梁。振华重工主要承担桥面和独塔的建造，意味着要完成接近4.5万吨的钢结构制造。

振华重工成立的20多年里，在港口机械中连续16年稳居全球市场占有率第一，且达到70%以上的份额，振华港机几乎运转在世界上的所有港口。

在创新驱动、转型发展的时代大潮中，分析振华重工取得的辉煌成绩，离不开其创新能力的不断提高及对创新能力要素的把握。人才要素、信息要素、资本要素、技术要素、管理这五大要素构成了振华重工的竞争优势。

1. 人才要素

人才要素在振华重工的创新能力发展中发挥了至关重要的作用。目前，振华重工共有近2800名科技人员，其中大学本科及以上学历人员所占比例近70%；40岁以下科技人员所占比例为90%；持有国际高等级证书的焊工近3000名；企业科技创新的领军人物获得了交通运输部2010年“优秀科技人员”称号并入选国家“百千万人才”库。

在每年召开的振华重工科技大会上，有很多名科技人员、生产人员登上领奖台，荣获了公司授予的创新荣誉及奖励。在2012年度自主创新研发项目颁奖礼上，“海洋钻井平台钻井系统”荣获特等奖项目，获得奖金100万元，3E级超大型岸桥和400英尺[①]自升式钻井平台设计优化研究项目荣获一等奖及50万元奖金，此次振华重工共奖励自主创新研发项目94项，总金额达800余万元。2013年4月26日，振华重工又出资800万元人民币，奖励科技创新的员工。

振华重工每年至少将营业收入的3%投入到科研中去，2012年的科技研发资金投入达到6亿元。振华重工拥有30个国家重点新产品项目，位居全国首位。据公司总裁陆建忠透露，目前公司已经拥有2000多人的大型装备设计研发团队。并计划到2015年，达到拥有100名创新、战略性领军人才，200名知名技术带头人，300名专业技术带头人；科技贡献率达到50%以上的目标。

从设计研发到生产制造，振华重工已经形成了链条似的科技创新团

① 1英尺=0.3048米。

队，公司不仅重视高学历的科研人员，对工作在一线的生产工人也尤为器重。他们在实践中摸索，对作业方法不断尝试着改进，经常达到事半功倍的效果，并不断涌现出大量的创新成果，成为创新人才。

在振华重工，身怀绝技的蓝领技师遍布在各个岗位上，他们是企业实力强大的象征。沈卫军是"老振华"了，2012 年，沈卫军获得中国交通建设集团评审的高级技师资质。他共申请过 8 项技术创新成果专利，获得专利 5 项，获得了 2012 年度浦东新区"工人发明家"二等奖，并经推荐入围"第九届上海市十大工人发明家"前 15 位候选人，最终荣获提名奖和"上海市工人技术创新能手"的荣誉称号，被领导和同事们誉为"振华重工职工技术创新先锋"。

企业鼓励创新，重视培养创新性人才，使振华重工在 2011 年被先后评为"上海市知识产权优势企业"和"全国十大创新性企业"。2012 年内，振华重工递交申请国家专利 83 件，同比增长 60%，其中发明专利 30 件；获国家授权专利 61 件，同比增长 150%，其中发明专利 10 件。完成软件著作权登记 3 件、图纸作品登记 3 套。

除了自身企业的人才培养，振华重工还积极与各大高校进行研发合作，包括上海交通大学、同济大学、上海海事大学等。在 2012 年成立了上海市首批十大产学研示范基地和国家级工程实践教育中心。

2．信息要素

在当今信息化时代下，创新能力的强劲也体现在对信息要素的及时把握以及对其做出迅速且良好的反应。市场对企业的信息反馈由企业的盈亏和企业的市场占有率呈现出来，要掌握市场的主动权，必须掌握信息的主动权。

2008 年爆发的全球金融危机对整个航运业造成了重创，振华港机市场出现量价齐跌，公司被迫不断削减原来的基建设备投资，但仍出现了产能过剩和高额的折旧摊销费，最终导致 2010 年和 2012 年全部亏损的局面。对这一信息的反映，振华重工的高层并没有只看到其负面信息，更一致认为这是公司发展战略的契机，由港机向海工业务方向的战略转型。尽管海工市场有十分诱人的特征：高利润、高投入、高技术难度、高竞争强度，但想成功转型并非容易之事。

仅在市场开拓方面，振华重工面对的海工领域几乎是空白，没有市场，也没有客户。海工市场的高端业务一直被欧、美、日、韩等国家或地区垄断，国内的海工市场走的是低端竞争的路子，要想在海工发展的市场上立于不败之地，振华重工很清醒地放弃了低端无序的市场竞争。振华重工坚持标准化，步入海工的国际市场，另外从本土培养和国外收购来提升设计水平。

2013 年，振华重工的多个海工产品项目得到了市场的认可：中标烟台打捞局 5000 吨起重铺管船项目，成功销售“振海 1 号”钻井平台，并将“振海 2 号”400 英尺自升式钻井平台销往挪威，中标 2 艘中海油服公司 15 000 马力①的三用工作船项目。

振华重工时时关注市场动态信息，而没有选择跟风，成功做到了企业转型。

3. 资本要素

振华重工对资本的运作，其创新能力体现在不仅将原有资本进行合理配置，还加大了对未来可支配资本的合理规划。

根据振华重工的业绩公告显示，仅 2013 年上半年公司在海工市场的新签合同额就为 9.4 亿美元，同比增长 71.31%，占据公司全年合同总额的 33.34%。

为获取更多的资本，挖掘企业新的经济增长点和利润来源，振华重工积极开拓船舶及海洋工程推进器市场。目前，全球每年的海上重型机械投入资本达 500 亿美元，大约占整个市场投资份额的 8% 将投入动力定位系统及其关键设备大功率推进器中，即市场资本规模约为 40 亿美元。若振华重工步入市场的成熟阶段，按照市场占有率的 3% ～ 5% 的份额保守估计，预计其大功率推进器产值将达到 1 亿～ 2 亿美元，是相当可观的。

在充分展示公司的研发、制造和总装实力的基础上，振华重工正大

① 1 马力≈ 0.745 千瓦。

力进行着宣传和推广，建立品牌优势及品牌资本。随着公司对市场的进一步拓展，公司对产品价格、交货时间和售后服务等方面正在不断完善，投入与产出的效率逐步提高，资本利用率也逐步上升。对资本要素的充分利用也是企业创新能力的完美体现。

4. 技术要素

技术创新是振华重工创新能力要素的主旋律。截止到2013年，振华重工拥有数十项世界领先的核心技术，并全部拥有自主知识产权。

美国西海岸奥克兰港的新海湾大桥的承建，振华重工再次向全世界展示了其过硬的技术面貌。振华重工在制造过程中，迎来了巨大的挑战。总承包方要求非常苛刻，大桥钢结构制造要求要按世界桥梁最高标准执行，意味着这将超过美国的标准。仅以焊接为例，大桥钢塔由4根五边形钢柱组成，钢板最大厚度为100毫米，长50米，焊成五边形后重量达1300吨，焊接前要预热，焊接后要保温，如何防止厚板焊接变形，如何对重达1300吨的钢塔节段进行大体积焊前预热和焊后保温，防止焊接裂纹，这都是世界造桥界上的顶级难度。但是，振华重工最终攻克了这一难关。

2014年4月，振华重工自主研发制造的1600千瓦伸缩全回转动力定位推进器成功完成了装配工作，这是我国首台带升降功能的大功率动力定位推进系统，标志着振华重工的船舶动力定位推进系统制造步入了产业化阶段，打破了国外企业长期在该领域占据垄断地位的局面。

在动力定位系统的控制系统方面，振华重工也已掌握多项关键技术，如动力定位核心控制算法、动力定位实时控制系统设计、测量传感处理方法、数据分析及处理、推力分配策略与推进控制方法、水动力学参数确定方法、系统软硬件集成与设计方法等。

抓技术要素是硬道理，是振华重工多年来总结出来的经验。掌握了关键的核心技术，就掌握了市场的主动权。

5. 管理要素

在长期的经营发展中，特别是现代管理理论如此盛行的今天，振华重工创造了有别于港机的产品制造管理模式和有别于其他桥梁企业项目管理的项目制管理模式。管理要素的充分利用为企业的创新能力增添了活力。

在美国海湾大桥项目中，振华创立了“工位管理”模式。这一模式更好地体现了科学性和可行性，首先对项目工艺、质检、现场管理、现场施工人员等全部进行量化考核，场地、设备进行合理的配置，然后是对数据进行收集、统计和整理，都要做到量化管理，其精细度达到每天、每时甚至每个环节的天气情况都要记录，因为天气的不同情况可能对生产制造带来不同的影响，将天气对生产的负面影响随时通报给美国的总承包方 ABF 和加州的用户方。信息的及时把握和反馈，不仅达到了管理的有效性，更为可能出现的情况需要与外方合理的交涉及索赔提供了科学依据。

科学有效的管理方法是在实践中摸索出来的。从一个团队到一个企业，在生产作业中反复不断地尝试、积累、总结，才能提高生产效率、提炼科学的管理方法、总结升级的设计方案。振华重工总裁康学增说：“目前，大型装备制造行业的国际竞争仍然十分激烈。其中，管理能力、生产效率是企业综合实力的重要指标，而这些‘小改小革’积少成多，正是提高企业整体生产管理能力的源源动力。”

（贵州财经大学　刘芳玉硕士）

第四章　资源型企业创新能力完备评价指标体系的构建

4.1　资源型企业创新能力评价体系的构建原则

（1）科学性原则。所选择的评估指标要有代表性、系统性和完整性，并且能通过定性、定量分析和综合考核评价，得出科学合理、真实客观的评价结果。

（2）导向性原则。建立资源型企业创新能力评价指标体系的目的是对企业创新工作进行细分和量化，为政府出台鼓励企业创新政策提供决策依据，从而为政府鼓励企业进行创新做好指导。

（3）可比性原则。评价指标体系的各项指标要力求量化，指标比较结果可采用相对数，以利于不同规模和不同类型的资源型企业间进行对比，促进企业创新活动的开展。同时考虑今后企业创新活动测度与国际接轨，尽可能与国内外相关的重要指标相一致。

（4）可操作性原则。评价指标体系建立的目的，主要是能有效、准确、方便评价企业的创新能力。这就要求所建立的指标体系及其评价方法具有实用性和可操作性。指标所涉及的企业数据易采集，计算公式简洁，评价过程简单，利于掌握和操作。

（5）渐进性原则。体系构建总是从总体的向分类别的，从大体向具体细分。指标体系的设置，避免形成庞大的指标群或层次复杂的指标树。要尽可能选取影响权重最高，具有足够代表性的综合指标和专业指标，从而比较准确、科学合理地表述所涵盖的内容。

基于上述原则，资源型企业创新能力评价指标体系的构建应可两步走。第一步，在现有研究的基础上，以科学性、导向性、渐近性原则为导向，放松可比性和可操作性原则，构建充分非必要条件下资源型企业完备评价指标体系，尽可能全面地收集可用的指标，以供下一阶段筛选；第二步，以企业现实数据为基础，通过专家审议，模型筛选，约简重构指标体系，得到充分必要条件下的资源型企业创新能力评价指标体系。

4.2 资源型企业创新能力完备评价指标体系

中国资源型企业的创新能力是企业内生性创新要素和外部创新环境要素交互作用的结果。企业内生性创新能力包含企业自主性创新能力和企业外源性创新能力。企业外部创新环境，即企业创新三维空间，包括地理空间、经济空间和人文空间。再往下具体到要素上就是人才、信息、自然资源、资本、管理、技术，以及环境资源、地理气候、经济活力、经济发展、经济结构、政治环境、文化环境要素，见图 4-1。

图 4-1 是资源型企业创新能力评价指标体系的结构基础。一级指标层为资源型企业创新能力，体现的是一种综合能力，定义为综合层；二级指标层为企业内生性创新和企业创新三维空间，体现的是我们构建指标体系的核心结构思想，定义为结构层；三级指标层为企业自主性创新、企业外源性创新、地理空间、经济空间、人文空间，更多涉及企业能力层面，所以我们定义为能力层指标；四级指标层为各要素指标，定义为要素层；五级指标层为要素指标层的具体观测指标。在遴选五级观测指标时有四个指标来源：第一，国家、地方、机构的现有统计指标；第二，学者文献中所提及的指标；第三，专家及企业家座谈过程中他们认为比较重要的指标；第四，我们在研究中认为比较重要的指标。

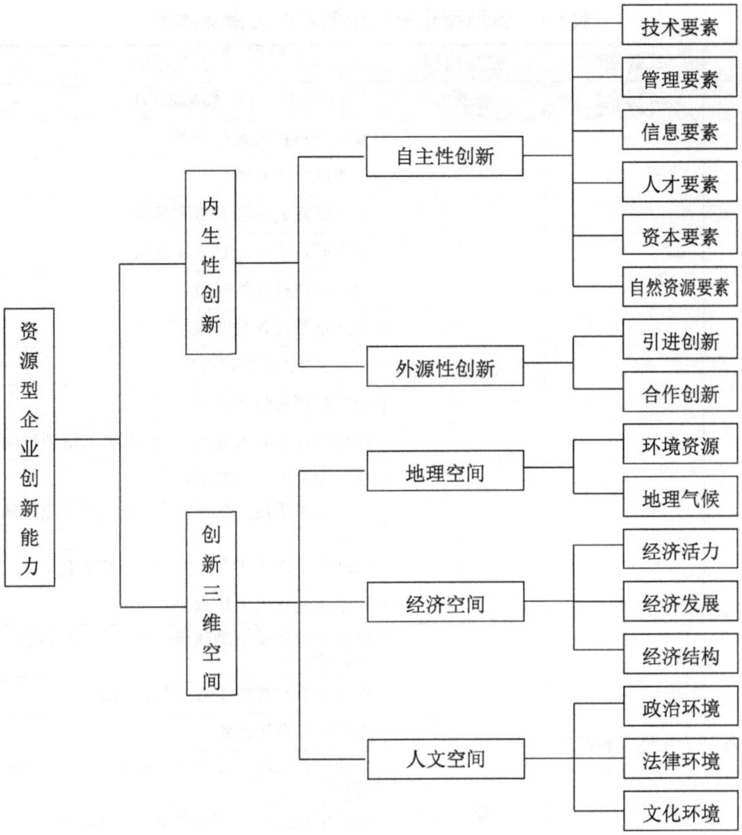

图4-1　资源型企业创新能力构成

4.2.1　资源型企业内生创新能力指标体系

1．资源型企业内生创新能力具体指标确定

资源型企业创新能力的内生要素指标，可以分成若干级指标，二级指标包括企业自主性创新能力指标和企业外源性创新能力指标，三级指标包括技术、管理、信息、人才、资本、自然资源等。从我国资源型企业的现状，以及现存的一些指标体系入手进行分析，对这些三级指标再进行细分，分出四级指标，见表 4-1。

表4-1　资源型企业内生创新能力指标体系

一级指标 结构层	二级指标 能力层	三级指标 要素层	四级指标 观测指标层	序号
内生创新能力（A）	自主性创新能力（A_1）	技术要素（A_{11}）	专利及科技成果相对数	IA-01
			获奖成果相对数	IA-02
			千人研发人员拥有专利数量	IA-03
			千人研发人员拥有论文数量	IA-04
			企业科技机构相对数	IA-05
			企业仪器设备采购强度	IA-06
			企业 R&D 项目相对数	IA-07
			新产品销售收入占比	IA-08
			理论与技术导入能力*（新聘员工培训时间）	IA-09×
			技术设备国际接轨情况*	IA-10
			工艺技术手段完备情况*（企业外包业务环节比重）	IA-11×
			自动化生产水平*（生产线员工比重）	IA-12×
			技术标准化通用化水平*	IA-13
		管理要素（A_{12}）	企业创新激励机制建设水平*（研发人员劳务支出比重）	IA-14
			管理工具和管理手段的创新情况*	IA-15
			企业管理费用比重	IA-16
			企业创新战略目标的清晰程度*（新产品研发成功率）	IA-17
			企业组织结构与创新战略的匹配程度*	IA-18
			创新战略有效性*（新产品企业市场份额）	IA-19
			创新机制的有效性*（新产品销售收入比重）	IA-20
			科技体系与创新载体情况*（负责创新的部门或机构经费比重）	IA-21
			管理人员创新意识*（企业管理制度改革频度）	IA-22
		管理要素（A_{12}）	信息采集和管理能力*（企业管理信息系统费用支出比重）	IA-23
			创新战略管理能力*	IA-24
			企业文化氛围*	IA-25
			领导层创新欲望*	IA-26
		信息要素（A_{13}）	企业人均邮电业务量	IA-27
			企业人均移动电话数量	IA-28
			宽带覆盖率	IA-29
			微机覆盖率	IA-30
			信息技术投入增长率	IA-31
			情报部门投入经费比重	IA-32

续表

一级指标	二级指标	三级指标	四级指标	序号
结构层	能力层	要素层	观测指标层	
内生创新能力（A）	自主性创新能力（A_1）	人才要素（A_{14}）	企业工程技术员工比重	IA-33
			企业大学本科以上学历比重	IA-34
			企业科技活动人员比重	IA-35
			员工培训和学习频度	IA-36
			研发人员的年总收入增长率	IA-37
			员工的信息技术水平*	IA-38
			研发人员观念素质*（本科学历人员比重）	IA-39
			研发人员忠诚度*（年离职率，反向指标）	IA-40×
			员工学习能力*	IA-41
			员工满意度*（年收入增长率）	IA-42
			研发人员晋升制度的完善程度*（管理层人员由企业自身培养的研发人员比重）	IA-43
			员工激励程度*	IA-44
		资本要素（A_{15}）	企业研发支出经费比率	IA-45
			资本创新效率（专利产出效率）	IA-46
			研发人员投入比重	IA-47
			研发设备投入比重	IA-48
			外部科研经费筹集能力	IA-49
		自然资源要素（A_{16}）	资源型企业的国家控制程度*（国有或者集体股份比重）	IA-50×
			企业自然资源禀赋优势*（企业自然资源占国家该资源总量的比重）	IA-51×
			市场准入门槛*（进入该资源市场所需政府批文数量）	IA-52×
			资源替代品多寡*（根据很容易被替代、容易被替代、不容易被替代，分别赋以1、0.5、0）	IA-53×
			企业国际资源获取门槛*（资源进口单价年增长率）	IA-54×
	外源性创新能力（A_2）	引进创新能力（A_{21}）	企业技术引进费用占比	IA-55
			企业国内技术购买费用占比	IA-56
			企业技术引进合同金额占比	IA-57
		合作创新能力（A_{22}）	企业消化吸收经费占比	IA-58
			产、学、研合作比率	IA-59

注：指标带“*”的为定性指标，序号带“×”的为反向指标

2. 资源型企业内生性创新能力具体指标

资源型企业内生性创新能力的具体指标选取的目的、含义及计算方法如下。

技术研究成果相对数：正向指标，属于成果性指标，反映企业研发的产品

或技术得到社会认可的程度。技术研究成果相对数 = 技术研究成果数 / 企业总资产。

获奖成果相对数：正向指标，属于成果性指标，反映企业技术研究成果获得的奖项数量，企业研发的产品或技术成果的现实重要性和社会认可程度。

千人研发人员拥有专利数量：正向指标，属于成果性指标，反映企业人均创新成果存量。千人研发人员拥有专利数量 = 专利数量 / 研发人员 ×1000。

千人研发人员拥有论文数量：正向指标，属于成果性指标，反映企业科学研究与技术开发创新的覆盖面与理论性，千人研发人员拥有论文数量 = 论文数量 / 研发人员 ×1000。

企业科技机构相对数：正向指标，属于条件性指标，反映企业对于科技的重视度，以及企业技术创新的组织条件，企业科技机构相对数 = 企业科技机构数 / 企业总资产。

企业仪器设备采购强度：正向指标，属于条件性指标，反映企业对于技术设备的投入强度，企业仪器设备采购强度 = 企业仪器设备采购额 / 企业总资产。

企业 R&D 项目相对数：正向指标，属于条件性指标，反映企业的技术创新过程完备性，企业 R&D 项目相对数 = 企业 R&D 项目数 / 企业总资产。

新产品销售收入占比：正向指标，属于成果性指标，反映企业技术创新成果的市场化情况。

理论与技术导入能力：正向指标，软指标，属于条件性指标，考察企业的技术学习能力。企业理论与技术导入能力越强，其新聘员工培训时间相对越短，因此为了保证数据的可得性，以新聘员工培训时间度量。

技术设备国际接轨情况：正向指标，属于条件指标，考察企业的技术设备是否与国际接轨，以及与国际水平的差距。

工艺技术手段完备情况：正向指标，软指标，属于条件指标，反映企业工艺技术手段等的先进水平，数据不可直接获得。工艺技术手段越完备，其外包业务环节就越少，因此以外包环节占企业生产工序比重进行替代，且为逆向指标。

自动化生产水平：正向指标，软指标，属于条件指标，反映企业现代化生产条件的应用情况，数据不可得。企业自动化生产水平越高，其一线车间生产线员工就会越少，因此以生产线员工占总员工比重进行替代，且为逆向指标。

技术标准化通用化水平：正向指标，属于条件指标，反映企业技术的标准化和通用化水平。

创新激励机制建设水平：正向指标，软指标，属于条件指标，考察企业是否建立了鼓励创新的激励机制，数据不可得。创新激励机制建设水平与研发人员劳务支出存在正相关关系，创新激励机制越健全，研发人员劳务支出就会越多。以研发人员劳务支出比重替代原指标，研发人员劳务支出比重 = 研发人员劳务支出 / 企业研发支出。

管理工具和管理手段的创新情况：正向指标，属于条件指标，在管理上是否采用先进的管理工具和管理手段（如 BOSS、EPR、OA 系统等）。

企业管理费用比重：正向指标，属于条件指标，一般而言企业的管理费用与企业管理水平存在一定的正向关系，管理水平越高的企业，其管理费用也越高。

创新激励机制建设水平：正向指标，属于成果性指标，考察企业是否具备激发创新人员创新积极性的制度性安排，以及这种制度性安排的有效性等。

管理工具和管理手段的创新情况：正向指标，属于成果性指标，对企业管理工具和管理手段进行外部对比，考察企业管理工具的先进性。

企业创新战略目标定位的清晰程度：正向指标，软指标，属于条件指标，考察企业有没有制定创新战略目标，以及创新战略目标是否清晰。企业创新战略目标定位的清晰程度与企业新产品研发成功存在强的相关性，因此以新产品研发成功率替代，新产品研发成功率 = 新产品研发成功数 / 新产品研发立项数。

企业组织结构与创新战略的匹配程度：正向指标，属于成果性指标，考察企业制定的创新战略目标是否符合当时的社会、经济、人文环境，以及企业自身的特点，反映该企业是否具备明确的创新目标和企业的组织结构是否适合于企业的创新要求，通过企业自评获取。

创新战略有效性：正向指标，软指标，属于成果性指标，考察企业创新战略制定并实施后，对企业的创新的成效如何，能否真正指导创新的实现，以新产品市场份额替代。新产品市场份额 = 本企业新产品销售额 / 市场同类产品销售额。

创新机制的有效性：正向指标，软指标，属于成果性指标，考察企业创新机制制定并实施后，对企业的创新的保障如何，能否真正保障创新的实现，以企业新产品销售收入比重替代。企业新产品销售收入比 = 企业新产品销售收入 / 企业销售收入总额。

科技体系与创新载体情况：正向指标，软指标，属于条件指标，考察企业是否具备或者拥有完善的科技体系与创新载体，以企业负责创新的部门或机构的经费支出比重替代。企业负责创新的部门或机构的经费支出比重 = 企业负责创新的部门或机构的经费支出 / 企业营业收入。

管理人员创新意识：正向指标，软指标，属于条件指标，反映企业员工整体的创新主管需求程度，以及对企业创新的关心程度、重视程度，以企业管理制度改革频度表示。

信息采集和管理能力：正向指标，软指标，属于条件指标，反映企业对信息敏感性，以及对信息的管理能力，以企业信息管理系统费用支出比重替代。企业信息管理系统费用支出比重 = 企业信息管理系统费用支出 / 企业管理费用。

创新战略管理能力：正向指标，属于条件指标，考察企业有没有真正意义上的创新战略，以及与此匹配的组织结构、人员配备等状况，通过企业自评获取。

企业文化氛围：正向指标，属于条件指标，考察企业文化氛围对企业创新的重要影响，着重考察企业是否存在适合创新的文化氛围，或者这种文化氛围的强弱，通过企业自评获取。

领导层创新欲望：正向指标，属于条件指标，考察企业领导层对创新的主观需要程度，以领导层对创新的关心度、重视度为评价标准，通过企业自评获取。

企业人均邮电业务量：正向指标，属于条件性指标，反映企业信息化水平，与企业创新的信息条件相关。企业人均邮电业务量 = 企业邮电业务总量 / 企业员工总量。

企业人均移动电话数量：正向指标，属于条件性指标，反映企业信息化水平，与企业创新的信息条件相关。企业人均移动电话数量 = 企业移动电话数量 / 企业员工总量。

宽带覆盖率：正向指标，属于条件性指标，反映企业信息化水平。宽带覆盖率 = 接入宽带的危机数量 / 企业微机总量。

微机覆盖率：正向指标，属于条件性指标，反映企业信息化水平。微机覆盖率 = 企业微机总量 / 企业员工总数。

信息技术投入增长率：正向指标，属于条件性指标，反映企业信息化水平。信息技术投入增长率 = 信息技术投入年增长额 / 上年信息技术投入额。

情报部门投入经费比重：正向指标，属于条件性指标，反映企业信息渠道、信息技术保障力、信息载体和信息存储管理以及对信息的分析利用能力的建设情况。情报部门投入经费比重 = 情报部门投入经费 / 企业管理费用。

企业工程技术员工比重：正向指标，属于条件性指标，工程技术员工是企业技术创新的基层组成，工程技术员工的比重直接影响到企业创新的效率和规模。企业工程技术员工比重 = 企业工程技术员工数量 / 总员工数量。

企业大学本科以上学历比重：正向指标，属于条件性指标，一般而言，学历越高，学习能力越强，从而创新能力越强。

企业科技活动人员比重：正向指标，属于条件性指标，是企业技术创新的基层组成，其比重直接影响到企业创新的效率。企业科技活动人员比重 = 企业科技活动人员数量 / 总员工数量。

员工培训和学习频度：正向指标，属于条件指标，员工的再学习是其掌握学习新技术、新知识的主要途径，用企业员工年度脱产学习和培训次数来反映。

研发人员收入的平均年增长率：正向指标，属于条件性指标，研发人员是企业创新的主体和核心，研发人员收入增长是对研发人员最大的激励，该指标主要考察创新激励的程度。研发人员收入的平均年增长率 = 研发人员收入年增长额 / 上年度研发人员收入总额。

员工的信息技术水平：正向指标，属于条件性指标。员工的信息技术水平直接影响其在创新过程中的作用，是其创新效率的具体体现之一，通过企业自评获取。

研发人员观念素质：正向指标，软指标，属于条件性指标，与企业创新存在正向关系，考察企业员工的整体素质，由本科学历人员比重来表示。

研发人员责任心：正向指标，软指标，属于条件性指标，与企业创新存在正向关系，考察企业员工对企业的认可，以及员工的归属感和责任心。当员工责任心较强时，研发的专注度较高，研发项目提前完成的概率较高，因此以研发项目提前完成比重来反映。研发项目提前完成比重 = 研发项目提前完成个数 / 研发项目总个数。

研发人员忠诚度：正向指标，软指标，属于条件性指标，考察企业员工的认可、归宿和忠诚。一般由企业员工年离职率来体现，而且是反向指标。研发人员年离职率＝年度离研发人员数/研发人员总数。

员工学习能力：正向指标，属于条件性指标，与企业创新存在正向关系，学习能力越强则创新能力越强，通过企业自评获取。

员工满意度：正向指标，软指标，属于条件性指标，反映企业员工对企业的认可和归宿感。稳定的收入增长是员工对企业满意与否的主要影响因素。因此，由员工的年收入增长率替代。员工的年收入增长率＝员工的年收入增长额/员工上年度收入。

研发晋升制度的完善程度：正向指标，软指标，属于条件性指标，考察企业是否拥有员工晋升制度，以及这种制度的完善性。可由管理层人员由企业研发人员自身培养的比重来表示。管理层人员由企业自身培养的研发人员比重＝管理层中由企业自身培养的研发人员人数/企业管理层总人数。

员工激励程度：正向指标，属于条件性指标，是企业发展具有活力的保障，与企业创新存在正向关系，考察企业对员工的整体激励力度和效果，通过企业自评获取。

企业研发支出经费比率：正向指标，属于条件性指标，R&D 经费投入占比 =R&D 经费/企业营业收入。

资本创新效率：正向指标，属于成果性指标，授权专利总数/研发经费支出，用来评估企业在预定时间内专利数量产出的科研能力和成本效率。

研发人员投入比重：正向指标，属于条件性指标，研发人员投入占比＝企业研发人员投入经费/R&D 经费。

研发设备投入占比：正向指标，属于条件性指标，研发设备投入占比＝研发设备投入占比/R&D 经费。

外部科研经费筹集能力：正向指标，属于条件性指标，企业向组织外部筹措科研经费的能力。外部科研经费筹集能力＝企业外部筹集的 R&D 经费/R&D 经费。

企业资源的国家控制程度：反向指标，软指标，国家对于企业的生产资源的重视程度和控制程度。国家对资源的控制程度越高，属于条件性指标，国有股份所占比重就会越高，创新机制越不灵活。国有股份所占比重 = 国有股份额 / 企业股份总额。

企业资源禀赋优势：反向指标，软指标，属于条件性指标，反映资源型企业在资源上的话语权或者控制力。控制力越弱，企业寻求创新的动力越强。由企业资源占国家该资源总量的比重代替。企业资源占国家该资源总量的比重 = 企业拥有的资源总额 / 国家该资源总额。

市场准入门槛：反向指标，软指标，属于条件性指标，反映该行业的进入门槛高低。进入门槛高，行业竞争不充分，创新少。进入门槛高，则所需批文更多。因此，由进入行业所需政府批文数量替代。

资源替代品多寡：反向指标，软指标，属于条件性指标，考察短期内企业生产的资源品有没有替代品，或者被替代的可能性。该指标由企业自身判定，选项有很容易被替代、容易被替代、不容易被替代。越是容易被替代的资源，则产品差异更重要，从而创新的动力越强。很容易被替代赋值 1，容易被替代赋值 0.5，不容易被替代赋值 0。

企业国际资源获取门槛：反向指标，软指标，属于条件性指标，考察企业在国际市场上获取资源的难易程度。国际资源获取门槛越高，则资源获取成本高，不利于创新，由资源进口单价年增长率替代。资源进口单价年增长率 = 资源进口单价年增长额 / 上年度资源进口单价。

企业技术引进费用占比：正向指标，属于条件性指标。企业技术引进费用占比 = 企业技术引进费用 /R&D 经费。

企业消化吸收经费占比：正向指标，属于条件性指标。企业消化吸收经费占比 = 企业消化吸收经费 /R&D 经费。

企业国内技术购买费用占比：正向指标。企业消化吸收经费占比 = 企业消化吸收经费 /R&D 经费。

企业技术引进合同金额占比：正向指标，属于条件性指标。企业消化吸收经费占比 = 企业消化吸收经费 /R&D 经费。

产、学、研合作比率：正向指标，属于条件性指标。产学研合作比率 = 企业投入产学研 R&D 经费 / 企业 R&D 经费总额。

4.2.2 企业创新三维空间指标体系构成

1．企业创新三维空间具体指标确定

企业创新三维空间指标体系主要包括企业环境的经济空间、人文空间和地理空间，可以分成若干级指标，从我国现存的一些指标体系入手进行分析，我们可对这些指标进行细分，得到三级指标、四级指标等，如表 4-2 所示。

表4-2 企业创新三维空间指标体系

一级指标	二级指标	三级指标	四级指标	序号
结构层	能力层	要素层	观测指标层	
企业创新三维空间（B）	经济空间（B_1）	经济发展（B_{11}）	地区人均生产总值	*IB*-01
			地区规模以上工业增加值增速	*IB*-02
			地区人均可支配收入	*IB*-03
			地区经济发展全国排名	*IB*-04
			地区经济发展潜力*（地区生产总值增长率）	*IB*-05
		经济活力（B_{12}）	地区人均居民消费水平	*IB*-06
			地区全社会固定资产投资占 GDP 比重	*IB*-07
			地区对外直接投资与 GDP 之比	*IB*-08
			地区实际使用外资与 GDP 之比	*IB*-09
			地区生产资料价格指数	*IB*-10
			地区金融机构资金信贷合计与 GDP 之比	*IB*-11
			地区股票筹集资金与 GDP 之比	*IB*-12
			地区企业债券发行额与 GDP 之比	*IB*-13
			地区上市公司数量	*IB*-14
			地区社会零售商品总额与 GDP 之比	*IB*-15
			单位地区生产总值能耗	*IB*-16
			地区创新型企业的发展程度*（高新技术企业产出占 GDP 比重）	*IB*-17
			地区创新产品市场容量	*IB*-18
		经济结构（B_{13}）	地区第二、第三产业比重	*IB*-19×
			地区城乡居民收入比	*IB*-20×
			地区市场集中程度*（反向指标，各产业 GDP 贡献的离散程度，方差表示）	*IB*-21×
			地区贫富差距*（反向指标，基尼系数）	*IB*-22×
			地区经济规模效应*（GDP 贡献最大的行业在 GDP 中的比重）	*IB*-23
	地理空间（B_2）	地理结构（B_{21}）	地区人均公路里程	*IB*-24
			地区人均铁路营业里程	*IB*-25
			地区城市建设用地比重	*IB*-26

续表

一级指标 结构层	二级指标 能力层	三级指标 要素层	四级指标 观测指标层	序号
企业创新三维空间（B）	地理空间（B_2）	地理结构（B_{21}）	地区高速公路比重	I_B-27
			地区每万人拥有公共交通数量	I_B-28
			地区城镇化发展水平	I_B-29
			地区地理区位优势*（所处地区档次分为东部、中部、西部，不同档次区位将被赋予3、2、1的数值）	I_B-30
		环境资源（B_{22}）	地质灾害次数	I_B-31
			地区突发环境事件次数	I_B-32
			地区森林覆盖率	I_B-33
			地区电力生产消费比	I_B-34
			地区资源丰度（根据地区资源禀赋由课题组确定全国各省份资源丰度，以3、2、1量化表示）	I_B-35
			地区人居自然环境*（人口密度）	I_B-36
			地区金融支持环境*（地区金融机构贷款余额与GDP之比）	I_B-37
	人文空间（B_3）	政策环境（B_{31}）	地区人均行政诉讼案件	I_B-38
			地区人均税收收入	I_B-39
			地区人均财政支出	I_B-40
			地区金融机构资金贷款总额与GDP之比	I_B-41
			地区政府廉洁水平*（“三公”经费比重）	I_B-42×
		法律环境（B_{32}）	地区法院人均收案	I_B-43
			地区刑事犯罪人数比重	I_B-44
			地区万人拥有律师数	I_B-45
			地区技术创新成果保护法的完善与实施情况*（知识产权案件占民事收案数比重）	I_B-46
		文化环境（B_{33}）	地区万人高校在校生人数	I_B-47
			地区万人科研机构数	I_B-48
			地区教育经费占财政支出比重	I_B-49
			当地人居社会环境情况*（一般公共服务经费支出占财政支出比重）	I_B-50
			地区创新的文化发育程度*（地区研发资金支出比重）	I_B-51
			地区文明程度*（每万人犯罪数）	I_B-52×

注：指标带“*”为定性指标，序号带“×”为反向指标

2．资源型企业创新三维空间具体指标

表4-2已经将资源型企业创新三维空间的具体指标列出。根据可操作性与数据可得性的原则，对指标选取的目的、含义及计算方法阐述如下。

地区人均生产总值（用 GDP 表示）、地区规模以上工业增加值增速、地区人均可支配收入、地区经济发展全国排名均为正向指标，各指标含义参考国家统计局统计指标解释，主要考察地区经济发展规模。

地区经济发展潜力：正向指标，软指标，考察地区经济发展潜力，可通过地区经济发展的相对速度指标来反映，即地区生产总值增长率。

地区人均居民消费水平、地区全社会固定资产投资与 GDP 之比、地区对外直接投资与 GDP 之比、地区实际使用外资与 GDP 之比、地区生产资料价格指数、地区金融机构资金信贷合计与 GDP 之比、地区股票筹集资金、地区企业债券发行额、地区上市公司数量、地区社会零售商品总额与 GDP 之比、地区能源消耗总量与 GDP 之比等指标来自于中国统计局，均为正向指标，各指标含义和数据可参考国家统计局，主要从量化的角度考察地区经济发展的活力。

地区创新型企业的发展程度、地区创新产品市场容量指标来自于现有学者的研究成果和课题组专家的建议。

地区创新型企业的发展程度：正向指标，反映一个地区创新型企业的发展程度，可通过它考察一个地区的创新型企业环境，用高新技术企业产出占 GDP 比重来表示。

地区创新产品市场容量：正向指标，创新产品市场容量 = 新产品销售额 / 产品销售总额。

地区第二和第三产业比重、地区城乡居民收入比等指标可从国家统计局得到，反映地区经济结构的基本面。

地区经济集中程度：正向指标，反映地区经济、产业的规模性和集群性。可以用各产业 GDP 贡献的离散程度，即方差表示，且为反向指标。

地区贫富差距：反向指标，反映地区收入分配的不平衡程度，用地区基尼系数表示。

地区经济规模效应：正向指标，反映地区经济的规模性，以 GDP 贡献最大的行业在 GDP 中的比重表示。

地区人均公路里程、地区人均铁路营业里程、地区城市建设用地比重、地区高速公路比重、地区每万人拥有公共交通数量、地区城镇化发展水平等指标来自各地统计年鉴，用来反映地方与创新相关的地理结构。

地区地理区位优势：正向指标，软指标，反映地区创新的地理区位环境。所处地区档次分为东部、中部、西部，不同档次区位将被赋予 3、2、1 的数值。

地质灾害次数、地区突发环境事件次数、地区森林覆盖率、地区电力生产消费比来自各地统计年鉴。

地区人均资源丰度：正向指标，资源储量是地区经济的发展基础，关系到地区的整个经济、金融、人居等环境。

地区人居自然环境：正向指标，软指标，包括气候、海拔、污染物等人居住的自然环境要素。人居环境越好则地区人口聚集效应越大，因此可以人口密度替代。

地区金融支持环境：正向指标，软指标，反映政策环境是否有利于资源型企业的创新活动，或者支持力度有多大，以地区贷款余额与 GDP 之比来测度。

地区人均行政诉讼案件数、地区人均财政收入、地区人均财政支出、地区金融机构资金贷款总额，来源于国家统计局。其中地区人均行政诉讼案件为反向指标，反映地区的法制环境；地区各项税收为反向指标，反映地区的政策环境优劣；地区财政支出为正向指标，反映地区的政策环境优劣。

地区政府廉洁水平：反向指标，以“三公”经费比重替代。

地区法院人均收案、地区刑事犯罪人数比重、地区万人拥有律师数等指标来自国家统计局，均为反向指标，用来反映地区的法制环境。

地区技术创新成果保护法的完善与实施情况：正向指标，反映当地对于知识产权保护的重视程度，以知识产权案件占民事收案的比重替代。

地区百人本科及以上人数、地区万人科研机构数、地区教育经费占财政支出比重等指标来自国家统计局，反映地区的文化创新的人才、机构等条件。

当地人居社会环境情况：正向指标，软指标，包括人居社会治安、尊重知识尊重人才的风气、幸福指数等方面，考察当地是否具备适宜创新的人居环境，以公共事业经费支出比重替代。

地区创新的文化发育程度：正向指标，软指标，考察当地是否拥有适宜创新的文化氛围，以地区研发资金支出比重表示。

地区文明程度：反映地区是否具备适宜创新的文明环境，以犯罪率替代，且为反指标。

4.3 本章小结

本章首先在企业创新内生要素和外部环境相关理论推导，以及企业创新系统结构的基础上，以科学性、导向性、渐近性原则为导向，放松可比性和可操作性原则，构建充分非必要条件下资源型企业完备评价指标体系，尽可能全面地收集可用的指标，供下一阶段筛选；其次，以实际企业数据为基础，通过专家审议，模型筛选，约简重构指标体系，得到充分必要条件下的资源型企业创新能力评价指标体系。

厘清了资源型企业的创新能力层的构成：企业内生性创新能力和企业创新三维空间；明确了要素层构成：人才、信息、资源、资本、管理、技术能力，以及环境资源、地理气候、经济活力、经济发展、经济结构、政治环境、文化环境要素。确定了资源型企业的创新能力评价指标体系的指标层：一级指标层为资源型企业创新能力；二级指标层为企业内生性创新能力和企业创新三维空间；三级指标层为企业自主性创新、企业外源性创新、地理空间、经济空间、人文空间；四级指标层为各要素层指标；五级指标层为要素层的具体观测指标。

在遴选第五级观测指标时，有四个指标来源：第一，国家、地方、机构的现有统计指标；第二，学者文献中所提及的指标；第三，专家及企业家座谈过程中他们认为比较重要的指标；第四，我们在研究中认为比较重要的指标。甄选得到的指标集分别为资源型企业内生性创新能力指标集和资源型企业创新三维空间指标指标集。共计 111 项具体观测指标。

【专栏 5】措施引领　中铝增强创新能力

为贯彻中国铝业公司“以加快我国有色金属工业科技进步为己任，以提高公司自主创新能力和核心竞争力为目标，以重大关键技术研发和科技成果转化应用为重点，以技术创新体系建设和科技人员激励机制建立为保障”的科技兴企战略目标，中州分公司提出“创办一流企业，培养一流人才，获取一流效益，成为中国铝业的一支劲旅”的创新规划。

1. 推动观念创新和意识创新

中州分公司始终坚持“科技是第一生产力，科技创新是企业发展的源动力”的指导思想；中州公司高速发展过程中，组织知识起到关键推动作用。例如，烧结法系统的扩建，取决于提升和总结烧结法技术的成果；选矿拜尔法项目的成功实施，依赖于铝土矿选矿工艺的创新成果的掌握。现实的成绩更加鼓舞企业，让企业充分意识到尊重知识、尊重人才的作用。

2. 建立技术创新决策机制

尽管技术创新能够给企业带来高额的回报，但创新过程中高风险和不确定性，企业进行创新的成本也是巨大的。建立起高效、科学的创新决策机制，有效地回避风险，才能在激烈的竞争中生存。例如，中州分公司的技术创新决策机制，包括技术创新项目的评估、审批确定技术创新项目、批准技术创新活动计划、检查督促技术创新活动的开展、组织技术创新活动的阶段性评价、技术创新活动成果评价、技术创新成果的推广，涵盖了从立项到计划、组织、实施、监督、控制、推广等一系列技术创新管理的全过程。

3. 完善技术创新机制的组织系统

技术创新人员的个人能力受限于组织环境，营造有利于技术创新的组织氛围，需要组织结构和业务流程的调整。例如，技术创新已经日益成为整个组织各个部门的任务，包括生产、营销、采购、行政和其他许多职能部门，科技创新等一系列制度，形成了科技与生产、发展、投资、财务、营销、人力资源、矿产资源、信息等各职能部门共同推进，建立各系统协调互动机制，保障技术创新活动在跨部门之间的协调与配合。

4. 搭建科技研发共享平台

技术转化为生产力，需要知识的分享与传播。根据企业的发展阶段，不断对技术创新组织模式和研发机构进行优化提升，借鉴总公司“多中心星式分布”组织模式，极大整合和聚焦科技创新资源。清晰界定和明确各级机构的职责与分工，形成极具竞争力的研发共享平台。

5. 外部科研力量整合

公司坚持产学研相结合的技术创新模式，充分利用外部科技优势，保持开放性，借智借力，合理配置社会科技资源。借助母公司的平台，积极与高校、国内外优秀企业展开合作，实现产学研的结合，短时间内吸收消化国外先进技术。例如，与研究院所联姻解决生产中的瓶颈问题，提高设备利用率和产能；和中南大学联合开发强化烧结法，减少技术的引进费用，扩大生产规模，提高员工劳动生产率。

技术创新正在成为企业参与竞争并在竞争中获得优势方面发挥显著贡献的因素，中州分公司战略目标是要打造有利于技术创新的环境，积极吸收再创新先进技术，结合自身的实际情况，组织技术创新活动，形成企业创新成果，提升企业的经济效益，打造企业的核心竞争能力。

（重庆大学　何山博士）

第五章　评价指标体系的约简重构——基于粗糙集理论

在现有文献研究的基础上，结合国家统计部门的指标设计，以及相关专家的建议，我们构建了资源型企业创新能力完备评价指标体系。之所以称之为“完备”评价指标体系，就是因为其全面性、系统系、完整性和充分性。它尽可能全面地包含资源型企业创新能力的方方面面。正是由于这种完备性，资源型企业创新能力完备评价指标体系的具体操作性大打折扣。首先，整个指标体系所包含的具体指标太过繁杂，部分指标之间存在较强的相关性；其次，企业在进行评价应用的时候，会发现部分指标的数据可得性较差。因此，资源型企业创新能力完备评价指标体系的可操作性不强。

如果把资源型企业创新能力完备评价指标体系的具体指标看成一个集合的话，那么真正意义上的资源型企业创新能力评价指标体系应该是资源型企业创新能力完备评价指标体系的一个子集，即从评价结果来看，资源型企业创新能力完备评价指标体系是资源型企业创新能力评价指标体系的充分非必要条件。我们需要对资源型企业创新能力完备评价指标体系进行化简，将其中多重共性较大、数据可得性较差的指标合并、删除、重组。为了达到这样一个目的，我们引入了粗糙集理论方法。

5.1 粗糙集理论

粗糙集理论由波兰学者 Z. Pawlak 于 1982 年提出，此后经 Slowinski 等学者的不断完善，粗糙集理论被应用到综合评价中。通过前期的研究，我们发现资源型企业创新能力评价指标体系的构建，满足粗糙集理论工具使用的条件，应用粗糙集方法可以解决上述指标体系不确定性问题。

5.1.1 知识与划分

在基于粗糙集的知识理论中，知识被认为是一种对对象进行分类的能力。知识定义："给定一组数据（集合）U 和等价关系集合 R，在等价关系集合 R 下对数据集合 U 形成的划分，称为知识，记为 U/R"。一个划分 t 定义为

$t=\{X_1, X_2, \cdots, X_n\}$；$X_i \subseteq U, X_i \neq \varnothing, X_i \cap X_j = \varnothing$，

对于 $i \neq j, i, j=1,2,\cdots,n$；$\bigcup_{i=1}^{n} X_i = U$。

U 上的一簇划分 (对 U 的分类) 称为关于 U 的知识库 , 表示为 $K=(U,R)$。其中 K 也可以理解为一个关系系统，U 为论域，R 是 U 上的一簇等价关系，根据这些等价关系可以对 U 进行不同的划分，每种划分把 U 分为不同的子集。

5.1.2 知识表达系统

粗糙集理论主要借助二维的信息表有效地表示知识信息，这种二维信息表在粗糙集理论中被定义为知识表达系统。我们一般用 $S=\langle U,R,V,f \rangle$（有时用省略式 $S=\langle U,R \rangle$）来表示知识表达系统，其中 U 是论域，R 是属性集合，V 是属性值的集合，$f:U \times R \to V$，称为信息函数，它为每个对象的每个属性赋予一个信息值，即 $\forall r \in R, x \in U, f(x,r) \in V_r$，$Vr$ 为属性值。容易理解，一个属性对应一个等价关系，一个表可以看成是定义的一簇等价关系，即知识库。在实际处理中，知识表达系统的数据以信息表的形式表示，信息表中没有相同的行时，就为关系表。信息表的各行是研究对象的信息或记录，各列表示的是属性及对象相应的属性值。

若 $R=C\cup D$，属性子集 C 和 D 分别是条件属性集和决策属性集，则称知识表达系统 $S=\langle U,R,V,f\rangle$ 为决策信息系统，决策信息系统是知识表达系统的一种特殊情况，对应的二维数据表称为决策表。决策表是对客观对象的描述和罗列，表达了说明性的知识。当决策表包含的数据足以反映论域的时候，通过属性所对应的等价关系就可以体现论域中的过程知识，即概念之间的逻辑关系或规则知识。事实上，从决策表所表达的说明性知识中发现过程性知识（规则知识）就是知识发现的研究内容。

5.1.3 属性约简与属性核

知识库中知识（属性）并不都是有用的，或者同等重要的，甚至其中某些知识是冗余的，所谓知识约简，就是在保持知识分类能力不变的前提下，删除其中不相关或不重要的知识。知识约简在约简 (reduct) 和核 (core) 的两个概念中完成。

令 R 为一簇等价关系，$r\in R$，如果 $\text{ind}(R)=\text{ind}(R-\{r\})$，则称 r 为 R 中不必要的；否则称 r 为 R 中必要的。如果每一个 r 都为 R 中必要的，则称 R 为独立的；否则称 R 为可约简的。

R 中所有绝对必要属性组成的集合称为 R 的属性核，即 $\text{core}(R)$。

令 R 为所有的等价关系构成的集合，P 为 R 的一个子集，$P\subseteq R$，如果满足：

（1）$\text{ind}(P)=\text{ind}(R)$；

（2）P 是独立的。

则称 P 是 R 的一个约简，记为 $\text{red}(P)$。

指标数据离散化后就可以进行指标约简了，指标集约简的过程实际上就是粗糙集理论中的属性约简过程。对于约简算法的研究，很多学者从不同的角度给出了多种成熟的算法。下面将介绍基于属性重要度的算法。

5.2 粗糙集方法在指标体系约简中的应用

关于评价指标体系的构建，国内外拥有一套成熟的研究体系，见图 5-1。

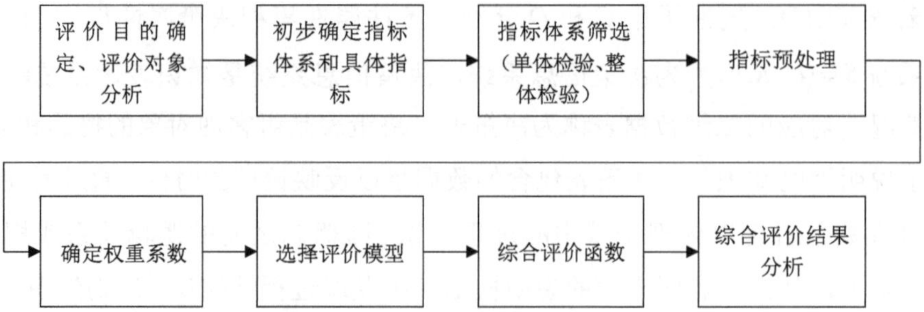

图5-1　经典指标体系构建流程

这是一个标准的指标体系构建流程，在这个流程中初步确定指标体系和具体指标、指标体系筛选（单体检验、整体检验）、确定权重系数、选择评价模型是最重要的几个环节，同时也是争论最大的几个环节。争论基本上都来自初步指标的确定和筛选环节。在初步确定指标体系和具体指标时，根据不同的研究对象，选择的方式和方法均不相同，但无可避免的同一缺陷就是指标选择的信息冗余或者信息丢失。而指标体系筛选过程以初步指标确定为基础，初步指标选择如果存在缺陷则指标筛选将必然存在漏洞，其采用的单体检验和整体检验，虽能够通过测试相关系数剔除不相关指标，但是无法判断指标信息冗余（多重共线）问题。

在综合评价指标体系中，评价对象的复杂性及评价要求的全面性，将导致指标体系的不完整、不精确。这是经典指标体系构建流程所极力回避的问题。粗糙集是一种处理不完整、不精确知识表达、学习和归纳的方法。粗糙集将知识理解为对数据的划分；不需要数据集合以外的任何先验知识，仅根据数据本身进行挖掘和分类，揭示数据内部的规律；发现数据间的依赖关系，生成分类规则；在保留关键数据信息的前提下约简冗余数据，发现知识的最小表达。

粗糙集不同于概率论、模糊集等其他传统数学分析工具，在定量分析和处理具有不确定性和不完备性的数据时很有优势，表达方式非常客观，通过上、下近似的概念来描述和表达系统的含糊性和不确定性；概率论和模糊集在处理数据时都需要先验知识，这些信息都需要花费成本，而粗糙集对数据的分析不需要任何先验知识，完全基于数据本身，避免了主观因素的影响；粗糙集可以发现指标间完全或部分的依赖关系，在不影响分类结果的前提下，最大限度地消除冗余信息，并可以依照粗糙集属性重要性定义给出客观的指标权重。

粗糙集的属性约简功能对于评价指标的筛选效用显著。由于指标体系中往往存在冗余或重叠的指标，运用粗糙集属性约简算法，能在保持指标集的分类能力不变的条件下，删除其中不相关或不重要的指标，可以有效地剔除冗余或重叠的指标。也就是在不改变最终评价结果的基础上，找到 1 个最小子集 C_S 来代替原来的指标集，使得相同的评价结果可以通过更少量的条件而得出，而精度不变，即 C_S=ops(c)，式中，ops(c) 表示对于初选指标集合 C，通过大量的实例建立模型，以获得指标集约简的内在知识。所有的属性约简交集称为属性集的核，表示为 Core(C)。核是属性集的本质部分，从中去掉任何一个属性都将影响属性集对论域中对象的区分能力，在保持知识库的分类和决策能力不变的条件下，删除不相关或不重要的属性。

根据粗糙集的属性重要性可以确定相应指标的权重，反映不同指标在粗糙集分类中所起作用的大小，揭示出不同指标对区分评价对象的贡献程度的不同，能避免权重求取中人为因素的干扰，方法合理、准确，增强了评估结果的客观性和可信性。

总的来说，将粗糙集应用于综合评价的优势在于以下四个方面。

（1）减少了数据的收集工作量，粗糙集方法可以将评估体系中的指标进行约简，所需要的数据就少了，这样就减轻了数据收集人员的工作量，提高了评价效率。

（2）使评价指标体系适用范围更加广泛。粗糙集不仅能处理定量指标，还能处理主观定性指标；粗糙集不仅能处理完备信息的指标体系，还能处理信息不完备的指标体系。

（3）客观性强，能从指标数据中挖掘信息，根据属性重要性得到指标的相对重要性权重，避免了主观赋权的随意性。

（4）兼容性强，能与多种理论与方法相融合，如模糊集、可拓理论等，能实现优势互补，最大限度地利用指标信息。

粗糙集的理论工具可以很好地达到我们约简重构资源型企业创新能力完备评价指标体系的目的，但需要具备以下两个条件。

（1）样本数据。我们需要将资源型企业创新能力完备评价指标体系进行约简重构，必须在具有代表性意义的样本数据的基础上进行，否则将无法约简。

（2）运算工具。由于所涉及的资源型企业创新能力完备评价指标体系的具体指标比较多，且样本企业也不止一个，运算量非常大，需要编写程序进行。目前，理论界已经存在这样的软件——Rosetta2.0。我们将运用这个软件进行约简重构。

5.3 粗糙集约简完备评价指标体系

5.3.1 样本选取

资源型企业是从事不可再生的自然资源开发和初加工的企业，是一个以利用资源为主要特征的传统生产开发领域。一般而言，资源型企业有以下三个方面特征。

（1）以资源占有优势作为企业发展的核心竞争力，依托丰富的资源形成竞争优势。

（2）资源依赖性大，在产品成本构成中资源物耗成本占主体，资源禀赋成为决定企业发展的基础。

（3）地理性强，由于对资源的依赖性大，在选址时要考虑资源丰富性、供应便利性等问题，进而形成对资源丰富或供应便利地区的根植性。

按照行业划分惯例，资源型企业分为资源采选业和资源加工业。根据中国证监会的行业划分，可分为煤炭采选业、原油采选业、黑色金属采选业、有色金属采选业，以及石油加工及炼焦业、黑色金属冶炼及延压加工业、有色金属冶炼及压延加工业。我们按照资源类型将资源型企业划分为煤炭采选行业、石油行业、钢铁行业、有色金属行业。

对完备指标体系进行约简的一个条件就是，必须在具有代表性意义的样本数据的基础上进行，否则将无法约简。在选择样本企业时，我们以A股资源型上市公司作为中国资源型企业的代表。这么做是合理的也是可行的。目前中国A股上市公司中属于资源型企业的有上百家，严格意义上的样本应以这上百家企业作为中国资源型企业的代表，见表5-1。

表5-1　中国上市资源型企业一览表

股票代码	股票简称	2012 年净利润率 /%
600193	创兴资源	139.58
300191	潜能恒信	57.63
600988	赤峰黄金	41.45
000603	盛达矿业	37.30
600139	西部资源	31.74
000408	金谷源	27.09
000409	泰复实业	26.95
002428	云南锗业	26.26
600123	兰花科创	25.74
002128	露天煤业	22.89
300157	恒泰艾普	22.50
000697	炼石有色	22.01
601808	中海油服	20.15
600395	盘江股份	19.95
601088	中国神华	19.04
603993	洛阳钼业	18.39
000780	平庄能源	17.92
300164	通源石油	17.59
600882	华联矿业	16.88
600366	宁波韵升	16.52
600111	包钢稀土	16.34
601918	国投新集	16.33
601101	昊华能源	16.14
000655	金岭矿业	16.05
002554	惠博普	14.96
000426	兴业矿业	14.66
600403	大有能源	14.21
000602	金马集团	13.86
002552	宝鼎重工	13.84
002167	东方锆业	13.64
600157	永泰能源	12.8
601699	潞安环能	12.79
002629	仁智油服	12.59
300340	科恒股份	12.12
002155	辰州矿业	11.35
002460	赣锋锂业	11.09

续表

股票代码	股票简称	2012 年净利润率 /%
000552	靖远煤电	11.03
601899	紫金矿业	10.76
601898	中煤能源	10.63
002267	陕天然气	9.63
600508	上海能源	9.48
600188	兖州煤业	9.24
600971	恒源煤电	8.00
000937	冀中能源	7.92
300057	万顺股份	7.57
002378	章源钨业	7.55
600180	瑞茂通	7.23
000159	国际实业	7.14
000831	*ST 关铝	7.02
600888	新疆众和	6.86
000629	攀钢钒钛	6.41
002374	丽鹏股份	6.35
000975	银泰资源	6.32
002593	日上集团	6.21
601958	金钼股份	6.09
002478	常宝股份	5.96
600549	厦门钨业	5.95
002318	久立特材	5.82
000983	西山煤电	5.80
002540	亚太科技	5.76
002578	闽发铝业	5.66
601666	平煤股份	5.54
600338	西藏珠峰	5.47
600019	宝钢股份	5.43
601857	中国石油	5.25
601028	玉龙股份	4.78
600219	南山铝业	4.65
000962	东方钽业	4.64
601137	博威合金	4.53
600489	中金黄金	4.36
600547	山东黄金	4.32
600687	刚泰控股	3.99
600507	方大特钢	3.92

续表

股票代码	股票简称	2012 年净利润率 /%
600673	东阳光铝	3.49
603399	新华龙	3.49
600248	延长化建	3.46
600295	鄂尔多斯	3.38
002237	恒邦股份	3.36
600362	江西铜业	3.29
601011	宝泰隆	3.21
600348	阳泉煤业	3.19
000819	岳阳兴长	3.05
002443	金洲管道	2.97
002207	准油股份	2.74
601388	怡球资源	2.72
000096	广聚能源	2.71
000708	大冶特钢	2.69
600997	开滦股份	2.56
000060	中金岭南	2.46
600259	广晟有色	2.41
600497	驰宏锌锗	2.38
600028	中国石化	2.28
000778	新兴铸管	2.15
600311	荣华实业	2.12
600121	郑州煤电	2.03
600397	安源煤业	2.03
600721	百花村	1.83
600784	鲁银投资	1.78
002221	东华能源	1.68
002114	*ST 锌电	1.65
002203	海亮股份	1.53
601677	明泰铝业	1.53
600652	爱使股份	1.34
600231	凌钢股份	1.25
000630	铜陵有色	1.20
002377	国创高新	1.17
600711	盛屯矿业	1.13
000758	中色股份	1.03
600408	安泰集团	1.01
600546	山煤国际	0.89

续表

股票代码	股票简称	2012 年净利润率 /%
000825	太钢不锈	0.88
603003	龙宇燃油	0.86
000960	锡业股份	0.85
002423	中原特钢	0.84
600714	金瑞矿业	0.80
601001	大同煤业	0.79
600307	酒钢宏兴	0.76
600387	海越股份	0.74
000933	神火股份	0.72
600459	贵研铂业	0.71
000554	泰山石油	0.62
000637	茂化实华	0.60
600581	八一钢铁	0.58
002182	云海金属	0.58
600740	山西焦化	0.56
601005	重庆钢铁	0.54
600595	中孚实业	0.53
600005	武钢股份	0.49
600117	西宁特钢	0.46
600531	豫光金铅	0.44
000709	河北钢铁	0.42
600255	鑫科材料	0.40
600399	抚顺特钢	0.39
000761	本钢板材	0.39
600010	包钢股份	0.29
002295	精艺股份	0.25
600456	宝钛股份	0.25
601168	西部矿业	0.21
000878	云南铜业	0.06
002075	沙钢股份	－0.11
000985	大庆华科	－0.13
000612	焦作万方	－0.25
000807	云铝股份	－0.33
600792	云煤能源	－0.58
601003	柳钢股份	－0.66
000698	沈阳化工	－1.57
600688	S 上石化	－1.66

续表

股票代码	股票简称	2012 年净利润率 /%
002171	精诚铜业	－1.78
002110	三钢闽光	－2.02
600282	南钢股份	－2.03
600126	杭钢股份	－2.21
000723	美锦能源	－2.57
600782	新钢股份	－2.85
000657	*ST 中钨	－3.21
000835	四川圣达	－3.26
002160	常铝股份	－3.62
000959	首钢股份	－3.91
600961	*ST 株冶	－5.06
600808	马钢股份	－5.19
600022	山东钢铁	－5.23
000898	*ST 鞍钢	－5.35
000932	华菱钢铁	－5.51
601600	中国铝业	－5.51
600339	天利高新	－5.79
000762	西藏矿业	－8.00
600331	宏达股份	－8.26
000717	*ST 韶钢	－10.13
000968	煤气化	－10.63
600381	ST 贤成	－16.09
600569	安阳钢铁	－16.7
000751	*ST 锌业	－24.14
600432	吉恩镍业	－25.10

资料来源：利用“大智慧 365”行情软件查询整理

另外，在企业创新能力未知的情况下，选择哪些企业进入我们的样本，且这个精简的样本又能够代表中国资源型企业，显然这是我们研究过程中又面临的一大难题。

任何伟大的研究都只能是相对正确的，任何研究都是具体的、历史的统一。所选样本能够对全集信息达到全覆盖，是样本选择的基本原则。如果能够近似做到这一点，我们精选出来的少量样本企业就能够代表全体资源型企业。这里需要明确以下两个假设。

假设一：假设资源型企业创新能力与其利润率存在正相关关系。在该假设基础上将企业按照利润率进行排序，并均匀选择若干企业，则所选的样本企业的创新能力也能够近似均匀分布，达到覆盖全集信息的要求。这种选择样本企业的方法是可信的，选出来的企业才能在一定意义上代表整个A股上市公司中的资源型企业。

为了研究的严谨性，我们对资源型企业创新能力与其利润率存在正相关关系这一假设进行论证。

我们以A股中上市的资源型企业（剔除个别数据不全及发生重大经营性变动的企业）为分析样本，通过样本的创新能力与利润率之间的数理统计分析，考查两者的相关性，并进一步通过回归模型验证该假设。

目前还没有一个成熟可靠，且为各界通用的企业创新能力综合指标（本项目宗旨就是构建这样一个综合评价体系）。企业创新能力与其利润率之间关系的考查需要从不同层面的单指标进行分析。本书将资源型企业创新能力的测度指标分为条件性指标和成果性指标。条件性指标反映企业为获取创新能力而提供的条件；成果性指标反映企业通过创新投入而得到的创新结果。严格意义上，构成创新的条件应包含前面所提到的企业内生性创新的六个构成要素，但从知识生产函数的构成要素来看，又可以将条件指标归为人力和资本的投入。创新的成果也就是创新的产出，从价值角度看就是企业创新资产的累积沉淀，即专利权；从实物角度看就是创新产品和技术成果。根据数据可得性和可比较原则，我们选择企业无形资产中的专利权作为企业创新的成果。相关数据见表5-2。

表5-2　A股上市资源型企业2012年人均创新投入、产出及利润表

公司代码	利润总额/万元	研发投入/万元	研发人/人	专利权增加值/万元	专利数/项
C000552	56 177.12	0	825	10	7
C000655	27 768.99	7 813.00	304	6.68	46
C000758	29 644.51	1 365.11	660	180.52	422
C000762	－18 359.70	184.00	73	7.59	4
C000937	318 014.50	17 740.00	3 100	1 878.42	3
C000968	－21 515.60	389.03	1 711	268.16	50
C000983	280 861.50	29 590.00	1 224	518.41	8
C002128	182 074.70	0	198	6.68	7
C002155	62 944.59	16 873.12	459	52.14	12
C002207	1 401.27	2 880.43	123	0.40	6
C002340	16 009.28	7 159.00	335	1 426.87	212

续表

公司代码	利润总额 / 万元	研发投入 / 万元	研发人 / 人	专利权增加值 / 万元	专利数 / 项
C002353	75 479.25	13 294.95	592	24.27	40
C002554	11 375.93	2 512.30	187	48.18	35
C002629	9 852.34	2 637.64	435	12.06	22
C002683	10 191.28	5 002.00	235	39.40	40
C300084	1 099.64	895.00	64	6.82	25
C300157	15 000.77	7 065.00	439	1 203.05	14
C300191	9 922.72	2 162.00	105	2 381.52	2
C300309	12 610.16	1 202.00	54	7.59	36
C600028	9 010 700.00	5 840 000.00	11 829.00	643 200.00	15 050
C600121	76 184.63	338.00	2 490	7.59	31
C600123	230 614.10	1 684.00	7 531	38 638.48	102
C600139	25 505.85	1 266.00	57	7.66	18
C600259	13 764.37	335.00	110	986.24	59
C600348	314 985.10	15 664.00	734	7.66	5
C600381	− 17 386.80	20.00	120	1.50	3
C600395	180 291.40	5 093.00	967	336.87	113
C600403	240 320.70	23 594.00	2 079	936.25	110
C600489	288 237.80	3 185.00	2 042	250.63	2
C600497	41 637.19	3 234.00	903	196.49	78
C600508	125 298.20	9 456.00	1 777	7.66	211
C600546	225 919.80	6 182.00	655	192.83	26
C600547	291 516.20	12 958.00	1 410	541.77	1
C600583	104 923.20	43 863.00	2 627	1 038.56	9
C600714	2 678.63	103.00	62	16.00	3
C600971	96 473.09	28 404.00	1 590	16.00	167
C600997	71 126.61	5 770.00	1 077	648.05	22
C601001	153 359.40	49.45	986	16.00	20
C601088	6 724 800.00	75 500.00	8 044	31 700.00	1 518
C601101	123 952.50	19 091.00	835	478.00	6
C601168	− 12 714.50	1 108.00	1 345	4 652.43	55
C601666	144 164.90	59 421.00	3 861	344.33	2
C601699	300 532.10	79 997.00	4 980	0.37	1 518
C601808	543 680.80	600 800.00	5 074	1 355.92	88
C601857	18 427 600.00	947 293.40	65 977	306 400.00	7 107
C601898	1 356 246.00	105 100.00	8 967	7 991.30	2
C601899	855 605.90	11 395.82	3 439	77.27	96
C601918	183 940.30	2 346.00	1 689	140.86	7

续表

公司代码	利润总额 / 万元	研发投入 / 万元	研发人 / 人	专利权增加值 / 万元	专利数 / 项
C601958	632 73.64	6 056.51	483	77.27	139
C603993	151 191.70	11 269	584	55.86	124

注：表中研发投入、研发技术人员数据来自于2012年公司年报；专利权原始数据、利润总额来源于RESSET数据库，经计算得到2012年专利权增加值；专利数来源于中国专利查询系统

根据表5-2中的数据，通过计算得出指标之间的相关系数，见表5-3。

表5-3 企业创新能力与企业利润相关系数

项目	利润	研发人员	专利权	研发投入	专利
利润	1.0000	0.9265	0.7413	0.5291	0.7471
研发人员	0.9265	1.0000	0.5474	0.2917	0.5427
专利权	0.7413	0.5474	1.0000	0.9514	0.9930
研发投入	0.5291	0.2917	0.9514	1.0000	0.9487
专利	0.7471	0.5427	0.9930	0.9487	1.0000

从表5-3可见，资源型企业创新投入和产出与企业利润之间存在明显的正相关关系，其中研发投入与企业利润之间的相关系数为0.5291，研发人员与企业利润之间的相关系数为0.9265，专利权增加值与企业利润之间的相关系数为0.7413，专利数与企业利润之间的相关系数为0.7471。也就是说企业创新能力越强，其盈利能力就越强。

研究表明，资源型企业创新能力与其利润率存在正相关关系的假设是成立的。因此，我们可以近似地以企业利润率作为其创新能力的排序标准，进而选择具有代表性的企业进入样本，降低了研究过程中企业实地考察的难度。

假设二：假设资源型企业创新能力的规模效应不变。企业创新的规模效应一直是一个非常复杂的问题，目前还没有一个一致性的认识。在不同的环境中，不同的企业的创新规模效应表现出异质性特点，有的企业的创新表现出规模效应递增，有的企业则表现出相反的特点。为了简化研究过程，我们假定资源型企业的创新规模效应不变。在资源型企业的创新能力规模效应不变的假定下，我们根据上述样本企业的选择方法所选择出来的企业才能真正代表整个资源型企业。

与假设一相似，由于不存在可行的综合查询能力评价指标，我们仍然使用单指标分析，单指标构成与假设一一致。不同的是我们要测度不同企业规模下，企业各创新指标所表现出来的趋势性，测度结果若表现出递增的趋势，则可近

似认为存在规模递增；若表现出递减的趋势，则可近似认为存在规模递减；若表现出横向震荡趋势，则可近似认为存在规模不变或者无法确定其规模效应。

我们用企业总资产来表示企业规模大小，通过数理统计分析，考察不同规模企业创新指标的表现，见表5-4。

表5-4　A股上市资源型企业2012年人均创新指标及总资产（按总资产大小排序）

公司代码	总资产 / 万元	研发投入 / 万元	研发人员 / 人	专利权 / 万元	专利 / 项
C002207	6.76E+08	2 880	123	0.39	6
C300084	8.70E+08	895	64	6.82	25
C002629	1.011E+09	2 638	435	12.06	22
C300191	1.154E+09	2 162	105	2 381.52	2
C300309	1.301E+09	1 202	54	7.59	36
C600714	1.32E+09	103	62	16.00	3
C002554	1.573E+09	2 512	187	48.18	35
C002683	2.069E+09	5 002	235	39.40	40
C600139	2.073E+09	1 266	57	7.66	18
C300157	2.254E+09	7 065	439	1 203.05	14
C600259	2.513E+09	335	110	986.24	59
C000762	2.517E+09	184	73	7.59	4
C000655	3.336E+09	7 813	304	6.68	46
C600381	4.052E+09	20	120	1.50	3
C002155	4.367E+09	16 873	459	52.14	12
C002353	4.684E+09	13 295	592	24.27	40
C000552	5.083E+09	0	825	10.00	7
C002340	6.35E+09	7 159	335	1 426.87	212
C002128	8.988E+09	0	198	6.68	7
C000968	9.454E+09	389	1 711	268.16	50
C600121	9.767E+09	338	2 490	7.59	31
C600508	1.13E+10	9 456	1 777	7.66	211
C601101	1.159E+10	19 091	835	478.00	6
C600971	1.345E+10	28 404	1 590	16.00	167
C600395	1.396E+10	5 093	967	336.87	113
C601958	1.478E+10	6 057	483	77.27	139
C000758	1.56E+10	1 365	660	180.52	422
C603993	1.575E+10	11 269	584	55.86	124
C600403	1.655E+10	23 594	2 079	936.26	110
C600547	1.746E+10	12 958	1 410	541.77	1
C600583	2.037E+10	43 863	2 627	1 038.56	9

续表

公司代码	总资产 / 万元	研发投入 / 万元	研发人员 / 人	专利权 / 万元	专利 / 项
C600123	2.037E+10	1 684	7 531	38 638.48	102
C601666	2.086E+10	59 421	3 861	344.33	2
C600997	2.105E+10	5 770	1 077	648.05	22
C600489	2.15E+10	3 185	2 042	250.63	2
C601001	2.152E+10	49	986	16.00	20
C601857	2.169E+10	947 293	65 977	306 400.00	7 107
C600497	2.222E+10	3 234	903	196.49	78
C601918	2.509E+10	2 346	1 689	140.86	7
C601168	2.615E+10	1 108	1 345	4 652.43	55
C600348	3.15E+10	15 664	734	7.66	5
C601699	3.961E+10	79 997	4 980	0.37	1 518
C000937	4.011E+10	17 740	3 100	1 878.42	3
C000983	4.513E+10	29 590	1 224	518.41	8
C600546	4.534E+10	6 182	655	192.83	26
C601899	6.735E+10	11 396	3 439	77.26	96
C601808	7.471E+10	600 800	5 074	1 355.92	88
C601898	1.839E+11	105 100	8 967	7 991.30	2
C601088	4.533E+11	75 500	8 044	31 700.00	1 518
C600028	1.247E+12	5 840 000	11 829	643 200.00	15 050

注：表中研发投入、研发技术人员数据来自于2012年公司年报；专利权原始数据、总资产来源于RESSET数据库；专利数来源于中国专利查询系统

根据表5-4中所列出的各项数据，我们以总资产为横坐标做出各创新指标的趋势图，见图5-2～图5-5。

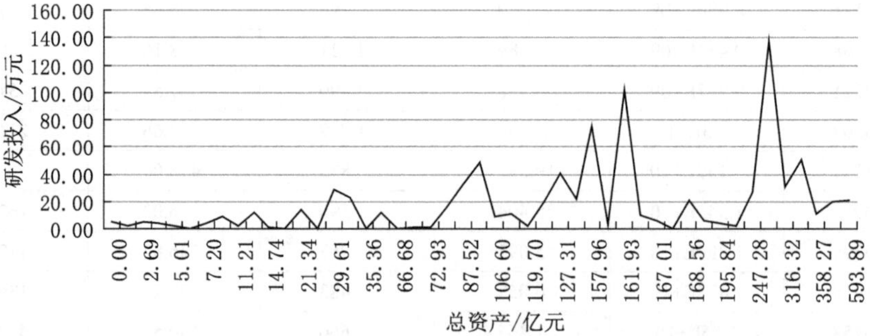

图5-2 研发投入趋势图

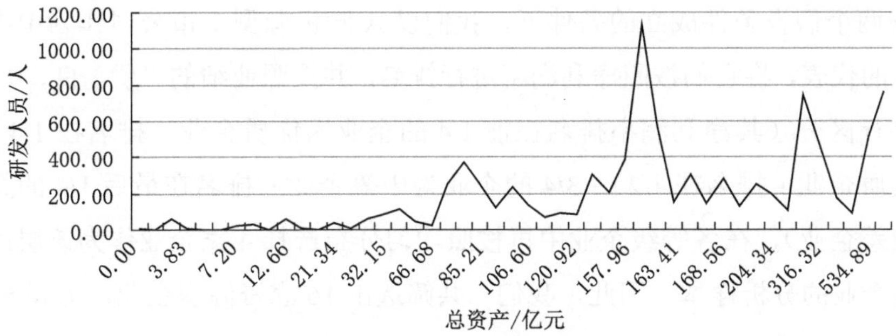

图5-3 研发人员趋势图

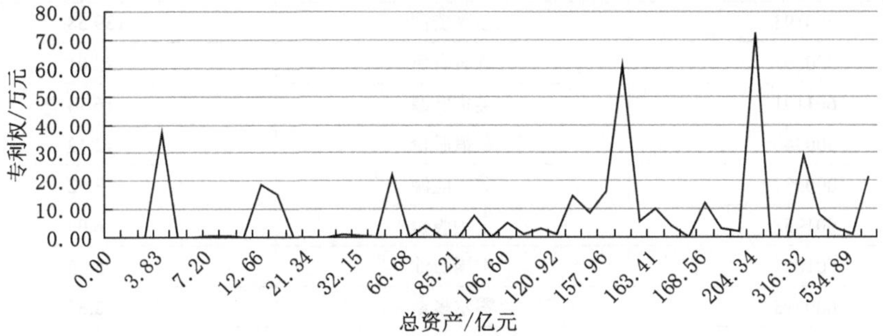

图5-4 专利权趋势图

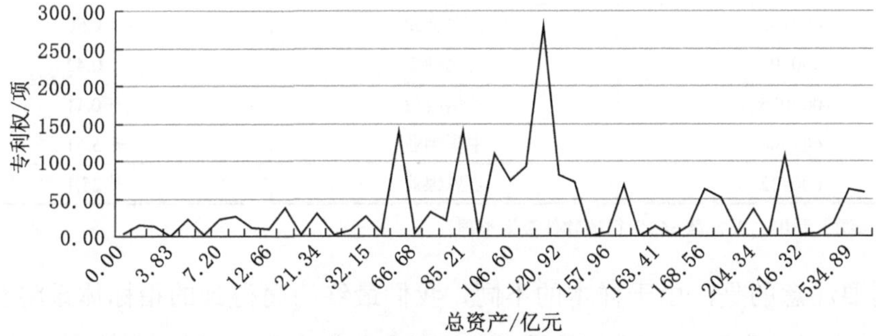

图5-5 专利数趋势图

从图 5-2 ～图 5-5 我们发现，资源型企业的创新指标，如研发投入、研发人员、专利权、专利数等与企业规模（总资产）存在正相关关系，但是这种正相关关系并不表现出某种趋势性，更普遍的状态是各创新指标以企业某一规模水平为中心进行震荡。

研究表明，这与企业创新能力规模效应不变的假设相吻合，证实了资源型企业创新能力的规模效应不变。

在两个假设条件成立的条件下，我们以 A 股资源型上市公司作为中国资源型企业的代表，将它们按照净利润率进行排名，并按照业绩的“优、良、中、差”等级进行区分（其净利润率排名在前 1/4 的企业为优质企业；排名在 1/4 ～ 1/2 的为良质企业；排名在 1/2 ～ 3/4 的企业为中等企业；排名在最后 1/4 的企业为绩效较差企业），在各等级企业中再按照均匀分布选择 4 家企业作为该层次中国资源型企业的分析样本。因此，我们一共筛选出 16 家资源型企业，见表 5-5。

表5-5　资源型样本企业一览

股票代码	股票简称	2012 年净利润率 /%
600193	创兴资源	139.58
000697	炼石有色	22.01
601101	昊华能源	16.14
300340	科恒股份	12.12
000937	冀中能源	7.92
601958	金钼股份	6.09
601857	中国石油	5.25
600295	鄂尔多斯	3.38
600997	开滦股份	2.56
002221	东华能源	1.68
600546	山煤国际	0.89
002182	云海金属	0.58
000709	河北钢铁	0.42
002075	沙钢股份	－ 0.11
601600	中国铝业	－ 5.51
600432	吉恩镍业	－ 25.1

资料来源：利用“大智慧 365”行情软件查询整理

需要注意的是，由于样本的不同，我们最终约简得到的指标体系将会有所不同。理论上，我们应该以中国所有资源型企业作为分析对象，但由于工作量大，数据收集困难，我们按照上述方法筛选出一个替代样本，即上述的 16 家资源型企业，在很大程度上已可以约简得到可用的指标体系。我们接下来的一个工作就是以指标体系为基础开发一个软件，供资源型企业使用，届时我们将获取足够多的样本数据，对我们的指标体系进行微调。

获得样本企业之后，我们需要采集样本企业的创新能力完备评价指标体系的原始数据，见附录。原始数据的采集我们应用如下方法。

（1）企业内生性创新数据通过向企业管理层发放问卷，以及通过在公开信息中寻找获得。其中，量化指标以年度实际发生额体现，软指标通过其替代指标获得。

（2）企业外部环境指标数据来源于统计机构数据。对于量化指标数据，我们根据企业所处地区，通过查询地方统计年鉴得到（若企业为集团公司，其子公司及业务涉及全国，则通过查询全国统计年鉴获得原始数据）。

（3）为了方便起见，对 16 家企业进行无量纲处理，采用的方法是归一法，即$a_{ij}=\dfrac{a_{ij}^{'}-\min\left|a_{ij}^{'}\right|}{\max\left|a_{ij}^{'}\right|-\min\left|a_{ij}^{'}\right|}$。$a_{ij}^{'}$ 为第 i 家企业第 j 项指标的原值；a_{ij} 为标准化之后的数值。

（4）对于反向指标，需进行反向处理，即先在数据前加负号，然后再按照归一法进行标准化处理。

5.3.2 资源型企业创新能力完备评价指标信息表的设定

在模型构建之前，我们将评价指标及其指标值汇总到一个信息表里，为下一步的约简奠定基础。汇总的信息表格式见表 5-6。

表5-6 汇总的信息表格式示意

企业 / 指标	x_1	x_1	…	…	…	x_i
r_1						
r_2						
⋮						
⋮						
r_j						

表 5-6 中列为样本对象和对象的各属性值，行为属性及各样本的属性值。x_i 为第 i 个企业；r_j 为第 j 个指标。

上述的信息表用四元组 $S=\langle U,R,V,f\rangle$ 来表示，其中，U 为论域，$U=\{x_1,x_2,\cdots,x_n\}$，表示对象的非空有限集合，在资源型企业创新能力评价中指的是样本企业的集合；R 为属性集合，$R=\{r_1,r_2,\cdots,r_n\}$，即所有指标集的集合，一个属性对应一个指标，也对应一个等价关系。在本书中，具体模型里的指标和属性理解为一个概念；V

是属性 r 的值域；f 是一个信息函数，它为每个属性赋予一个信息值。

5.3.3 数据离散

指标可以粗略地分为连续型指标和离散型指标。连续型指标表示评价对象的该指标值来自连续的区间；离散型指标表示评价对象的该指标值，必须用语言或者少量的离散值来表示。我们的指标体系中既包含连续指标，也包含离散指标。

粗糙集理论作为一种处理不完备、不精确问题的数学工具，可以有效地处理离散化指标，但是却不能直接处理连续型指标。因此，在应用粗糙集方法进行指标筛选之前，必须先对连续型指标数据进行离散化处理。粗糙集离散化问题从本质上可以归结为：利用断点来对指标所构成的空间进行划分，把 N 维空间划分成有限个区域，使得每个区域中的对象对应的评价和决策的结果相同。

根据初始指标数据信息，我们进行无量纲化处理，根据无量纲化后的标准化数据进行离散化处理。之所以这样做，原因在于指标体系约简只能对离散化数据进行运算，对于连续性数据无能为力。因此，按照惯例，我们将所有指标数值按照等距离法划分为 4 个等级，分别赋值为 1、2、3、4，见表 5-7。

表5-7 离散后处理信息表

序号	创兴资源	炼石有色	昊华能源	科恒股份	冀中能源	金钼股份	中国石油	鄂尔多斯	开滦股份	东华能源	山煤国际	云海金属	河北钢铁	沙钢股份	中国铝业	吉恩镍业
I_A-01	1	1	1	1	1	1	4	1	1	1	1	1	2	1	3	1
I_A-02	1	1	2	1	1	1	4	1	1	1	1	2	2	4	3	1
I_A-03	2	0	0	4	2	1	1	1	1	1	1	1	1	1	1	1
I_A-04	1	2	4	4	3	3	3	1	2	2	2	1	2	1	1	1
I_A-05	1	1	1	1	1	1	4	1	1	1	1	1	2	1	1	1
I_A-06	1	1	1	1	2	1	2	1	1	1	1	1	4	1	4	1
I_A-07	1	1	2	1	1	1	4	1	1	1	1	1	1	1	1	1
I_A-08	1	1	1	1	1	1	1	2	1	1	1	1	1	1	4	1
I_A-09$^{\times}$	4	2	4	4	3	3	4	3	2	3	3	3	2	1	1	2
I_A-10	3	1	4	4	3	1	4	3	1	1	3	1	1	1	1	3
I_A-11$^{\times}$	3	2	4	3	3	2	4	3	2	2	2	3	2	1	2	2
I_A-12$^{\times}$	3	3	4	3	3	3	3	2	2	2	2	2	2	2	2	1
I_A-13	3	1	3	3	3	3	4	3	1	1	3	3	1	1	1	1
I_A-14	1	1	1	1	1	1	4	1	1	1	1	1	1	1	1	1

续表

序号	创兴资源	炼石有色	昊华能源	科恒股份	冀中能源	金钼股份	中国石油	鄂尔多斯	开滦股份	东华能源	山煤国际	云海金属	河北钢铁	沙钢股份	中国铝业	吉恩镍业
IA-15	3	1	4	4	2	2	2	2	2	1	1	1	2	3	1	2
IA-16	1	1	1	1	1	1	4	1	1	1	1	1	1	1	1	1
IA-17	4	2	4	4	3	3	3	3	2	2	3	2	2	1	2	3
IA-18	4	2	4	4	3	4	3	2	2	2	3	2	2	1	2	3
IA-19	4	3	4	4	4	3	4	3	3	3	3	3	1	1	1	1
IA-20	4	3	4	4	4	4	4	3	3	4	3	3	4	1	1	4
IA-21	4	2	4	4	3	3	3	3	2	2	3	2	2	2	1	1
IA-22	4	2	4	4	3	3	3	3	2	2	3	2	2	1	1	2
IA-23	3	3	3	3	3	4	3	2	2	2	2	2	3	1	1	3
IA-24	3	3	4	3	3	3	3	1	1	3	1	1	1	1	1	1
IA-25	4	3	4	4	4	4	4	3	3	4	4	4	3	3	3	1
IA-26	4	4	4	4	4	4	4	4	3	4	4	4	4	1	3	3
IA-27	4	3	4	4	4	4	4	4	3	3	4	4	3	1	3	3
IA-28	4	3	4	4	3	4	3	3	3	3	3	3	3	1	2	2
IA-29	1	1	1	1	4	1	4	1	4	1	1	1	4	1	4	1
IA-30	3	1	3	3	4	2	4	2	4	3	3	2	3	1	4	1
IA-31	4	1	4	4	4	4	4	4	4	4	4	4	4	4	4	4
IA-32	4	3	4	4	4	4	4	4	4	4	4	4	4	2	4	1
IA-33	3	1	3	4	2	2	2	2	1	2	2	1	1	1	1	2
IA-34	3	2	4	3	2	3	2	2	2	2	3	2	1	1	1	3
IA-35	3	4	4	4	4	3	4	3	3	3	3	3	3	3	3	1
IA-36	3	3	4	4	3	3	3	3	3	3	1	3	3	1	1	1
IA-37	3	2	4	3	2	2	2	2	2	2	3	2	2	2	1	2
IA-38	4	1	4	4	2	2	3	2	2	2	3	2	3	1	3	1
IA-39	4	2	4	3	3	2	4	1	2	1	2	1	1	1	4	1
IA-40×	4	3	3	4	3	3	4	3	2	2	3	2	3	1	4	1
IA-41	2	2	4	3	2	2	2	2	2	1	1	1	1	1	1	1
IA-42	4	1	4	4	3	2	3	3	2	1	2	1	2	1	1	1
IA-43	3	1	4	3	3	3	3	3	1	1	1	1	1	1	1	3
IA-44	4	1	4	4	4	1	4	4	1	1	4	1	1	1	1	1
IA-45	3	3	4	3	2	3	2	3	2	2	2	2	2	1	2	2
IA-46	2	3	3	4	2	2	2	2	2	2	2	2	2	1	2	1
IA-47	3	2	4	4	2	2	2	3	2	2	2	2	2	2	2	1
IA-48	3	3	4	3	3	3	3	3	3	2	3	2	3	1	3	2
IA-49	3	3	4	4	3	3	3	3	3	3	1	3	3	1	3	3
IA-50×	4	4	4	4	3	4	3	4	3	3	3	3	3	1	3	3

续表

序号	创兴资源	炼石有色	昊华能源	科恒股份	冀中能源	金钼股份	中国石油	鄂尔多斯	开滦股份	东华能源	山煤国际	云海金属	河北钢铁	沙钢股份	中国铝业	吉恩镍业
I_A-51$^{\times}$	3	3	4	4	3	3	3	3	3	4	3	3	3	3	3	1
I_A-52*	3	3	4	4	2	2	2	3	2	2	2	2	2	1	1	2
I_A-53*	1	1	1	1	1	1	4	1	1	1	1	1	3	1	1	1
I_A-54*	4	1	3	4	3	3	3	1	2	2	3	2	3	1	3	1
I_A-55	1	1	1	1	1	1	4	1	1	1	1	1	2	1	1	1
I_A-56	4	1	4	4	4	1	3	2	2	1	3	1	2	4	1	1
I_A-57	4	3	3	4	3	3	3	3	3	2	3	1	2	1	3	2
I_A-58	2	1	4	2	1	1	1	2	1	1	1	1	1	1	1	1
I_A-59	4	3	4	4	3	3	3	3	3	3	4	3	3	1	1	3
I_B-01	1	1	1	1	1	1	4	1	1	1	1	1	2	1	1	1
I_B-02	3	3	4	3	2	3	3	2	1	1	3	1	2	1	2	1
I_B-03	1	1	3	1	1	1	4	2	2	1	2	1	4	1	4	1
I_B-04	3	3	4	4	4	4	4	3	3	3	4	3	3	1	3	3
I_B-05	3	3	4	4	3	4	3	4	1	3	3	3	3	1	1	1
I_B-06	3	3	4	3	3	3	3	2	3	2	2	2	2	2	1	2
I_B-07	2	2	3	4	2	3	2	3	2	2	2	2	2	1	2	1
I_B-08	1	3	3	4	1	1	1	3	1	3	1	3	1	1	1	1
I_B-09	3	4	4	4	3	4	3	3	3	3	3	3	3	1	3	3
I_B-10	4	4	4	4	4	4	4	3	4	4	4	3	3	3	1	3
I_B-11	1	1	1	1	1	1	4	1	1	1	1	1	2	1	1	1
I_B-12	1	1	1	1	1	1	4	1	1	1	1	1	2	1	2	1
I_B-13	1	1	1	1	1	1	4	1	1	1	1	1	3	1	1	1
I_B-14	1	1	1	1	1	1	4	1	1	1	1	1	2	1	1	1
I_B-15	4	3	4	4	3	4	3	3	1	3	4	3	3	1	1	3
I_B-16	3	2	3	4	2	3	2	2	1	2	2	2	2	1	1	1
I_B-17	3	2	3	4	3	3	3	3	2	2	3	2	2	1	2	2
I_B-18	4	3	4	4	3	3	3	4	3	3	4	4	3	1	3	3
I_B-19*	3	2	3	4	2	2	2	3	1	2	2	3	2	2	1	2
I_B-20*	4	4	4	4	4	4	4	4	1	1	4	1	1	1	1	1
I_B-21*	3	3	3	4	3	3	3	2	2	2	1	3	2	1	2	1
I_B-22*	4	4	4	4	4	4	4	4	3	3	4	3	3	4	1	3
I_B-23	3	3	3	4	3	3	3	3	3	3	3	3	3	1	1	1
I_B-24	1	1	1	1	1	1	4	1	1	1	1	1	1	1	4	1
I_B-25	1	1	1	1	1	1	4	1	1	1	1	1	1	1	4	1
I_B-26	1	1	1	1	1	1	4	1	1	1	1	1	1	1	4	1
I_B-27	4	1	4	2	1	1	3	1	1	2	2	2	1	2	3	1

续表

序号	创兴资源	炼石有色	昊华能源	科恒股份	冀中能源	金钼股份	中国石油	鄂尔多斯	开滦股份	东华能源	山煤国际	云海金属	河北钢铁	沙钢股份	中国铝业	吉恩镍业
*I*B-28	1	3	1	1	2	3	3	1	2	1	4	1	2	1	3	2
*I*B-29	4	1	4	4	3	1	1	1	3	3	1	3	3	3	1	1
*I*B-30	4	1	4	4	3	1	3	1	3	3	1	3	3	3	3	1
*I*B-31	4	1	4	4	1	1	2	2	1	2	2	2	1	2	2	1
*I*B-32	1	1	1	1	1	1	4	1	1	1	1	1	1	1	4	1
*I*B-33	1	1	1	1	1	1	4	1	1	1	1	1	1	1	4	1
*I*B-34	1	1	1	1	1	1	4	1	1	2	1	2	1	2	4	1
*I*B-35	3	4	1	1	2	4	2	4	2	3	4	3	2	3	2	3
*I*B-36	1	1	1	2	1	1	4	1	1	1	1	1	1	1	4	1
*I*B-37	4	1	1	1	1	1	1	1	1	1	1	1	1	1	1	1
*I*B-38	1	1	1	1	1	1	4	1	1	1	1	1	1	1	4	1
*I*B-39	1	1	1	1	1	1	4	1	1	2	1	1	1	1	4	1
*I*B-40	1	1	1	1	1	1	4	1	1	1	1	1	1	1	4	1
*I*B-41	3	1	4	4	1	1	1	3	1	3	3	3	1	3	1	1
*I*B-42*	3	1	4	4	1	1	1	3	1	3	3	3	1	3	1	1
*I*B-43	3	2	4	4	2	2	2	3	2	3	2	3	2	3	2	1
*I*B-44	3	1	4	4	3	1	3	3	3	3	1	3	3	3	3	1
*I*B-45	3	1	4	4	1	1	1	3	1	3	3	3	1	3	1	1
*I*B-46	3	2	4	3	3	2	3	3	3	3	1	3	3	3	3	2
*I*B-47	1	2	1	1	4	2	4	1	4	1	1	1	4	1	4	2
*I*B-48	3	4	1	3	2	4	1	3	2	4	4	4	2	4	1	4
*I*B-49	3	1	4	2	1	1	2	3	1	2	1	2	1	2	2	1
*I*B-50	1	4	1	1	2	4	3	1	2	1	1	1	2	1	3	1
*I*B-51	2	4	1	3	2	4	4	2	2	2	3	2	2	2	4	1
*I*B-52*	3	1	3	4	1	1	1	3	1	3	1	3	1	3	1	3

注：最左边一列为资源型企业创新能力完备指标体系中的具体指标序号，其中带“*”的是反向指标，带“×”的为正向指标

资料来源：在原始数据基础上，通过 Rosetta2.0 计算得到

5.3.4　基于属性重要度的约简

在粗糙集中，使用信息表来描述论域中的数据集合。信息表的行代表对象，列代表属性，一个属性对应一个等价关系。在信息表中，不同的属性可能具有不同的重要性。为了找出某些属性（或属性集）的重要性，我们的思路是从表中去掉一些属性，再来考察没有该属性后分类会怎样变化。如果去掉该属性相应

分类变化较大，则说明该属性的强度大，即重要性高；反之，说明该属性的强度小，即重要性低。分类变化与否及变化程度可以用知识的信息量来表述。

设 $S=(U, R)$ 为一知识表达系统，对于等价关系 $P\subseteq R$ 有分类 $U/\text{ind}(P)=\{X_1, X_2,\cdots, X_n\}$，则 P 的信息量记为

$$I(P)=\sum_{i=1}^{n}\frac{|X_i|}{|U|}\left[1-\frac{|X_i|}{|U|}\right]=1-\frac{1}{|U|^2}\sum_{i=1}^{n}|X_i|^2 \tag{5-1}$$

应用知识信息量的概念，我们可以分析某个属性在属性集中的重要度。属性的重要度和属性的信息量的关系表述如下：

$$S_P(r_i)=I(P)-I(R-\{r_i\}) \tag{5-2}$$

其中，r_i 为某个属性；$P\subseteq R$ 为等价关系集中的一个等价子集。式 (5-2) 表明，$r\in R$ 在 R 中的重要性由 R 中去掉 r 后引起的信息量变化大小来度量。$S_P(r_i)$ 值越大，说明 R 中去掉属性 r 的信息量变化越大，即该属性在属性集中的重要程度就越高。

基于属性重要度的约简算法由 Hu 提出。该算法使用核作为计算约简的出发点，将属性的重要性作为启发规则，首先按照属性的重要程度从大到小逐个加入属性，直至该集合是一个约简为止。接着检查该集合中的每个属性，看移走该属性是否会改变该集合对决策属性的依赖度。如果不影响，则将其删除。经过约简，可得到指标体系的若干个核。也就是说，根据属性重要度的计算，原指标体系被划分成若干属性类。不同的属性类由不同的指标束代表，它们在其所在的属性类中是最小的核。从指标属性的角度考虑的话，这些核的并集则是最小的指标体系的核，用公式表示就是

$$\text{Red}=\text{Red}_1\cup\text{Red}_2\cup\cdots\text{Red}_n \tag{5-3}$$

约简后的指标体系，见表 5-8。

表5-8　约简之后的指标体系

一级指标	二级指标	三级指标	四级指标	序号
结构层	能力层	要素层	观测指标层	
内生创新能力	自主性创新能力	技术要素	专利及科技成果相对数 /（个 / 亿元资产）	C_A-01
			获奖成果相对数 /（个 / 亿元资产）	C_A-02
			千人研发人员拥有专利数量 /（个 / 千人）	C_A-03

续表

一级指标	二级指标	三级指标	四级指标	序号
结构层	能力层	要素层	观测指标层	
内生创新能力	自主性创新能力	技术要素	千人研发人员拥有论文数量 /（篇 / 千人）	CA-04
			企业科技机构相对数 /（个 / 亿元资产）	CA-05
			企业仪器设备采购强度 /%	CA-06
			企业 R&D 项目相对数 /（个 / 亿元资产）	CA-07
			理论与技术导入能力*（新聘员工平均培训时间）/ 天	CA-08*
			工艺技术手段完备情况*（企业外包业务环节比重）/%	CA-09*
			自动化生产水平*（生产线员工比重）/%	CA-10*
		管理要素	企业创新激励机制建设水平（研发人员劳务支出比重）/%	CA-11
			企业管理费用比重 /%	CA-12
内生创新能力	自主性创新能力	管理要素	企业创新战略目标的清晰程度*（新产品研发成功率）/%	CA-13
			创新战略有效性*（新产品企业市场份额）/%	CA-14
			创新机制的有效性*（新产品销售收入比重）/%	CA-15
			科技体系与创新载体情况*（负责创新的部门或机构经费比重）/%	CA-16
			管理人员创新意识*（企业管理制度变化频度）/（次 / 年）	CA-17
		信息要素	信息采集和管理能力*（企业管理信息系统费用支出比重）/%	CA-18
			企业人均邮电业务量 /（万元 / 年）	CA-19
			企业人均移动电话数量 /（台 / 人）	CA-20
			宽带覆盖率 /%	CA-21
			微机覆盖率 /%	CA-22
			信息技术投入增长率 /%	CA-23
			情报部门投入经费比重 /%	CA-24
		人才要素	企业工程技术员工比重 /%	CA-25
			企业科技活动人员比重 /%	CA-26
			员工培训和学习频度 /（次 / 年）	CA-27
			研发人员的年总收入增长率 /%	CA-28
			研发人员观念素质*（本科学历人员比重）/%	CA-29
			研发人员忠诚度*（年离职率）/%	CA-30*
			员工满意度*（年收入增长率）/%	CA-31
			研发人员晋升制度的完善程度*（管理层由企业自身培养的研发人员比重）/%	CA-32
		资本要素	企业研发支出经费比率 /%	CA-33
			资本创新效率资本创新效率（专利产出效率）/%	CA-34
			研发人员投入比重 /%	CA-35
			研发设备投入比重 /%	CA-36
			外部科研经费筹集比重 /%	CA-37

续表

一级指标 结构层	二级指标 能力层	三级指标 要素层	四级指标 观测指标层	序号
内生创新能力	自主性创新能力	资源要素	企业资源型企业的国家控制程度*（国有或者集体股份比重）/%	CA-38*
			企业资源禀赋优势*（企业资源占国家该资源总量的比重）/%	CA-39*
			市场准入门槛*（进入该资源市场所需政府批文数量）/%	CA-40*
			资源替代品多寡*（根据很容易被替代、容易被替代、不容易被替代，分别赋以 1、0.5、0）/%	CA-41*
			企业国际资源获取门槛*（资源进口单价年增长率）/%	CA-42*
	外源性创新能力	引进创新	企业技术引进费用占比 /%	CA-43
			企业国内技术购买费用占比 /%	CA-44
			企业技术引进合同金额占比 /%	CA-45
	外源性创新能力	合作创新	企业消化吸收经费占比 /%	CA-46
			产、学、研合作比率 /%	CA-47
企业创新三维空间	经济空间	经济发展	地区人均国内生产总值 / 元	CB-01
			地区规模以上工业增加值增速 /%	CB-02
			地区人均可支配收入 / 元	CB-03
			地区经济发展全国排名	CB-04
			地区经济发展潜力*（GDP 增长率）/%	CB-05
		经济活力	地区人均居民消费水平 / 元	CB-06
			地区全社会固定资产投资占 GDP 比重 /%	CB-07
			地区实际使用外资与 GDP 之比 /%	CB-08
			地区金融机构资金信贷合计与 GDP 之比 /%	CB-09
			地区上市公司数量 / 家	CB-10
			地区社会零售商品总额与 GDP 之比 /%	CB-11
			单位地区生产总值能耗（等价值）/ 吨标准煤 / 万元	CB-12
			地区创新型企业的发展程度*（高新技术企业产出占 GDP 比重）/%	CB-13
			地区创新产品市场容量 /%	CB-14
		经济结构	地区第二、第三产业比	CB-15*
			地区城乡居民收入比	CB-16*
			地区市场集中程度*（反向指标，各产业 GDP 贡献的离散程度，方差表示）	CB-17*
			地区贫富差距*（反向指标，基尼系数）	CB-18*
			地区经济规模效应*（税收在 100 万以上的企业在税收贡献中的比重）/%	CB-19
	地理空间	地理结构	地区人均公路里程 /（公里 / 人）	CB-20
			地区人均铁路营业里程 /（公里 / 人）	CB-21
			地区高速公路比重 /%	CB-22

续表

一级指标	二级指标	三级指标	四级指标	序号
结构层	能力层	要素层	观测指标层	
企业创新三维空间	地理空间	地理结构	地区每万人拥有公共交通数量 / 台	C_B-23
			地区城镇化发展水平（城镇人口比重）/%	C_B-24
			地区地理区位优势*（所处地区档次分为东部、中部、西部，不同档次区位将被赋予 3、2、1 的数值）	C_B-25
		环境资源	地区电力生产消费比 /%	C_B-26
			地区资源丰度（根据地区资源禀赋由课题组确定全国各省份资源丰度，以 3、2、1 量化表示）	C_B-27
			地区人居自然环境*（人口密度）/(人 / 平方公里）	C_B-28
			地区金融支持环境*（地区金融机构贷款余额与 GDP 之比）/%	C_B-29
	人文空间	政策环境	地区人均行政诉讼案件	C_B-30
			地区人均财政税收 /（万元 / 人）	C_B-31
			地区人均财政支出 /（万元 / 人）	C_B-32
			地区政府廉洁水平*（三公经费比重）/%	C_B-33*
		法律环境	地区法院人均收案 /（件 / 万人）	C_B-34
			地区刑事犯罪人数比重 /（件 / 万人）	C_B-35
			地区万人拥有律师数 /（人 / 万人）	C_B-36
			地区技术创新成果保护法的完善与实施情况*（知识产权收案占民事收案比重）(%)	C_B-37
		文化环境	地区万人高校在校生人数 / 万人	C_B-38
			地区万人科研机构数 /（个 / 万人）	C_B-39
			地区教育经费占财政支出比重 /%	C_B-40
			当地人居社会环境情况*（一般公共服务经费支出占财政支出比重）/%	C_B-41
			地区创新的文化发育程度*（地区科技经费支出比重）/%	C_B-42
			地区文明程度*（每万人犯罪数）/（个 / 万人）	C_B-43*

注：最后一列为约简后重新命名的指标序号，指标加"*"号的为定性指标，序号加"*"的为反向指标

需要注意的是指标 C_A-39：企业资源禀赋优势和指标；C_B-33*：地区政府廉洁水平（"三公"经费比重）这两个指标目前还没有精确数据，由课题组根据实际情况进行推算得到其原始数据。我们认为这两个数据对于企业的创新能力有着非常重要的影响，不能够剔除。所以，我们建议企业及国家统计机构对这两项指标进行统计。

5.4 本章小结

资源型企业创新能力完备评价指标体系，具有全面性、系统系、完整性和充分性的特点，但整个指标体系所包含的具体指标太过繁杂，部分指标之间存在较强的相关性，可操作性不强、数据可得性较差。如果把资源型企业创新能力完备评价指标体系的具体指标看成一个集合的话，那么真正意义上的资源型企业创新能力评价指标体系应该是资源型企业创新能力完备评价指标体系的一个子集。因此，我们构建指标体系的思路是：第一步，寻找足够全面的指标群；第二步，确定全面的分析样本；第三步，在全面的指标群和企业样本基础上，用适当的方法进行精简，获取充分必要条件下的指标体系。

根据这个思路，本章主要研究了全面的、具有代表性的企业样本，并获取原始数据，在此基础上，通过使用粗糙集方法，对资源型企业创新能力完备评价指标体系进行化简，将其中多重共性较大、数据可得性较差等指标合并、删除、重组，解决了上述指标体系不确定性问题，得到了充分必要条件下的指标体系。

【专栏 6】要素协同　宝钢激活创新体系

宝钢技术创新发展的战略目标是以市场为导向，不断满足用户需求，依靠自主创新，至 2020 年，拥有一批高端钢铁精品，拥有具有自主知识产权的世界一流技术及重大专有技术，成为具有技术优势、拥有核心竞争力的世界钢铁行业技术领先者。在面对激烈的市场竞争环境下，在面对技术能力升级背景下，宝钢协同创新不仅需面对技术不确定性和市场环境不确定性，尤其要协调不同利益主体之间合作中存在的利益分歧而导致的合作行为不确定。协同创新是平衡短期竞争优势和长期能力发展，实现技术和市场的跨越发展的可行的、现实的、低成本路径。

一、宝钢协同创新发展路径

协同是系统内部各要素间、要素和系统整体间、系统与系统间的一种相互影响和作用的模式和机制，实现“1 +1 ＞ 2”的整体效应和部分效应相结合的协同效应。企业协同创新极大降低创新的风险性，系统有序处理创新过程的复杂性，在技术创新和市场创新推力下构建协同创新的运行机制。

1．宝钢技术发展的三个阶段

宝钢经过几十年的技术积累，经过从引进先进适用技术阶段，升级为消化、吸收、再创新阶段，再逐步走向“开放式自主集成创新”，具备自主创新的条件。

在第一阶段，引进消化吸收阶段。这个阶段主要指从1978年12月宝钢一期工程开工到2000年6月宝钢三期工程建成。目标是建成具有同期国际先进技术水平的大型钢铁企业，实现高档钢材的进口替代。技术生产能力主要体现三种能力：技术引进能力（能够引进所需技术的能力）、技术转化能力（对购买的技术消化吸收并为所用的能力）、技术适应能力（对技术进行本土化改进的能力）。

第二阶段，吸收再创新阶段，“精品”战略阶段。这个阶段主要是指从1998年宝钢集团联合重组开始到2007年。“精品”战略是指把宝钢建成中国最大的汽车用钢、石油管、造船板、不锈钢、电工钢和高效建筑用钢等六大类产品的精品生产基地，成为中国钢铁行业新技术、新工艺及新材料研发基地。宝钢在第二阶段技术吸收、局部创新能力得到加强，尤其是研发装置的开发能力。吴晓波认为随着技术引进后企业进入二次创新阶段，企业的学习模式主要是适应性学习、维护性学习、发展性学习向过渡性学习和创造性学习演化。

第三阶段，自主创新阶段。宝钢对知识产权工作尤其是专利非常重视，把知识产权指标作为公司的经营目标来考核，专利数在央企中连续多年排名靠前。宝钢集团是中国规模最大、品种规格最齐全、高技术含量和高附加值产品份额比重最大的钢铁联合企业，2006年宝钢集团被确定为首批中国国家创新型企业试点企业；2010年宝钢实现营业收入2730亿元，利润总额达到242亿元；完成钢产量4450万吨，位列全球钢铁企业第三位；2010年被《财富》杂志评选为“全球最受尊敬企业”。

2．协同创新助推宝钢发展

协同创新以起步阶段组织间协同为主，如为了消化从新日铁引进的技术，宝钢专注学习从日方购买的技术，在组织上模仿外方的架构。发展到企业组织内外协同创新，如针对产品生产过程中遇到的问题，与大学和科研机构等共同研发，寻求解决问题的方案，实现技术创新。2000年，宝钢与国家自然科学基金委员会共同发起设立了“钢铁联合研究基金”，重点资助我国钢铁工业发展迫切需要的，在冶金新技术及有关工艺、材料、能源、环境、装备、信息等方面具有重要科学意义和应用价值的基础研究项目。宝钢与国家自然科学基金联合建立“钢铁联合研究基金”，试图寻求科学上能有所突破，将科学发现转化为技术，转化为效益；多渠道引进技术并消化技术，并根据中国市场的特点进行适应性的改造。再到面协同创新的道路，创新的方式由链条式协同向网络式协同转变，实现技术与市场的协同，研发、营销、生产制造等部门的协同，探索产学研协同模式。

二、宝钢协同创新能力提升的三个层面

（1）从协同主导权的转变层面，宝钢经历了从“受制”到“主导”的转变。钢铁制造业以工艺为主，但为引进技术，设备也受制于人，不得不引进了装备。新日铁和蒂森不仅是宝钢一期、二期项目的设备提供商，也是其主要工艺提供商。几十年的发展，宝钢由最初引进工艺技术逐步转变对设备的设计和制造，逐步具备提出合理功能需求的能力。这说明宝钢转变掌握引进的主动权。

（2）从知识协同的层面，宝钢形成并固化创新成果，由个人能力上升到组织能力，全面提升企业技术能力，在新工艺、新装备、新技术、新产品上形成突破。例如，宝钢的硅钢项目解决技术问题的同时，总结了系统创新方法，形成了PDCA全过程解决方案，作为共性方法，具有普遍的应用价值。

（3）从战略协同的层面，宝钢在协同创新中聚焦组织资源，紧紧围绕企业“四新”需求（新材料、新工艺、新技术、新装置），有效整合内外部要素，充分发挥创新合力，实现关键技术突破，进而提升企业核心竞争力。经过长期的发展，宝钢在企划能力、组织保障能力、政策导向

能力、外部资源利用能力、文化渗透能力、员工素质提升能力等方面得到极大提升和增强。

三、小结

在钢铁工业产能过剩，同质化竞争加剧的背景下，通过协调创新，聚焦关键能力建设、提升核心竞争力，打造完备的创新体系，是宝钢面向未来实现可持续发展的关键所在。

（重庆大学　何山博士）

第六章 评价指标体系权重

6.1 评价指标体系观测指标权重确定

按照熵原理，某项指标的指标值变异程度越大，信息熵越小，该指标提供的信息量越大，该指标的权重也应越大。所以，可根据各项指标值的变异程度，利用信息熵这个工具，计算出各指标的权重，为多指标综合评价提供依据。也就是说，根据某项指标数值的离散程度，如果其无差异，即可以描述为该项指标处于“有序”状态，此时该项指标的区分作用为0，对应的信息熵最大，意味着对决策参考的信息价值最小，赋予的权重也该为0；反之，如果其差异程度大，即系统的无序程度大，说明该项指标在评价系统中的作用大，此时该指标所对应的信息熵小，该指标赋予的权重应为1。

6.1.1 熵值法的操作步骤

熵值法是一种根据各项指标观测值所提供的信息的大小来确定指标权重的方法。设$a'_{ij}(i=1,2,\cdots,n;j=1,2,\cdots,m)$为第 i 个系统中的第 j 项观测数据。原矩阵为$A'=(a'_{ij})_{m\times n},(i=1,2,\cdots,n;j=1,2,\cdots,m)$。

（1）标准化数据。

为消除指标间量纲的影响，对 a'_{ij} 进行标准化，得到各指标标准化矩阵。我

们采用极值法进行数据标准化。设标准化后的矩阵为

$$A=(a_{ij})_{m\times n},(i=1,2,\cdots,n;j=1,2,\cdots,m)$$

标准化公式为

$$a_{ij}=\frac{a_{ij}^{'}-\min\left|a_{ij}^{'}\right|}{\max\left|a_{ij}^{'}\right|-\min\left|a_{ij}^{'}\right|}\times 10$$

（2）计算第 j 项指标下，第 i 个系统的特征比重：

$$z_{ij}=x_{ij}/\sum_{i=1}^{n}x_{ij}$$

其中，假定 $x_{ij}\geqslant 0$，且 $\sum_{i=1}^{n}x_{ij}>0$ 。

（3）计算第 j 项指标的熵值：

$$b_j=-k\sum_{i=1}^{n}z_{ij}\ln(z_{ij})$$

其中，$b_i>0$，$k=1/\ln n$，如果 x_{ij} 对于给定的 j 全部相等，那么，$z_{ij}=1/n$，此时，$b_j=k\ln n$ 。

（4）计算第 j 项指标的差异系数：

$$h_j=(1-b_j)/(m-B_\varepsilon)$$

其中，$B_\varepsilon=\sum_{j=1}^{m}b_{ij}$ 。

（5）确定权数：

$$w_j=h_j/\sum_{j=1}^{m}h_j\ ,\ j=1,2,\cdots,m$$

其中，$0\leqslant w_j\leqslant 1,\sum_{j=1}^{m}w_j=1$。

6.1.2　数据处理与样本选择

在应用粗糙集方法约简指标体系的时候，我们采集了代表中国资源型企业的 16 家上市公司的相关数据。需要做的是将这些原始数据按照约简后的指标体系形成新的原始样本数据。

6.1.3 权重确定

根据熵值法的步骤，分别计算出这 16 家企业的 90 个指标的权重。由于在选择样本企业的时候已经考虑到企业的覆盖面和代表性（它们在中国资源型企业中服从均匀分布），所以，只需要将各企业在各具体指标上的权重进行算术平均，即 $m_j=\sum_{i=1}^{n} w_{ij}/16, j=1,2,\cdots, m; i=1,2,\cdots, n$（其中 j 为指标数，i 为企业数），便可得到我们想要的观测层指标权重。

在观测层指标权重的基础上，按照逆向指标集结法，逆推集结获得要素层指标权重；在要素层指标权重的基础上，按照逆向指标集结法，逆推集结获得能力层指标权重；在能力层指标权重的基础上，按照逆向指标集结法，逆推集结获得结构层指标权重；在结构层指标权重的基础上，按照逆向指标集结法，逆推集结获得综合层指标权重。逐级叠加进行加权计算公式为 $\text{INDEX}_j=\sum_{j=1}^{m} w_{j+1}\times x_{j+1}$，其中，$j$ 为指标序号。具体权重计算结果见表 6-1。

表6-1 资源型企业创新能力评价指标体系观测指标权重

一级指标 结构层	二级指标 能力层	三级指标 要素层	四级指标 观测指标层	序号	权重 /%
内生创新能力 45.05%	自主性创新能力 39.53%	技术要素 13.81%	专利及科技成果相对数	C_A-01	2.15
			获奖成果相对数	C_A-02	1.13
			千人研发人员拥有专利数量	C_A-03	1.18
			千人研发人员拥有论文数量	C_A-04	2.10
			企业科技机构相对数	C_A-05	2.26
			企业仪器设备采购强度	C_A-06	1.62
			企业 R&D 项目相对数	C_A-07	0.69
			理论与技术导入能力*（新聘员工培训时间）	C_A-08*	1.47
			工艺技术手段完备情况*（企业外包业务环节比重）	C_A-09*	0.62
			自动化生产水平*（生产线员工比重）	C_A-10*	0.59
		管理要素 8.23%	企业创新激励机制建设水平（研发人员劳务支出比重）	C_A-11	1.26
			企业管理费用比重	C_A-12	2.38
			企业创新战略目标的清晰程度*（新产品研发成功率）	C_A-13	1.03
			创新战略有效性*（新产品企业市场份额）	C_A-14	0.64

续表

一级指标	二级指标	三级指标	四级指标	序号	权重 /%
结构层	能力层	要素层	观测指标层		
内生创新能力 45.05%	自主性创新能力 39.53%	管理要素 8.23%	创新机制的有效性*（新产品销售收入比重）	C_A-15	0.89
			科技体系与创新载体情况*（负责创新的部门机构经费比）	C_A-16	0.65
			管理人员创新意识*（百名管理人员关于管理改革提案数）	C_A-17	0.71
			信息采集和管理能力*（企业管理信息系统费用支出比重）	C_A-18	0.67
		信息要素 4.40%	企业人均邮电业务总量	C_A-19	0.42
			企业人均移动电话数量	C_A-20	0.55
			宽带覆盖率	C_A-21	0.52
			微机覆盖率	C_A-22	0.55
			信息技术投入增长率	C_A-23	0.55
			情报部门投入经费比重	C_A-24	1.81
		人才要素 5.41%	企业工程技术员工比重	C_A-25	0.74
			企业科技活动人员比重	C_A-26	0.48
			员工培训和学习频度	C_A-27	0.53
			研发人员的年总收入增长率	C_A-28	0.74
			研发人员观念素质*（本科学历人员比重）	C_A-29	0.80
			研发人员忠诚度*（年离职率，反向指标）	C_A-30*	0.57
			研发人员满意度*（年收入增长率）	C_A-31	0.70
			研发人员晋升制度的完善程度*（管理层人员由企业自身培养的研发人员比重）	C_A-32	0.85
		资本要素 4.56%	企业研发支出经费比率	C_A-33	0.94
			资本创新效率（专利产出效率）	C_A-34	0.60
			研发人员投入比重	C_A-35	0.84
			研发设备投入比重	C_A-36	0.74
			外部科研经费筹集能力	C_A-37	1.44
		资源要素 3.12%	企业资源型企业的国家控制程度*（国有或集体股份比重）	C_A-38*	0.60
			企业资源禀赋优势*（企业资源占国家该资源总量的比重）	C_A-39*	0.70
			市场准入门槛*（进入该资源市场所需政府批文数量）	C_A-40*	0.64
			资源替代品多寡*（根据很容易被替代、容易被替代、不容易被替代，分别赋以1、0.5、0）	C_A-41*	0.54
			企业国际资源获取门槛*（资源进口单价年增长率）	C_A-42*	0.64
	外源性创新能力 5.52%	引进创新 3.95%	企业技术引进费用占比	C_A-43	0.55
			企业国内技术购买费用占比	C_A-44	0.73
			企业技术引进合同金额占比	C_A-45	2.67

续表

一级指标 结构层	二级指标 能力层	三级指标 要素层	四级指标 观测指标层	序号	权重 /%
内生创新能力 45.05%	外源性创新能力 5.52%	合作创新 1.57%	企业消化吸收经费占比	CA-46	0.66
			产、学、研合作比率	CA-47	0.91
企业创新三维空间 54.95%	经济空间 23.11%	经济发展 6.46%	地区人均国内生产总值	CB-01	0.60
			地区人均工业增加值	CB-02	0.81
			地区人均可支配收入	CB-03	2.82
			地区经济发展全国排名	CB-04	0.75
			地区经济发展潜力*（GDP 增长率）	CB-05	1.48
		经济活力 10.44%	地区人均居民消费水平	CB-06	0.57
			地区全社会固定资产投资	CB-07	0.89
			地区实际使用外资与 GDP 之比	CB-08	0.59
			地区金融机构资金信贷合计与 GDP 之比	CB-09	0.71
			地区上市公司比重	CB-10	1.86
			地区社会零售商品总额与 GDP 之比	CB-11	0.56
			地区能源消耗总量与 GDP 之比	CB-12	0.55
			地区创新型企业的发展程度*（高新技术企业产出占 GDP 比）	CB-13	2.77
			地区创新产品市场容量	CB-14	1.94
		经济结构 6.21%	地区第二、第三产业比重	CB-15*	2.72
			地区城乡居民收入比	CB-16*	0.77
			地区市场集中程度*（反向指标，各产业 GDP 贡献的离散程度，方差表示）	CB-17*	0.93
			地区贫富差距*（反向指标，基尼系数）	CB-18*	0.57
			地区经济规模效应*（GDP 贡献最大的行业在 GDP 中的比重）	CB-19	1.22
	地理空间 12.69%	地理结构 7.59%	地区人均公路里程	CB-20	0.78
			地区人均铁路营业里程	CB-21	0.55
			地区高速公路比重	CB-22	2.12
			地区每万人拥有公共交通数量	CB-23	2.32
			地区城镇化发展水平	CB-24	1.06
			地区地理区位优势*（所处地区档次分为东部沿海城市、东部不沿海城市、中部中心城市、中部非重点城市、西部中心城市、西部非中心城市等，不同档次区位将被赋予不同的数值）	CB-25	0.76
		环境资源 5.10%	地区电力生产消费比	CB-26	1.30
			地区资源丰度	CB-27	1.01
			地区人居自然环境*（人口密度）	CB-28	0.89
			地区金融支持环境*（地区金融机构贷款余额与 GDP 之比）	CB-29	1.90
	人文空间 19.15%	政策环境 5.81%	地区人均行政诉讼案件	CB-30	1.68

续表

一级指标	二级指标	三级指标	四级指标	序号	权重 /%
结构层	能力层	要素层	观测指标层		
企业创新三维空间 54.95%	人文空间 19.15%	政策环境 5.81%	地区人均税收收入	C_B-31	0.59
			地区人均财政支出	C_B-32	1.30
			地区政府廉洁水平 *（“三公”经费比重）	C_B-33*	2.24
		法律环境 7.56%	地区法院人均收案	C_B-34	1.64
			地区刑事犯罪人数比重	C_B-35	2.46
			地区律师数比重	C_B-36	2.00
			地区技术创新成果保护法的完善与实施情况 *（知识产权案件占民事收案数比重）	C_B-37	1.46
		文化环境 5.78%	地区百人本科以上人数	C_B-38	0.62
			地区万人科研机构数	C_B-39	0.87
			地区教育经费比重	C_B-40	1.46
			当地人居社会环境情况 *（公共事业经费支出比重）	C_B-41	1.12
			地区创新的文化发育程度 *（地区研发资金支出比重）	C_B-42	0.67
			地区文明程度 *（犯罪率）	C_B-43*	1.04

注：指标加“*”的为定性指标，序号加“*”的为反向指标

6.2　评价指标体系权重验证

美国著名经济学家罗默曾对企业技术生产函数有充分的研究成果。他认为新思想（或者新知识、新技术）的生产取决于投入研究开发的资本和劳动的数量及技术水平，并且假定生产函数为一般化的柯布–道格拉斯生产函数，最终获得了新思想（或者新知识、新技术）的生产函数：

$$A(t)/A(t)^{\theta}=B[a_kK(t)]^{\beta}[a_LL(t)]^{\gamma},\ B>0,\beta\geqslant 0,\gamma\geqslant 0 \tag{6-1}$$

其中，$\beta\geqslant 0,\gamma\geqslant 0$，为产出弹性，也可理解为产出能力系数①。

我们所构建的资源型企业创新能力评价指标体系，基于企业内生与外部环境创新要素而构建，与式（6-1）的创新效率有密切关系，但两者却并不完全等价。企业内生要素由企业控制，也就是企业的创新投入系统，而创新的外部环境要素则是企业创新的环境空间，对企业创新的激励或约束系统。当企业能够充分地利用环境空间，按照环境空间的特点安排自身的要素投入，此时外部环境空

① 戴维•罗默．高级宏观经济学．王根培译．上海：上海财经大学出版社，2004.

间则对其创新起支持作用；当企业无视环境空间的存在，自身要素投入与环境空间不匹配，外部环境空间对企业的创新作用很小。因此，必须将外部环境空间作为重要变量进行考量。企业的创新环境基本上不由企业控制，企业所能控制的仅是其投入系统，因此环境因子是企业的外生系统。但若以要素的观点来看待企业的创新环境，环境因子又是企业创新的不可或缺的要素。

由此，根据知识生产函数的一般表达可得

$$C=E^{A}\times I^{B} \tag{6-2}$$

其中，C 表示创新产出，I 表示内生性创新要素（在我们的指标体系中，其实创新投入就是内生性创新要素），A、B 表示创新能力，E 表示环境因子。

企业创新的内生要素函数和环境空间函数 I 和 E 定义为

$$I=I(h,t,c,r,i,m,y,g) \tag{6-3}$$

$$E=E(e,b,n) \tag{6-4}$$

其中，h 为人才要素，t 为技术要素，c 为资本要素，r 为自然资源要素，i 为信息要素，m 为管理要素，y 为合作创新要素，g 为引进创新要素。e 表示经济空间，b 表示地理空间，n 表示人文空间。

则企业创新函数可以写成

$$C=E(e,b,n)^{A}\times I(h,t,c,r,i,m,y,g)^{B} \tag{6-5}$$

也可写成道格拉斯生产函数形式

$$C=e^{\alpha_e}\cdot b^{\alpha_b}\cdot n^{\alpha_n}\times h^{\beta_h}\cdot t^{\beta_t}\cdot c^{\beta_c}\cdot r^{\beta_r}\cdot i^{\beta_i}\cdot m^{\beta_m}\cdot y^{\beta_y}\cdot g^{\beta_g} \tag{6-6}$$

其中，$\beta_h\geqslant 0,\beta_t\geqslant 0,\beta_c\geqslant 0,\beta_r\geqslant 0,\beta_i\geqslant 0,\beta_m\geqslant 0,\beta_y\geqslant 0,\beta_g\geqslant 0,\alpha_e\geqslant 0,\alpha_b\geqslant 0,\alpha_n\geqslant 0$。

需要说明的是，创新能力是一个复杂的系统，其不可能以某一数值来替代，应是一个有方向有大小的矢量，且以矩阵元素形式与各要素结合形成产出。在计算创新能力系数的时候，需要进行数学变换，最简单的方式就是取对数，即

$$\begin{aligned}\ln C &= \ln h^{\beta_h}\cdot t^{\beta_t}\cdot c^{\beta_c}\cdot r^{\beta_r}\cdot i^{\beta_i}\cdot m^{\beta_m}\cdot y^{\beta_y}\cdot g^{\beta_g}\cdot e^{\alpha_e}\cdot b^{\alpha_b}\cdot n^{\alpha_n}\\ &=\beta_h\ln h+\beta_t\ln t+\beta_c\ln c+\beta_r\ln r+\beta_i\ln i+\beta_m\ln m+\beta_y\ln y+\beta_g\ln g+\alpha_e\ln e+\alpha_b\ln b+\alpha_n\ln n\end{aligned} \tag{6-7}$$

通过元回归分析，我们可以得到企业创新能力系数矩阵（向量）χ 的各元素。各元素的值代表着各要素的创新贡献，也就是各结构层指标的权重。将创新系数与要素值结合便可以得到企业的创新能力指数。

$$\chi=\begin{bmatrix}\beta_h\\ \beta_t\\ \beta_c\\ \beta_r\\ \beta_i\\ \beta_m\\ \beta_y\\ \beta_g\\ \alpha_e\\ \alpha_b\\ \alpha_n\end{bmatrix},\quad \alpha_j\geqslant 0, j=h,t,\cdots,n$$

其中，l，*h*，*t*，*c*，*r*，*i*，*m*，*g*，*y*，*e*，*b*，*n* 分别代表样本企业新产品销售额，以及经熵值法所确定的权重加权获取的样本企业人才要素、技术要素、资本要素、自然资源要素、信息要素、管理要素、合作创新、引进创新，以及经济空间、地理空间、人文空间序列。

根据式（6-7），在数据可得的情况下，我们可以计算得出创新能力系数矩阵，该矩阵的中的元素分别代表着要素层的人才要素、技术要素、资本要素、自然资源要素、信息要素、管理要素、引进创新要素、合作创新要素，以及能力层的经济空间、地理空间、人文空间的权重。各元素的值可以代表各要素的创新贡献，也就是部分要素层和能力层指标的权重。通过回归获取创新系数（权重），从而实现对通过熵值法和指标逆向集结获得的权重进行验证。

通过多元回归分析，我们可以得到各要素的创新能力系数，见表 6-2。

表6-2 多元回归结果

变量	系数	标准差	*t* 检验值	概率
LOG（*t*）	0.408 954 9	0.186 643	2.191 113	0.047 7
LOG（*m*）	0.565 502 9	− 0.180 781	− 3.128 042	0.032 4
LOG（*i*）	0.193 201 8	− 0.054 682	− 3.533 503	0.002 0
LOG（*h*）	0.309 086 9	0.120 608	2.562 750	0.043 6
LOG（*c*）	0.287 673 2	0.057 163	5.032 806	0.015 4
LOG（*r*）	0.232 331 9	0.031 437	7.390 298	0.006 2
LOG（*g*）	0.223 404 4	0.052 918	4.221 690	0.015 4
LOG（*y*）	0.479 668 1	0.146 059	3.284 079	0.030 4
LOG（*e*）	1.399 686 7	− 0.408 671	− 3.425 019	0.032 7

续表

变量	系数	标准差	t 检验值	概率
LOG（b）	1.340 641 3	0.301 236	4.450 465	0.010 5
LOG（n）	1.501 101 7	− 0.246 337	− 6.093 971	0.009 7
R^2	0.970 181 3	F 检验值	145.437 5	
调整的 R^2	0.983 185 6	概率（F 检验值）	0.000 249	
D-W 值	3.057 527 7			

由此我们可以写出创新能力系数向量 χ。

$$\chi=\begin{bmatrix}0.3091\\0.4089\\0.2876\\0.2323\\0.1932\\0.5655\\0.4797\\0.2234\\1.3997\\1.3406\\1.5011\end{bmatrix}$$

能力系数向量表明各要素对于创新产出的弹性系数，也就是对创新产出的贡献度，我们可以将其理解为各要素在创新中的重要性。基于这样的思考，我们可以将向量 χ 中的各元素的百分比构成当成各要素的评价权重。$w_j=a_j/\sum\alpha_j$，$j=h,t,\cdots,n$。计算的评价权重表为

$$\chi_w=\begin{bmatrix}0.0589\\0.0815\\0.0278\\0.0446\\0.0415\\0.0335\\0.0322\\0.0691\\0.2011\\0.1932\\0.2164\end{bmatrix}$$

在内生创新子指标体系中，技术、管理、信息、人才、资本、资源、引进创新、合作创新等要素属于解释指标层。根据对回归结果的百分化处理，其权重分别为 5.89%、8.15%、2.78%、4.46%、4.15%、3.35%、3.22%、6.91%。在评价过程中我们需要得到能力层的指标权重，因此我们在要素层指标权重的基础上以逆推指标集结法，计算其上一层指标权重，得到自主性创新能力和外源性创新能力的评价权重分别为 28.79% 和 10.14%。

创新三维空间子指标体系中，经济空间、地理空间、人文空间属于能力层指标，其指标权重为 20.11%、19.32%、21.64%。对于创新三维空间子指标体系中的三级指标（经济发展、经济活力、经济结构、地理结构、地理资源、法律环境、政策环境、文化环境）的权重，按照逆推指标集结法，由观测层指标权重直接获取，这与熵值法确定权重的方法和结果一致，见表 6-3。

表6-3　多元回归计算得到的指标权重

一级指标	二级指标	三级指标
结构层	能力层	要素层
内生性创新能力（38.93%）	自主性创新能力（28.78%）	技术要素（5.89%）
		管理要素（8.15%）
		信息要素（2.78%）
		人才要素（4.46%）
		资本要素（4.15%）
		资源要素（3.35%）
	外源性创新能力（10.13%）	引进创新（3.22%）
		合作创新（6.91%）
企业创新三维空间（61.07%）	经济空间（20.11%）	—
	地理空间（19.32%）	
	人文科技（21.64%）	

通过计算，我们发现，最终内生性创新的贡献度为 38.93%，外部环境创新要素，即创新三维空间的贡献为 61.07%。将表 6-3 与表 6-1 进行比较，我们发现，通过多元回归获取的指标权重绝大多数与通过熵值法获取的指标权重是一致的，这也证实了通过熵值法确定指标权重的科学性和正确性。但在个别指标上，两种方法的计算结果存在较大差异，主要体现在技术要素和合作创新两个指标上。通过回归的方法获取的指标体系权重放大了合作创新的指标权重，缩小了技术要素、信息要素和地理空间的权重，从而导致了在结构层内生创新和创新三维

空间的权重变成了 38.93% 和 61.07%。我们认为这种差别可能来自于回归模型设立过程中的随机干扰项和计算过程中的四舍五入。从企业创新发展的规律来看，技术、信息等要素的重要性应得到充分体现，而对于资源型企业而言，地理空间的重要性也是不言而喻的。总体而言，用熵值法确定权重既符合企业内生创新与环境之间的自由能流动规律，也符合客观赋权法的一般做法。

6.3 本章小结

本章主要致力于约简后的指标体系各指标层指标的权重计算。我们采用的是客观赋权法。具体而言，又分为三种方法，即熵值法、多元回归法、指标逆向集结法。

（1）资源型企业创新能力更多地受环境的影响。研究表明，环境要素即创新三维空间要素的贡献为 61.07%；企业内生性创新要素的贡献度为 38.93%。这与专家评定的 60% 和 40% 的结果呈现出惊人的一致，再次验证了资源型企业创新更多地依赖于企业的外部环境创新要素这一基础理论研究的结论。

（2）我们的样本企业是 16 家资源型上市公司，且平均分布在中国 A 股上市资源型企业中。由于企业分布广，包含的信息较为全面，所以采用熵值法确定观测指标的权重。

（3）企业内生要素由企业控制，也就是企业的创新投入系统，而创新的外部环境要素则是企业创新的环境空间，是企业创新的激励或约束系统。我们认为当企业能够充分地利用环境空间，按照环境空间的特点安排自身要素投入时，此时外部环境空间则对其创新起支持作用；当企业无视环境空间的存在，自身要素投入与环境空间不匹配时，此时外部环境空间对企业的创新作用很小。因此，必须将外部环境空间作为重要变量进行考量。企业的创新环境基本不由企业所控制，企业所能控制的仅是其投入系统，因此环境因子是企业的外生系统。但若以要素的观点来看待企业的创新环境，环境因子又是企业创新的不可或缺的要素。因此，我们以罗默知识创新函数为基础，并加以修正，构建函数模型进行数学变换，进行回归分析，得到企业要素创新能力贡献系数矩阵，也就是要素层指标的权重。

（4）根据熵值法的步骤，分别计算可得出观测指标的权重。对于内生创新能力子系统中的结构层指标，按照下级要素层指标，以逆推指标集结法计算，得到自主性创新和外源性创新的评价权重。同理，可计算综合层指标权重。对于创新三维空间子指标体系中的要素层指标（经济发展、经济活力、经济结构、地理结构、地理资源、法律环境、政策环境、文化环境）的权重，按照下级观测指标，以逆推指标集结法先计算各指标的相互结构比，然后以经济空间、地理空间、人文空间权重进行分配。

【专栏 7】创新评价　大庆创建三级指标体系

1959 年发现，大庆油田石油产量占全国 40% 以上，累计达 21.5 亿吨。1976 ～ 2002 年实现高产稳产，在 2003 至今的稳产，创建了石油行业奇迹的历史。这都归功于坚持科技创新的成效。

通过制订关于中长期企业技术发展的规划，确定公司在技术管理和创新方面的方向，向国内外先进企业借鉴管理经验，并与公司科技改革的经验结合，逐步形成符合自身特色和发展的管理模式，对投资、资产、市场、业务、成本、队伍、组织和分配等方面进行结构优化。在制度上，以项目可行性论证、科研经费管理、科研项目监督、验收与知识产权为依据，有针对性地制定相对应的管理方法，并进行相关单位的试点工作，为最终全面推广积累实践经验。

通过主动分析自主创新过程中的瓶颈和问题，总结和归纳创新经验。有针对性地推出管理办法，保障企业创新能力的提升。随着企业经营活动的项目化，企业创新水平的评价需要参照企业项目管理水平。为了保障企业发展，提高管理水平，大庆油田进行了项目管理改革。大庆油田通过推行大项目管理，各院、厂相应成立项目组，直接对口项目经理部，并围绕其设计室内评价、采油工程、地面工程、开发规律和现场实施项目组。缩短了工作流程，组织过程实现了扁平化。

通过粗糙集理论进行相关性刻画，从时间出发，构建评价大庆油田自主创新能力的指标体系。依据不同层次的各个指标的相互联系和依存度进行统计的指标集合，是企业评价其自主创新能力的基础和依据。基于大庆油田能源型工业企业的本质属性，以现有国内外企业自主创新能力体系研究成果为起始点，遵循实用性和科学性相结合的体系建立原则，设立了创新队伍，科研成果、技术研发投入和经济绩效四个一级指标，并以此为据分别设立了二、三级指标，保证创新指标的实现。

企业自主创新的关键核心地位的技术创新，为企业可持续性、长期的发展提供源动力。因此，在企业创新体系中，从研发费用（内部，合作）和技术引进费用两个方面，来测度企业对于自主创新的重视程度和实施力度。

通过对企业所持有国内外各等级科研成果和授权专利进行量化测度，来反映企业自主创新和将知识转化为生产力的能力。

通过各级研究机构、相关专业院校和技术中介结构的产学研一体化，来推动汇聚企业各种层级和功能的科研成果，并根据企业自身性质和发展战略，进行知识的学习、融合和转化，从而提高生产效率。

经济绩效考核。企业通过自主创新将知识转化为实际生产力，求得生存，进而谋求可持续性稳步发展。企业良好的发展，加强了对创新的重视与投入，使企业进入了良性循环，有利于企业获得市场竞争优势。

大庆油田通过在管理、制度上对科技创新的保障和激励，营造了促进知识学习和流动的良好氛围，为产生、实施与推广领先于世界先进水平的科技提供了前提。

（贵州大学　孔春研硕士）

第七章　评价指标体系的评价标准

7.1　资源型企业创新能力的模拟标杆企业

对企业创新能力进行考核的难点是考核标准的制定，一般情况是依据国家有关规定，制定企业的考核标准。由于如何建立企业创新能力评价指标体系，在全国还处于研究阶段，国家还没有制定相关的规定，也没有相应的指标体系进行参考。我们的研究方法就是对全国的创新型典型企业进行重点调查（以上市资源型企业为总样本，以年利润率为条件均匀选择若干企业作为替代样本），把企业在某些指标上能够达到的最高指标要求，作为标杆企业的最好指标。若干个企业最好指标的集合，就看成是考核标杆企业的最高指标；若干个企业最差指标的集合，就看成是考核标杆企业的最低指标。将最优企业与最差企业的总分按照等分法分成若干等级，便可将连续的得分值划分成若干个离散的档次，从而起到直观评价的目的。按照惯例，我们采取四分法，将资源型企业创新能力分成优、良、中、差四个等级。

科学研究表明，人类对客观存在的认识只能是相对正确的，任何科学研究成果都是具体的、历史的统一。我们假设指标体系中的观测指标具有相对静止性。我们的数据基础是某一时间点的数据，在该时刻下，该指标能够反映一定权重的创新能力，但在另一个时刻所反映的创新能力的权重将发生变化。我们假设在短时间内该动态性为零。

从客观角度看，我们的假设是合理的，模拟的标杆企业也是在现阶段最好或最差的。我们也知道，经济发展呈现阶段性特征，在现阶段这些指标可能能够代表最优或最差的企业，随着经济发展，资源配置效益的提高，整体上企业创新能力指标都有可能提升，标杆企业的指标极值将发生变化。但在一定阶段内，我们认为这些指标还是相对不变的，我们仍可以以上述 16 家企业为样本构建标杆企业。

循着这个思路，我们给出了样本企业各指标的极小值及其对应的企业，也就是模拟最差标杆企业，见表 7-1。

表7-1　样本企业各指标最差值及其对应的企业

指标	极小值	企业	指标	极小值	企业	指标	极小值	企业
C_A-01	0.05	昊华能源	C_A-19	0.06	吉恩镍业	C_A-37	17.00	云海金属
C_A-02	0.01	中国石油	C_A-20	0.90	炼石有色 沙钢股份	C_A-38	10.00	金钼股份 东华能源 云海金属 沙钢股份 吉恩镍业
C_A-03	5.00	开滦股份	C_A-21	90.00	炼石有色	C_A-39	0.00	
C_A-04	315	中国铝业	C_A-22	94.00	炼石有色	C_A-40	15.00	科恒股份
C_A-05	0.01	吉恩镍业	C_A-23	1.50	沙钢股份	C_A-41	0.00	科恒股份 金钼股份 云海金属 中国铝业 吉恩镍业
C_A-06	0.04	中国铝业	C_A-24	2.24	金钼股份	C_A-42	5.10	冀中能源
C_A-07	0.02	中国石油	C_A-25	1.50	沙钢股份	C_A-43	0.04	山煤国际
C_A-08$^{\times}$	13.40	创兴资源	C_A-26	2.80	沙钢股份	C_A-44	0.02	山煤国际 云海金属
C_A-09	5.00	中国石油	C_A-27	1.00	吉恩镍业	C_A-45	0.05	山煤国际
C_A-10	26.00	沙钢股份	C_A-28	10.00	科恒股份	C_A-46	0.01	山煤国际
C_A-11	14.00	开滦股份	C_A-29	33.07	吉恩镍业	C_A-47	7.00	东华能源
C_A-12	1.27	东华能源	C_A-30*	1.00	创兴资源 科恒股份 冀中能源 吉恩镍业	C_B-01	31357	山煤国际
C_A-13	8.20	金钼股份	C_A-31	8.00	河北钢铁	C_B-02	7.30	昊华能源
C_A-14	5.19	创兴资源	C_A-32	12.67	山煤国际	C_B-03	15 411	吉恩镍业
C_A-15	3.06	沙钢股份	C_A-33	1.89	沙钢股份	C_B-04	1.00	创兴资源
C_A-16	5.43	金钼股份	C_A-34	105	中国铝业	C_B-05	8.00	昊华能源
C_A-17	4.00	创兴资源	C_A-35	1.20	沙钢股份	C_B-06	9551	冀中能源 开滦股份 河北钢铁
C_A-18	1.09	金钼股份	C_A-36	1.00	吉恩镍业	C_B-07	25.85	创兴资源

续表

指标	极小值	企业	指标	极小值	企业	指标	极小值	企业
CB-08	0.88	开滦股份	CB-20	0.00	创兴资源	CB-32	0.49	冀中能源 开滦股份 河北钢铁
CB-09	0.68	鄂尔多斯	CB-21	0.00	中国石油	CB-33*	—	—
CB-10	24.00	鄂尔多斯	CB-22	1.79	鄂尔多斯	CB-34	39.00	昊华能源
CB-11	0.28	鄂尔多斯	CB-23	4.01	科恒股份	CB-35	11.00	昊华能源
CB-12	0.46	昊华能源	CB-24	45.60	冀中能源 开滦股份 河北钢铁	CB-36	1.17	吉恩镍业
CB-13	2.27	鄂尔多斯	CB-25	1.00	炼石有色 金钼股份 鄂尔多斯 山煤国际	CB-37	0.60	鄂尔多斯
CB-14	—	—	CB-26	0.57	冀中能源 中国石油 开滦股份 河北钢铁 中国铝业	CB-38	100	中国石油
CB-15×	0.30	昊华能源	CB-27	1.00	创兴资源 昊华能源 科恒股份 冀中能源 开滦股份 东华能源 云海金属 河北钢铁 沙钢股份	CB-39	0.12	冀中能源 鄂尔多斯 开滦股份 河北钢铁
CB-16×	2.12	创兴资源 东华能源 云海金属 沙钢股份	CB-28	20.00	鄂尔多斯	CB-40	11.26	创兴资源
CB-17×	0.31	昊华能源	CB-29	0.34	鄂尔多斯	CB-41	6.03	创兴资源
CB-18	0.34	金钼股份	CB-30	0.00	山煤国际	CB-42	0.81	中国铝业
CB-19	10.00	鄂尔多斯	CB-31	0.24	冀中能源 开滦股份 河北钢铁	CB-43*	14	昊华能源

注：其中数据为根据原始数据进行标准化后的数据；* 为正向指标，× 为反向指标

表 7-1 模拟了最差的标杆企业，这个最差标杆企业的指标是靠我们能够找到的若干企业的最差的一个或数个最差指标集成的，或者说是理想中的最差企业，但是又是可能存在的，当指标体系中的 90 个指标同时达到最差值（或者最差情况）时，这个企业就是所有资源型企业中创新能力最差的一个，由它确定了企业创新能力的下限值。

同理，我们可以寻找到最优模拟标杆企业，见表 7-2。

表7-2　样本企业各指标最优值及其对应的企业

指标	极大值	企业	指标	极大值	企业	指标	极大值	企业
C_A-01	4.54	科恒股份	C_A-19	0.90	冀中能源 中国石油 中国铝业	C_A-37	36.00	中国石油
C_A-02	3.98	科恒股份	C_A-20	1.50	冀中能源 中国石油 开滦股份 中国铝业	C_A-38*	100.0	中国石油 河北钢铁 中国铝业
C_A-03	47.00	科恒股份	C_A-21	100.0	创兴资源 昊华能源 科恒股份 冀中能源 金钼股份 中国石油 鄂尔多斯 开滦股份 东华能源 云海金属 河北钢铁 沙钢股份 中国铝业	C_A-39*	—	—
						C_A-40*	26.00	中国石油
C_A-04	2 450.00	昊华能源	C_A-22	100.0	创兴资源 昊华能源 科恒股份 冀中能源 金钼股份 中国石油 鄂尔多斯 开滦股份 东华能源 云海金属 河北钢铁 沙钢股份 中国铝业	C_A-41*	1.00	昊华能源 冀中能源 开滦股份 东华能源 山煤国际 河北钢铁 沙钢股份
						C_A-42*	20.60	科恒股份
C_A-05	1.20	科恒股份	C_A-23	7.90	科恒股份	C_A-43	18.43	冀中能源
C_A-06	0.95	开滦股份	C_A-24	4.21	河北钢铁	C_A-44	7.75	河北钢铁
C_A-07	6.83	炼石有色	C_A-25	5.00	创兴资源 昊华能源 科恒股份	C_A-45	19.90	冀中能源
C_A-08$^{\times}$	28.30	金钼股份	C_A-26	9.00	创兴资源 中国石油	C_A-46	4.31	科恒股份
C_A-09$^{\times}$	14.00	吉恩镍业	C_A-27	6.00	鄂尔多斯	C_A-47	13.00	昊华能源 河北钢铁
C_A-10$^{\times}$	47.20	开滦股份	C_A-28	16.00	河北钢铁	C_B-01	82 560	创兴资源
C_A-11	35.00	科恒股份	C_A-29	61.12	河北钢铁	C_B-02	19.00	鄂尔多斯
C_A-12	8.97	冀中能源	C_A-30*	4.00	中国石油	C_B-03	31 838	创兴资源
C_A-13	18.05	河北钢铁	C_A-31	15.00	云海金属	C_B-04	26.00	山煤国际
C_A-14	25.01	中国石油	C_A-32	21.65	中国石油	C_B-05	15.00	鄂尔多斯
C_A-15	14.98	科恒股份	C_A-33	8.00	科恒股份	C_B-06	35 439	创兴资源
C_A-16	15.28	河北钢铁	C_A-34	268.00	创兴资源 昊华能源 沙钢股份	C_B-07	76.11	炼石有色 金钼股份
C_A-17	58.00	中国石油	C_A-35	4.00	创兴资源 科恒股份	C_B-08	3.66	东华能源 云海金属 沙钢股份
C_A-18	3.06	河北钢铁	C_A-36	6.00	昊华能源			

续表

指标	极大值	企业	指标	极大值	企业	指标	极大值	企业
C_B-09	7.06	昊华能源	C_B-21	0.006 5	鄂尔多斯	C_B-33*	—	—
C_B-10	395.00	科恒股份	C_B-22	6.67	创兴资源	C_B-34	50.00	科恒股份
C_B-11	0.42	昊华能源	C_B-23	21.25	昊华能源	C_B-35	22.00	科恒股份
C_B-12	1.76	山煤国际	C_B-24	89.30	创兴资源	C_B-36	11.10	冀中能源 开滦股份 河北钢铁
C_B-13	44.31	科恒股份	C_B-25	3.00	创兴资源 昊华能源 科恒股份 冀中能源 开滦股份 东华能源 云海金属 河北钢铁 沙钢股份	C_B-37	1.15	科恒股份
C_B-14	—	—	C_B-26	1.33	吉恩镍业	C_B-38	291.24	昊华能源
C_B-15*	1.68	山煤国际	C_B-27	3.00	炼石有色 金钼股份 鄂尔多斯 山煤国际	C_B-39	2.87	昊华能源
C_B-16*	3.45	炼石有色 金钼股份	C_B-28	2640.00	创兴资源	C_B-40	15.97	开滦股份
C_B-17*	0.78	鄂尔多斯	C_B-29	3.53	昊华能源	C_B-41	12.03	科恒股份 东华能源 沙钢股份
C_B-18*	0.65	科恒股份	C_B-30	0.011 2	创兴资源	C_B-42	5.64	昊华能源
C_B-19	31.00	创兴资源	C_B-31	1.49	昊华能源	C_B-43*	25.00	科恒股份
C_B-20	0.003 0	中国铝业	C_B-32	1.67	创兴资源			

注：其中数据为根据原始数据进行标准化后的数据；* 为正向指标，× 为反向指标

表 7-2 模拟了最优的标杆企业。这个最优标杆企业的指标是靠我们能够找到的若干企业的最好的一个或数个最好指标集成的，或者说是理想中的最优企业，但是又是可能实现的，当指标体系中的 90 个指标同时达到最大值（或者最好情况）时，这个企业就是所有资源型企业中创新能力最强的一个，由它确定了企业创新能力的上限值。

7.2 评价等级标准的确定

一般而言，对于评价指标体系需要对其评价结果进行登记划分。其综合评价结果落在某一特定区域时，我们便认定其为某等级的综合评价。在我们的研

究中，将所评价的资源型企业的创新能力水平进行定性描述，按照综合评价结果的值域，以某种特定规则划分为若干个层次。我们用了九分法、五分法、四分法、三分法等。

评价等级标准划分的步骤：①综合评价值域的确定；②选择某种分布函数划分值域区间；③等级层次数量确定。

虽然，通过检索原始数据，可以获得每个指标上的最大值和最小值，也就是最优和最差标杆指标值，将 90 个指标合起来，便可得到模拟的理想标杆企业。但是，再往下获得综合得分和划分评价等级的时候，将遇到困难，由于各指标的单位不统一，无法获得有意义的综合得分，且等级也无从划分。所以，我们在表 7-2 的基础上，将各观测指标的数值进行标准化去量纲，最后获得综合得分，并划分等级。

原始数据标准化公式为

$$x_{ij}=\frac{x'_{ij}-\min\left|x'_{ij}\right|}{\max\left|x'_{ij}\right|-\min\left|x'_{ij}\right|}\times 100$$

显然，上式的取值范围为 $0 \leqslant x_{ij} \leqslant 100$。

本书选择了 16 家资源型企业作为中国资源型企业的代表样本，获取了 90 个指标的原始数据，在此基础上，采用归一法将原始数据标准化去量纲（放大 100 倍）。因此，表 7-1 中的极小值均为 0；表 7-2 中的极大值均为 100。所有企业的原始数据通过标准化处理，变成可比较的序列，在单个指标上，各企业的标准化数据是连续的。对于极小值“0”，意味着在可比较情况下，某企业在该指标的数值最小，从而被抽象为在该指标上没有影响，这只是模拟标杆企业过程中的抽象处理，对于模拟标杆企业的构建具有积极意义（现实中，所有指标的数值均为 0，或者大部分数值为 0 的企业并不存在，若真的存在，这样的企业其创新能力也没有必要去评价了）。

将标准化后的数据表与表 6-1 的指标体系权重表结合起来，便可以获得资源型企业创新能力各级指标的综合指数极值。

7.2.1 观测层评价等级标准划分

若 x_j 为某企业第 j 项内生性创新指标的标准化值，按照标准化数据的处理，已知各指标的取值范围为 $0 \leqslant x_{ij} \leqslant 100$，即最大值为 100，最小值为 0，见表 7-3。

表7-3 观测层指标值域

四级指标	序号	权重 /%	值域
观测指标层			
专利及科技成果相对数	C_A-01	2.15	0~100
获奖成果相对数	C_A-02	1.13	0~100
千人研发人员拥有专利数量	C_A-03	1.18	0~100
千人研发人员拥有论文数量	C_A-04	2.10	0~100
企业科技机构相对数	C_A-05	2.26	0~100
企业仪器设备采购强度	C_A-06	1.62	0~100
企业 R&D 项目相对数	C_A-07	0.69	0~100
理论与技术导入能力*（新聘员工培训时间）	C_A-08*	1.47	0~100
工艺技术手段完备情况*（企业外包业务环节比重）	C_A-09*	0.62	0~100
自动化生产水平*（生产线员工比重）	C_A-10*	0.59	0~100
企业创新激励机制建设水平（研发人员劳务支出比重）	C_A-11	1.26	0~100
企业管理费用比重	C_A-12	2.38	0~100
企业创新战略目标的清晰程度*（新产品研发成功率）	C_A-13	1.03	0~100
创新战略有效性*（新产品企业市场份额）	C_A-14	0.64	0~100
创新机制的有效性*（新产品销售收入比重）	C_A-15	0.89	0~100
科技体系与创新载体情况*（负责创新的部门机构经费比）	C_A-16	0.65	0~100
管理人员创新意识*（百名管理人员关于管理改革提案数）	C_A-17	0.71	0~100
信息采集和管理能力*（企业管理信息系统费用支出比重）	C_A-18	0.67	0~100
企业人均邮电业务总量	C_A-19	0.42	0~100
企业人均移动电话数量	C_A-20	0.55	0~100
宽带覆盖率	C_A-21	0.52	0~100
微机覆盖率	C_A-22	0.55	0~100
信息技术投入增长率	C_A-23	0.55	0~100
情报部门投入经费比重	C_A-24	1.81	0~100
企业工程技术员工比重	C_A-25	0.74	0~100
企业科技活动人员比重	C_A-26	0.48	0~100
员工培训和学习频度	C_A-27	0.53	0~100
研发人员的年总收入增长率	C_A-28	0.74	0~100
研发人员观念素质*（本科学历人员比重）	C_A-29	0.80	0~100
研发人员忠诚度*（年离职率，反向指标）	C_A-30*	0.57	0~100
研发人员满意度*（年收入增长率）	C_A-31	0.70	0~100
研发人员晋升制度的完善程度*（管理层人员由企业自身培养的研发人员比重）	C_A-32	0.85	0~100
企业研发支出经费比率	C_A-33	0.94	0~100
资本创新效率（专利产出效率）	C_A-34	0.60	0~100

续表

四级指标 观测指标层	序号	权重 /%	值域
研发人员投入比重	*CA*-35	0.84	0~100
研发设备投入比重	*CA*-36	0.74	0~100
外部科研经费筹集能力	*CA*-37	1.44	0~100
企业资源型企业的国家控制程度*（国有或集体股份比重）	*CA*-38*	0.60	0~100
企业资源禀赋优势*（企业资源占国家该资源总量的比重）	*CA*-39*	0.70	0~100
市场准入门槛*（进入该资源市场所需政府批文数量）	*CA*-40*	0.64	0~100
资源替代品多寡*（根据很容易被替代、容易被替代、不容易被替代，分别赋以 1、0.5、0）	*CA*-41*	0.54	0~100
企业国际资源获取门槛*（资源进口单价年增长率）	*CA*-42*	0.64	0~100
企业技术引进费用占比	*CA*-43	0.55	0~100
企业国内技术购买费用占比	*CA*-44	0.73	0~100
企业技术引进合同金额占比	*CA*-45	2.67	0~100
企业消化吸收经费占比	*CA*-46	0.66	0~100
产、学、研合作比率	*CA*-47	0.91	0~100
地区人均国内生产总值	*CB*-01	0.60	0~100
地区人均工业增加值	*CB*-02	0.81	0~100
地区人均可支配收入	*CB*-03	2.82	0~100
地区经济发展全国排名	*CB*-04	0.75	0~100
地区经济发展潜力*（GDP 增长率）	*CB*-05	1.48	0~100
地区人均居民消费水平	*CB*-06	0.57	0~100
地区全社会固定资产投资	*CB*-07	0.89	0~100
地区实际使用外资与 GDP 之比	*CB*-08	0.59	0~100
地区金融机构资金信贷合计与 GDP 之比	*CB*-09	0.71	0~100
地区上市公司比重	*CB*-10	1.86	0~100
地区社会零售商品总额与 GDP 之比	*CB*-11	0.56	0~100
地区能源消耗总量与 GDP 之比	*CB*-12	0.55	0~100
地区创新型企业的发展程度*（高新技术企业产出占 GDP 比）	*CB*-13	2.77	0~100
地区创新产品市场容量	*CB*-14	1.94	0~100
地区第二、第三产业比重	*CB*-15*	2.72	0~100
地区城乡居民收入比	*CB*-16*	0.77	0~100
地区市场集中程度*（反向指标，各产业 GDP 贡献的离散程度，方差表示）	*CB*-17*	0.93	0~100
地区贫富差距*（反向指标，基尼系数）	*CB*-18*	0.57	0~100
地区经济规模效应*（GDP 贡献最大的行业在 GDP 中的比重）	*CB*-19	1.22	0~100
地区人均公路里程	*CB*-20	0.78	0~100
地区人均铁路营业里程	*CB*-21	0.55	0~100
地区高速公路比重	*CB*-22	2.12	0~100
地区每万人拥有公共交通数量	*CB*-23	2.32	0~100

续表

四级指标 观测指标层	序号	权重 /%	值域
地区城镇化发展水平	C_B-24	1.06	0~100
地区地理区位优势*（所处地区档次分为东部沿海城市、东部不沿海城市、中部中心城市、中部非重点城市、西部中心城市、西部非中心城市等，不同档次区位将被赋予不同的数值）	C_B-25	0.76	0~100
地区电力生产消费比	C_B-26	1.30	0~100
地区资源丰度	C_B-27	1.01	0~100
地区人居自然环境*（人口密度）	C_B-28	0.89	0~100
地区金融支持环境*（地区金融机构贷款余额与 GDP 之比）	C_B-29	1.90	0~100
地区人均行政诉讼案件	C_B-30	1.68	0~100
地区人均税收收入	C_B-31	0.59	0~100
地区人均财政支出	C_B-32	1.30	0~100
地区政府廉洁水平*（三公经费比重）	C_B-33*	2.24	0~100
地区法院人均收案	C_B-34	1.64	0~100
地区刑事犯罪人数比重	C_B-35	2.46	0~100
地区律师数比重	C_B-36	2.00	0~100
地区技术创新成果保护法的完善与实施情况*（知识产权案件占民事收案数比重）	C_B-37	1.46	0~100
地区百人本科以上人数	C_B-38	0.62	0~100
地区万人科研机构数	C_B-39	0.87	0~100
地区教育经费比重	C_B-40	1.46	0~100
当地人居社会环境情况*（公共事业经费支出比重）	C_B-41	1.12	0~100
地区创新的文化发育程度*（地区研发资金支出比重）	C_B-42	0.67	0~100
地区文明程度*（犯罪率）	C_B-43*	1.04	0~100

注：指标加“*”的为定性指标，序号加“*”的为反向指标

按照惯例，我们将各创新能力指标划分为 4 个档次，即优、良、中、差，并且假设各档次在资源型企业创新能力指数值域上服从均匀分布。将资源型企业创新能力指数值域划分为四个区间，落在第四个区间（75,100] 的为优，落在第三个区间（50,75] 的为良，落在第二个区间（25,50] 的为中，落在第一个区间 [0,25] 的为差，划分标准见表 7-4。

表7-4　观测层指标等级划分

四级指标 观测指标层	序号	差	中	良	优
专利及科技成果相对数	C_A-01	0~25	25~50	50~75	75~100
获奖成果相对数	C_A-02	0~25	25~50	50~75	75~100
千人研发人员拥有专利数量	C_A-03	0~25	25~50	50~75	75~100
千人研发人员拥有论文数量	C_A-04	0~25	25~50	50~75	75~100

续表

四级指标 观测指标层	序号	差	中	良	优
企业科技机构相对数	CA-05	0~25	25~50	50~75	75~100
企业仪器设备采购强度	CA-06	0~25	25~50	50~75	75~100
企业 R&D 项目相对数	CA-07	0~25	25~50	50~75	75~100
理论与技术导入能力*（新聘员工培训时间）	CA-08*	0~25	25~50	50~75	75~100
工艺技术手段完备情况*（企业外包业务环节比重）	CA-09*	0~25	25~50	50~75	75~100
自动化生产水平*（生产线员工比重）	CA-10*	0~25	25~50	50~75	75~100
企业创新激励机制建设水平（研发人员劳务支出比重）	CA-11	0~25	25~50	50~75	75~100
企业管理费用比重	CA-12	0~25	25~50	50~75	75~100
企业创新战略目标的清晰程度*（新产品研发成功率）	CA-13	0~25	25~50	50~75	75~100
创新战略有效性*（新产品企业市场份额）	CA-14	0~25	25~50	50~75	75~100
创新机制的有效性*（新产品销售收入比重）	CA-15	0~25	25~50	50~75	75~100
科技体系与创新载体情况*（负责创新的部门机构经费比）	CA-16	0~25	25~50	50~75	75~100
管理人员创新意识*（百名管理人员关于管理改革提案数）	CA-17	0~25	25~50	50~75	75~100
信息采集和管理能力*（企业管理信息系统费用支出比重）	CA-18	0~25	25~50	50~75	75~100
企业人均邮电业务总量	CA-19	0~25	25~50	50~75	75~100
企业人均移动电话数量	CA-20	0~25	25~50	50~75	75~100
宽带覆盖率	CA-21	0~25	25~50	50~75	75~100
微机覆盖率	CA-22	0~25	25~50	50~75	75~100
信息技术投入增长率	CA-23	0~25	25~50	50~75	75~100
情报部门投入经费比重	CA-24	0~25	25~50	50~75	75~100
企业工程技术员工比重	CA-25	0~25	25~50	50~75	75~100
企业科技活动人员比重	CA-26	0~25	25~50	50~75	75~100
员工培训和学习频度	CA-27	0~25	25~50	50~75	75~100
研发人员的年总收入增长率	CA-28	0~25	25~50	50~75	75~100
研发人员观念素质*（本科学历人员比重）	CA-29	0~25	25~50	50~75	75~100
研发人员忠诚度*（年离职率，反向指标）	CA-30*	0~25	25~50	50~75	75~100
研发人员满意度*（年收入增长率）	CA-31	0~25	25~50	50~75	75~100
研发人员晋升制度的完善程度*（管理层人员由企业自身培养的研发人员比重）	CA-32	0~25	25~50	50~75	75~100
企业研发支出经费比率	CA-33	0~25	25~50	50~75	75~100
资本创新效率（专利产出效率）	CA-34	0~25	25~50	50~75	75~100
研发人员投入比重	CA-35	0~25	25~50	50~75	75~100
研发设备投入比重	CA-36	0~25	25~50	50~75	75~100
外部科研经费筹集能力	CA-37	0~25	25~50	50~75	75~100
企业资源型企业的国家控制程度*（国有或集体股份比重）	CA-38*	0~25	25~50	50~75	75~100
企业资源禀赋优势*（企业资源占国家该资源总量的比重）	CA-39*	0~25	25~50	50~75	75~100

续表

四级指标 观测指标层	序号	差	中	良	优
市场准入门槛*（进入该资源市场所需政府批文数量）	C_A-40*	0~25	25~50	50~75	75~100
资源替代品多寡*（根据很容易被替代、容易被替代、不容易被替代，分别赋以 1、0.5、0）	C_A-41*	0~25	25~50	50~75	75~100
企业国际资源获取门槛*（资源进口单价年增长率）	C_A-42*	0~25	25~50	50~75	75~100
企业技术引进费用占比	C_A-43	0~25	25~50	50~75	75~100
企业国内技术购买费用占比	C_A-44	0~25	25~50	50~75	75~100
企业技术引进合同金额占比	C_A-45	0~25	25~50	50~75	75~100
企业消化吸收经费占比	C_A-46	0~25	25~50	50~75	75~100
产、学、研合作比率	C_A-47	0~25	25~50	50~75	75~100
地区人均国内生产总值	C_B-01	0~25	25~50	50~75	75~100
地区人均工业增加值	C_B-02	0~25	25~50	50~75	75~100
地区人均可支配收入	C_B-03	0~25	25~50	50~75	75~100
地区经济发展全国排名	C_B-04	0~25	25~50	50~75	75~100
地区经济发展潜力*（GDP 增长率）	C_B-05	0~25	25~50	50~75	75~100
地区人均居民消费水平	C_B-06	0~25	25~50	50~75	75~100
地区全社会固定资产投资	C_B-07	0~25	25~50	50~75	75~100
地区实际使用外资与 GDP 之比	C_B-08	0~25	25~50	50~75	75~100
地区金融机构资金信贷合计与 GDP 之比	C_B-09	0~25	25~50	50~75	75~100
地区上市公司比重	C_B-10	0~25	25~50	50~75	75~100
地区社会零售商品总额与 GDP 之比	C_B-11	0~25	25~50	50~75	75~100
地区能源消耗总量与 GDP 之比	C_B-12	0~25	25~50	50~75	75~100
地区创新型企业的发展程度*（高新技术企业产出占 GDP 比）	C_B-13	0~25	25~50	50~75	75~100
地区创新产品市场容量	C_B-14	0~25	25~50	50~75	75~100
地区第二、第三产业比重	C_B-15*	0~25	25~50	50~75	75~100
地区城乡居民收入比	C_B-16*	0~25	25~50	50~75	75~100
地区市场集中程度*（反向指标，各产业 GDP 贡献的离散程度，方差表示）	C_B-17*	0~25	25~50	50~75	75~100
地区贫富差距*（反向指标，基尼系数）	C_B-18*	0~25	25~50	50~75	75~100
地区经济规模效应*（GDP 贡献最大的行业在 GDP 中的比重）	C_B-19	0~25	25~50	50~75	75~100
地区人均公路里程	C_B-20	0~25	25~50	50~75	75~100
地区人均铁路营业里程	C_B-21	0~25	25~50	50~75	75~100
地区高速公路比重	C_B-22	0~25	25~50	50~75	75~100
地区每万人拥有公共交通数量	C_B-23	0~25	25~50	50~75	75~100
地区城镇化发展水平	C_B-24	0~25	25~50	50~75	75~100
地区地理区位优势*（所处地区档次分为东部沿海城市、东部不沿海城市、中部中心城市、中部非重点城市、西部中心城市、西部非中心城市等，不同档次区位将被赋予不同的数值）	C_B-25	0~25	25~50	50~75	75~100
地区电力生产消费比	C_B-26	0~25	25~50	50~75	75~100

续表

四级指标 观测指标层	序号	差	中	良	优
地区资源丰度	C_B-27	0~25	25~50	50~75	75~100
地区人居自然环境*（人口密度）	C_B-28	0~25	25~50	50~75	75~100
地区金融支持环境*（地区金融机构贷款余额与 GDP 之比）	C_B-29	0~25	25~50	50~75	75~100
地区人均行政诉讼案件	C_B-30	0~25	25~50	50~75	75~100
地区人均税收收入	C_B-31	0~25	25~50	50~75	75~100
地区人均财政支出	C_B-32	0~25	25~50	50~75	75~100
地区政府廉洁水平*（三公经费比重）	C_B-33*	0~25	25~50	50~75	75~100
地区法院人均收案	C_B-34	0~25	25~50	50~75	75~100
地区刑事犯罪人数比重	C_B-35	0~25	25~50	50~75	75~100
地区律师数比重	C_B-36	0~25	25~50	50~75	75~100
地区技术创新成果保护法的完善与实施情况*（知识产权案件占民事收案数比重）	C_B-37	0~25	25~50	50~75	75~100
地区百人本科以上人数	C_B-38	0~25	25~50	50~75	75~100
地区万人科研机构数	C_B-39	0~25	25~50	50~75	75~100
地区教育经费比重	C_B-40	0~25	25~50	50~75	75~100
当地人居社会环境情况*（公共事业经费支出比重）	C_B-41	0~25	25~50	50~75	75~100
地区创新的文化发育程度*（地区研发资金支出比重）	C_B-42	0~25	25~50	50~75	75~100
地区文明程度*（犯罪率）	C_B-43*	0~25	25~50	50~75	75~100

注：指标加“*”的为定性指标，序号加“*”的为反向指标

7.2.2　要素层评价等级标准划分

将观测层指标的指数最大值与其权重相乘，并逆推集结便可得到其要素层指标的最大值，即若 x_j 为某企业第 j 项内生性创新指标的标准化值，因此有

$$\max(\text{INDEX}_t)=\sum_{j=1}^{m} w_j \times x_j=13.81,\quad j=1,2,\cdots,11$$

$$\max(\text{INDEX}_m)=\sum_{j=1}^{m} w_j \times x_j=8.23,\quad j=12,13,\cdots,18$$

$$\max(\text{INDEX}_i)=\sum_{j=1}^{m} w_j \times x_j=4.4,\quad j=19,20,\cdots,24$$

$$\max(\text{INDEX}_h)=\sum_{j=1}^{m} w_j \times x_j=5.41,\quad j=25,26,\cdots,32$$

$$\max(\text{INDEX}_c)=\sum_{j=1}^{m} w_j \times x_j=4.56,\quad j=33,34,\cdots,37$$

$$\max(\text{INDEX}_r)=\sum_{j=1}^{m}w_j\times x_j=3.12,\quad j=38,39,\cdots,42$$

$$\max(\text{INDEX}_g)=\sum_{j=1}^{m}w_j\times x_j=3.95,\quad j=43,44,45$$

$$\max(\text{INDEX}_y)=\sum_{j=1}^{m}w_j\times x_j=1.57,\quad j=46,47$$

若 x_j 为某企业第 i 项外部环境创新要素指标的标准化值，有

$$\max(\text{INDEX}_{\text{经济发展}})=\sum_{i=1}^{m}w_i\times x_i=6.46,\quad i=1,2,\cdots,5$$

$$\max(\text{INDEX}_{\text{经济活力}})=\sum_{i=1}^{m}w_i\times x_i=10.44,\quad i=6,7,\cdots,14$$

$$\max(\text{INDEX}_{\text{经济结构}})=\sum_{i=1}^{m}w_i\times x_i=6.21,\quad i=15,16,\cdots,19$$

$$\max(\text{INDEX}_{\text{地理结构}})=\sum_{i=1}^{m}w_i\times x_i=5.59,\quad i=20,21,\cdots,25$$

$$\max(\text{INDEX}_{\text{环境资源}})=\sum_{i=1}^{m}w_i\times x_i=5.1,\quad i=26,27,\cdots,29$$

$$\max(\text{INDEX}_{\text{政策环境}})=\sum_{i=1}^{m}w_i\times x_i=5.81,\quad i=30,31,\cdots,33$$

$$\max(\text{INDEX}_{\text{法律环境}})=\sum_{i=1}^{m}w_i\times x_i=7.56,\quad i=34,35,\cdots,37$$

$$\max(\text{INDEX}_{\text{文化环境}})=\sum_{i=1}^{m}w_i\times x_i=5.78,\quad i=38,39,\cdots,43$$

因此，可计算要素层指标的值域，见表 7-5。

表7-5　要素层指标值域

三级指标		
要素层指标	权重 /%	值域
技术要素	13.81	0 ～ 13.81
管理要素	8.23	0 ～ 8.23
信息要素	4.40	0 ～ 4.4
人才要素	5.41	0 ～ 5.41
资本要素	4.56	0 ～ 4.56
资源要素	3.12	0 ～ 3.12
引进创新	3.95	0 ～ 3.95
合作创新	1.57	0 ～ 1.57

续表

三级指标		
要素层指标	权重 /%	值域
经济发展	6.46	0 ～ 6.46
经济活力	10.44	0 ～ 10.44
经济结构	6.21	0 ～ 6.21
地理结构	7.59	0 ～ 7.59
环境资源	5.10	0 ～ 5.1
政策环境	5.81	0 ～ 5.81
法律环境	7.56	0 ～ 7.56
文化环境	5.78	0 ～ 5.78

按照惯例，我们将企业创新能力要素层指标也划分为四个档次，即“优”“良”“中”“差”，并且假设各档次在要素层指数值域上服从均匀分布，划分标准见表 7-6。

对于技术要素，落在区间（10.36,13.81] 的为“优”，落在区间（6.91，10.36] 的为“良”,落在区间(3.45，6.91] 的为“中”,落在区间 [0，3.45] 的为“差”。

对于管理要素，落在区间（6.17，8.23] 的为“优”，落在区间（4.12，6.17] 的为“良”，落在区间（2.06，4.12] 的为“中”，落在区间 [0，2.06] 的为“差”。

对于信息要素，落在区间（3.30，4.40] 的为“优”，落在区间（2.20，3.30] 的为“良”，落在区间（1.10，2.20] 的为“中”，落在区间 [0，1.10] 的为“差”。

对于人才要素，落在区间（4.06，5.41] 的为“优”，落在区间（2.71，4.06] 的为“良”，落在区间（1.35，2.71] 的为“中”，落在区间 [0，1.35] 的为“差”。

对于资本要素，落在区间（3.42 ～ 4.56] 的为“优”，落在区间（2.28 ～ 3.42] 的为“良”，落在区间（1.14 ～ 2.28] 的为“中”，落在区间 [0 ～ 1.14] 的为“差”。

对于资源要素，落在区间（2.34，3.12] 的为“优”，落在区间（1.56，2.34] 的为“良”，落在区间（0.78，1.56] 的为“中”，落在区间 [0，0.78] 的为“差”。

对于引进创新，落在区间（2.96，3.95] 的为“优”，落在区间（1.98，2.96] 的为“良”，落在区间（0.99，1.98] 的为“中”，落在区间 [0，0.99] 的为“差”。

对于合作创新，落在区间（1.18，1.57] 的为“优”，落在区间（0.79，1.18] 的为“良”，落在区间（0.39，0.79] 的为“中”，落在区间 [0，0.39] 的为“差”。

对于经济发展，落在区间（4.85，6.46] 的为“优”，落在区间（3.23，4.85] 的为“良”，落在区间（1.62，3.23] 的为“中”，落在区间 [0，1.62] 的为“差”。

对于经济活力，落在区间（7.83 ～ 10.44] 的为“优”，落在区间（5.22 ～ 7.83] 的为“良”，落在区间（2.61 ～ 5.22] 的为“中”，落在区间 [0 ～ 2.61] 的为“差”。

对于经济结构，落在区间（4.66 ～ 6.21] 的为“优”，落在区间（3.11 ～ 4.66] 的为“良”，落在区间（1.55 ～ 3.11] 的为“中”，落在区间 [0 ～ 1.55] 的为“差”。

对于地理结构，落在区间（5.69 ～ 7.59] 的为“优”，落在区间（3.80 ～ 5.69] 的为“良”，落在区间（1.90 ～ 3.80] 的为“中”，落在区间 [0 ～ 1.90] 的为“差”。

对于环境资源，落在区间（3.83 ～ 5.10] 的为“优”，落在区间（2.55 ～ 3.83] 的为“良”，落在区间（1.28 ～ 2.55] 的为“中”，落在区间 [0 ～ 1.28] 的为“差”。

对于政策环境，落在区间（4.36 ～ 5.81] 的为“优”，落在区间（2.91 ～ 4.36] 的为“良”，落在区间（1.45 ～ 2.91] 的为“中”，落在区间 [0 ～ 1.45] 的为“差”。

对于法律环境，落在区间（5.67 ～ 7.56] 的为“优”，落在区间（3.78 ～ 5.67] 的为“良”，落在区间（1.89 ～ 3.78] 的为“中”，落在区间 [0 ～ 1.89] 的为“差”。

对于文化环境，落在区间（4.34 ～ 5.78] 的为“优”，落在区间（2.89 ～ 4.34] 的为“良”，落在区间（1.45 ～ 2.89] 的为“中”，落在区间 [0 ～ 1.45] 的为“差”。

表7-6　要素层指数等级划分

三级指标				
要素层指标	等级区分			
	差	中	良	优
技术要素	0 ～ 3.45	3.45 ～ 6.91	6.91 ～ 10.36	10.36 ～ 13.81
管理要素	0 ～ 2.06	2.06 ～ 4.12	4.12 ～ 6.17	6.17 ～ 8.23
信息要素	0 ～ 1.10	1.10 ～ 2.20	2.20 ～ 3.30	3.30 ～ 4.40
人才要素	0 ～ 1.35	1.35 ～ 2.71	2.71 ～ 4.06	4.06 ～ 5.41
资本要素	0 ～ 1.14	1.14 ～ 2.28	2.28 ～ 3.42	3.42 ～ 4.56
资源要素	0 ～ 0.78	0.78 ～ 1.56	1.56 ～ 2.34	2.34 ～ 3.12
引进创新	0 ～ 0.99	0.99 ～ 1.98	1.98 ～ 2.96	2.96 ～ 3.95
合作创新	0 ～ 0.39	0.39 ～ 0.79	0.79 ～ 1.18	1.18 ～ 1.57
经济发展	0 ～ 1.62	1.62 ～ 3.23	3.23 ～ 4.84	4.85 ～ 6.46
经济活力	0 ～ 2.61	2.61 ～ 5.22	5.22 ～ 7.83	7.83 ～ 10.44
经济结构	0 ～ 1.55	1.55 ～ 3.11	3.11 ～ 4.66	4.66 ～ 6.21
地理结构	0 ～ 1.90	1.90 ～ 3.80	3.80 ～ 5.69	5.69 ～ 7.59

续表

要素层指标	三级指标			
	等级区分			
	差	中	良	优
环境资源	0 ~ 1.28	1.28 ~ 2.55	2.55 ~ 3.83	3.83 ~ 5.10
政策环境	0 ~ 1.45	1.45 ~ 2.91	2.91 ~ 4.36	4.36 ~ 5.81
法律环境	0 ~ 1.89	1.89 ~ 3.78	3.78 ~ 5.67	5.67 ~ 7.56
文化环境	0 ~ 1.45	1.45 ~ 2.89	2.89 ~ 4.34	4.34 ~ 5.78

7.2.3 能力层指标评价等级标准划分

将要素层指标的指数最大值与其权重相乘，并逆推集结便可得到其能力层指标的最大值：

$$\max(\mathrm{INDEX}_{自主性创新})=\left[\mathrm{INDEX}_t,\mathrm{INDEX}_m,\mathrm{INDEX}_i,\mathrm{INDEX}_h,\mathrm{INDEX}_c,\mathrm{INDEX}_r\right]\times\begin{bmatrix}0.1381\\0.0823\\0.0440\\0.0541\\0.0456\\0.0312\end{bmatrix}=3.38$$

$$\max(\mathrm{INDEX}_{外源性创新})=\left[\mathrm{INDEX}_g,\mathrm{INDEX}_y\right]\times\begin{bmatrix}0.0395\\0.0157\end{bmatrix}=0.18$$

$$\max(\mathrm{INDEX}_e)=\left[\mathrm{INDEX}_{经济发展},\mathrm{INDEX}_{经济活力},\ \mathrm{INDEX}_{经济结构}\right]\times\begin{bmatrix}0.0646\\0.1044\\0.0621\end{bmatrix}=1.89$$

$$\max(\mathrm{INDEX}_b)=\left[\mathrm{INDEX}_{地理结构},\mathrm{INDEX}_{资源环境}\right]\times\begin{bmatrix}0.0759\\0.0510\end{bmatrix}=0.84$$

$$\max(\mathrm{INDEX}_n)=\left[\mathrm{INDEX}_{法律环境},\mathrm{INDEX}_{政策环境},\ \mathrm{INDEX}_{文化环境}\right]\times\begin{bmatrix}0.0581\\0.0756\\0.0578\end{bmatrix}=1.24$$

因此，可计算能力层指标的值域，见表 7-7。

表7-7　能力层指标值域

二级指标		
能力层	权重 /%	值域
自主性创新能力	28.79	0 ～ 3.38
外源性创新能力	10.14	0 ～ 0.18
经济空间	20.11	0 ～ 1.89
地理空间	19.32	0 ～ 0.84
人文空间	21.64	0 ～ 1.24

同要素层一样，将企业创新能力层指标也划分为四个档次，即“优”“良”“中”“差”，并且假设各档次在能力层指数值域上服从均匀分布，划分标准见表 7-8。

表7-8　能力层指数等级划分

二级指标				
能力层指标	等级划分			
	差	中	良	优
自主性创新能力	0~0.84	0.84~1.69	1.69~2.53	2.53~3.38
外源性创新能力	0~0.05	0.05~0.09	0.09~0.14	0.14~0.18
经济空间	0~0.47	0.47~0.95	0.95~1.42	1.42~1.89
地理空间	0~0.21	0.21~0.42	0.42~0.63	0.63~0.84
人文空间	0~0.31	0.31~0.62	0.62~0.93	0.93~1.24

对于自主性创新能力，落在区间（2.53，3.38] 的为“优”，落在区间（1.69，2.53] 的为“良”，落在区间（0.84，1.69] 的为“中”，落在区间 [0，0.84] 的为“差”。

对于外源性创新能力，落在区间（0.14，0.18] 的为“优”，落在区间（0.09，0.14] 的为“良”，落在区间（0.05，0.09] 的为“中”，落在区间 [0，0.05] 的为“差”。

对于经济空间，落在区间（1.42，1.89] 的为“优”，落在区间（0.95，1.42] 的为“良”，落在区间（0.47，0.95] 的为“中”，落在区间 [0，0.47] 的为“差”。

对于地理空间，落在区间（0.63，0.84] 的为“优”，落在区间（0.42，0.63] 的为“良”，落在区间（0.21，0.42] 的为“中”，落在区间 [0，0.21] 的为“差”。

对于人文空间，落在区间（0.93，1.24] 的为“优”，落在区间（0.62，0.93] 的为“良”，落在区间（0.31，0.62] 的为“中”，落在区间 [0，0.31] 的为“差”。

7.2.4 结构层指标评价等级标准划分

已知能力层指标值域（表 7-5），再向上逆推一层可得到内生性创新和创新三维空间两个指标的最大值：

$$\max(\text{INDEX}_{\text{内生性创新}})=\left[\text{INDEX}_{\text{自主性创新}},\text{INDEX}_{\text{外源性创新}}\right]\times\begin{bmatrix}0.3953\\0.0552\end{bmatrix}=1.34$$

$$\max(\text{INDEX}_{\text{创新三维空间}})=\left[\text{INDEX}_{\text{经济空间}},\text{INDEX}_{\text{地理空间}},\ \text{INDEX}_{\text{人文空间}}\right]\times\begin{bmatrix}0.2311\\0.1269\\0.1915\end{bmatrix}=0.76$$

因此，企业内生性创新指数值域为 [0, 1.34]；企业创新三维空间指数值域为 [0, 0.76]。

同要素层一样，将企业创新能力结构层指标也划分为四个档次，即“优”“良”“中”“差”，并且假设各档次在结构层指数值域上服从均匀分布，可以将资源型企业创新能力指标体系的结构层指标值域划分为四个区间。

企业内生性创新指数等级区分：[0,0.34]、(0.34,0.67]、(0.67,1.01]、(1.01,1.34]。

企业创新三维空间指数等级区分：[0,0.20]、(0.20,0.39]、(0.39,0.59]、(0.59,0.78]。

落在第四个区间的为“优”，落在第三个区间的为“良”，落在第二个区间的为“中”，落在第一个区间的为“差”。

7.2.5 创新能力综合指数评价等级标准划分

创新能力综合指数是我们需要的最终结果，用来将不同企业的创新能力进行比较，反映出来的最终结果就是一个指数。不同层级上的指标指数，具有综合汇集性质。企业创新能力综合指数同样具有这样的性质，我们可以按照前面不同层级指标指数等级区分的方法确定综合指数的评价等级标准。

已知企业内生性创新指数值域为 [0, 1.34]，企业创新三维空间指数值域为 [0, 0.76]，我们可以计算出资源型企业创新能力综合指数的最大值：

$$\max(\text{INDEX}_{\text{资源型企业创新指数}})=\left[\text{INDEX}_{\text{内生性创新}},\text{INDEX}_{\text{创新三维空间}}\right]\times\begin{bmatrix}0.4505\\0.5495\end{bmatrix}=1.04$$

另外，企业在各指标上的最低得分为0，因此，资源型企业创新能力指数的值域为[0, 1.04]。将资源型企业创新能力综合指数划分为四个档次，即“优”“良”“中”“差”，并且假设各档次在综合指数值域上服从均匀分布。资源型企业创新能力综合指数值域被分为四个区间：[0,0.26]、(0.26,0.52]、(0.52,0.78]、(0.78,1.04]，落在第四个区间的为“优”，落在第三个区间的为“良”，落在第二个区间的为“中”，落在第一个区间的为“差”。

7.2.6 基于逆推集结的等级区分验证

在指标体系权重设定时，我们在获取观测层指标的基础上，按照逆向集结的办法获取各指标层的上层指标权重。根据这个思路，各指标层的等级划分也应可通过逆向集结的办法得以实现。表7-4，给出了观测指标“优”“良”“中”“差”四个等级的量化区分。在表7-4的基础上，通过加权，逆推获取要素层指标的“优”“良”“中”“差”四个等级的量化区分结果与表7-6一致；在表7-6的基础上，通过加权，逆推获取要能力层指标的“优”“良”“中”“差”四个等级的量化区分结果与表7-8结果一致；在表7-8的基础上，通过加权，逆推获取结构层指标的“优”“良”“中”“差”四个等级的量化区分结果与7.2.4小节中的结果一致；在7.2.4小节通过加权，逆推获取综合指标的“优”“良”“中”“差”四个等级的量化区分结果与资源型企业创新能力等级划分的最终结果一致。通过用不同的方法进行等级划分测算，从侧面证实了我们的等级划分方法的科学性。

7.3 本章小结

企业创新能力考核的难点是考核标准的制定，一般情况是依据国家有关规定，制定企业的考核标准。由于国家还没有制定相关的规定，也没有相应的指标体系进行参考。我们的研究方法就是对全国的创新型典型企业进行重点调查，把企业在某些指标上能够达到的最高指标要求，作为标杆企业的最好指标。若干个企业最好指标的集合，就是理想中的最好创新型企业指标，或称为模拟的最好创新标杆企业的最高指标；同理，若干个企业最差指标的集合，就看成是考核标杆企业的最低指标。将最优企业与最差企业的总分按照等分法分成若干等级，便可将连续的得分值划分成若干个离散的档次，从而起到直观评价的目的。按照惯例，我们采取四分法，将资源型企业创新能力分成“优”“良”“中”“差”，四个等级。

这一研究成果，基于三个假设条件：资源型企业创新能力与其利润率存在正相关关系；所选择的企业的创新能力是规模效应不变的；指标体系中的观测指标具有相对静止性。其中，资源型企业创新能力与其利润率存在正相关关系；指标体系中的观测指标具有相对静止性，是不言而喻的，不难被证明。经过证明同样可以近似认为企业的创新能力是规模效应不变的。在满足这些假设条件的基础上，将样本企业指标原始数据进行标准化处理，从而得到样本企业在各指标上的极值，再以指标逆推集结的方法，获取综合指数的极大值和极小值，从而模拟最优和最差标杆企业。

计算得到，资源型企业创新能力指数的值域为 [0, 1.04]。若将资源型企业创新能力划分为“优”“良”“中”“差”四个档次，资源型企业创新能力指数值域被划分为四个区间：[0,0.26]、(0.26,0.52]、(0.52,0.78]、(0.78,1.04]，落在第四个区间的为“优”，落在第三个区间的为“良”，落在第二个区间的为“中”，落在第一个区间的为“差”。

【专栏 8】创新推动　中铝增强核心竞争力

我国是铝工业大国，在世界的大舞台也有一席之地。但我国铝工业的产业结构不合理、装备水平比较落后。并且，大多数企业规模小、效率低等成为我国铝业发展壮大的阻碍因素。加入 WTO 后，随着氧化铝、电解铝、铝加工产品等材料和产品的进口关税税率的大幅度降低，我国铝工业面临前所未有的挑战。

科技对中铝的快速发展所作的贡献逐年增加，并在经济效益上实现了重大突破。从 2001 年组建到 2006 年，中铝公司的资产总额从 2001 年的 358 亿元增加到 1500 亿元，销售收入从 199 亿元增加到 1000 亿元以上，税前利润超过了 200 亿元，销售收入增长率名列央企第一位，盈利水平在央企排在第七位，中铝已经成为世界第三大铝工业企业。科技为中铝的发展提供了强大的推动力，因此中铝深知：国际先进水平的引进、不断的技术研发、革新和改造，才能创立自主品牌，提升产品竞争力。“励精图治，创新求强”作为中铝的企业精神，得到自上而下的贯彻并传承发扬。自从中铝将科技作为生产的第一推动力以来，中铝已经拥有一整套具有自主知识产权的核心技术，并且主体工艺也进入世界先进水平行列。同时，也为我国有色金属工业的技术进步做出巨大的贡献。

据统计，2001 年以来，中铝投入科技研发资金 30 多亿元，获得省部级科技进步奖 182 项、国家科技进步奖 4 项、地方科技计划项目 27 项、国家军工项目 83 项、国家“863”项目和获国家专利 202 项等。科技创新和研发极大地增强了中铝的企业核心竞争力和产品竞争优势。

1. 发展核心技术引领创新

实践证明，铝工业企业要提高国际竞争力，首先要有自己的核心技术。引进先进技术，并提高消化和吸收能力，是企业提高竞争力的一个重要方面。同时，企业还必须“攻坚”关键领域，真正开发掌握自身的核心技术。企业在技术开发上要舍得投入，更要将重点放在技术开发与创新机制。中铝自成立以来，不断加大关键技术创新的投入，增强自主创新能力；构建与企业发展相适应的科技创新体系；注重管理知识产权和培育创新人才。促进了企业的科技进步和创新工作的有效开展，生产技术指标得到不断优化，中铝的良好发展得到了有力的科技支撑。

2. 发展关键技术加速创新

一个有社会责任感的企业必定重视环保。近年来，中铝通过技术创新、节能降耗和综合利用，发展循环经济，打造生态铝业，取得了显著成效，亮出绿色生态名片。

以科技创新为动力。中铝公司以“资源节约”为原则，自主研发新技术和新工艺。比如，“选矿拜耳法生产氧化铝新技术”与“强化烧结法生产氧化铝新工艺”都是中铝公司自主研发的科学技术与方法。上述两项技术的应用，一年能减少消耗 50 万吨标准煤。2005 年，中铝率先淘汰能耗高、污染重的自焙电解槽，引起了世界同行和政府的高度关注。

3. 产学研结合借力创新

在以科技创新为核心竞争力的发展中，中铝以课题和项目为重点，优化配置社会科技资源，加强与北京矿冶总院、中国工程院、上海交通大学、北京有色研究总院、清华大学和中南大学以及美国、瑞士、澳大利亚等国内外研究机构与高校的联系。每年将部分应用技术开发项目和重大关键基础性研究项目向国内外相关科研单位和高校公布，引导它们完成企业的研发任务和科技项目。其中，产学研合作开发的成功术典范有“选矿拜耳法技术”“强化烧结法技术”“高性能电容阴阳极铝箔”等项。在中铝召开的第一次科技大会上，为表彰5位国内外优秀科技合作者为公司科技进步和创新工作做出的重大贡献，中铝给予了每人10万元的奖励。

目前，中铝已形成基础研究、工艺研究、重大装备开发、中试、工业试验完整的研发体系。在产学研相结合的发展道路上，中铝的未来更加光明，中国铝业的发展将会是一片灿烂图景。

（贵州大学　吴娟硕士）

第八章　资源型企业评价指标体系验证

为了检验资源型企业创新能力评价指标体系的实用性、科学性、可操作性、可比较性等，我们将本书中所采集的资源型企业样本作为评价对象，对资源型企业创新能力评价指标体系进行验证。资源型企业创新能力评价指标体系的验证按数据收集处理、指标指数计算、评价结果等级划分三个步骤进行。

8.1　企业样本数据的收集和处理

在进行评价之前，首先需要做的一项工作就是采集企业指标数据，在之前的研究中，我们已经采集过16家资源型代表性企业的90个指标的原始数据（见附录）。这里先对16家企业的基本情况进行分析。

1．创兴资源

该公司是经厦门市人民政府批准，在对厦门天农实业有限公司进行依法整体变更的基础上，于1999年组建的股份有限公司，同年在上海证券交易所上市。从2011年开始，公司发展的战略思路发生重大变化，进行了一系列重大资产重组，从原来的房地产开发及销售领域，转型以矿业投资、实业投资、货物及技术进出口为主业的资源型企业。转型后，公司注重强化在资金应用和技术研发等环节的管理，以及对资源外部环境的管控，获取了大量优质矿产资源和技术优势，创新能力和盈利能力得到迅速提升。

2．炼石有色

该公司前身系原咸阳偏转线圈厂，1993年进行股份制改组，1997年上市。经过多年的转型发展和资产重组，目前公司以钼、铼及其他有色金属矿产的开发、冶炼、贸易，以及新材料、冶炼新技术的研发投资为主营业务。

3．昊华能源

2002年，该公司经北京市人民政府经济体制改革办公室《关于同意设立北京昊华能源股份有限公司的通知》（京政体改股函〔2002〕24号）批准，由京煤集团作为主发起人，联合中煤集团（原中国煤炭工业进出口集团公司）、首钢总公司、五矿发展（原五矿龙腾科技股份有限公司）及煤科总院四家法人股东以发起方式共同设立，以原煤开采、洗选，电力开发，煤制品制造、加工、销售，能源产品技术开发、技术咨询、技术转让、技术引进、技术培训等为主营业务。公司一贯注重有形资源与人才、资金、技术、信息、管理等内生知识要素的协同效率提升，注重研发资金投入，以技术创新作为企业发展的牵引力和内生动力，摆脱了资源型企业粗放型发展的惯性路径。

4．科恒股份

该公司系由江门市科恒实业有限责任公司整体变更设立的股份有限公司。2007年，科恒有限全体股东签署《江门市科恒实业股份有限公司发起人协议》，以其持有的科恒有限股权所对应的账面净资产作为对股份公司的出资，将科恒有限整体变更为股份有限公司。2012年，公司在创业板上市，以化工原料及化工产品生产、销售、进出口、技术进出口为主营业务。公司目前经营的产品有节能灯用稀土发光材料、新兴领域用稀土发光材料、锂电材料等。公司在技术研发方面领先行业其他企业，是一家创新能力十分突出的资源型企业。

5．冀中能源

该公司是由邢台矿业集团有限责任公司独家发起、采用公开募集方式于

1999年8月26日设立的股份公司，并于1999年9月9日在深圳证券交易所上市交易，涉及的业务跨度非常大，包括煤炭批发，本企业自产水泥、无碱玻璃纤维及制品的销售，钢材及设备配件、五金电料的生产销售，煤炭等货物和技术的进出口业务，二氯乙烷的批发、零售，煤炭开采，水泥用石灰岩、砂岩露天开采，水泥、无碱玻璃纤维及制品、电力、蒸汽的生产，污水处理及处理后中水销售，洗选煤，机械设计与制造，矿用产品的生产、销售，批发零售建材、生铁、铁精粉、铁合金、电器、有色金属材料、金属制品、轴承、阀门、电缆、焦炭、油脂等。公司为一个以经营煤炭开采、洗选及销售为主的上市公司。其煤炭储量高达3.27亿吨，其中主要煤种为1/3的优质焦煤，该煤种胶质层厚、黏结性好，是良好的炼焦用煤，主要用于冶炼、焦化工业中，市场缺口较大，特别在华北地区属短缺煤种，具有非常强的竞争力。虽然是一家老牌传统资源型企业，但公司一直注重技术创新、管理创新、横向并购、纵向延展，企业创新能力也得到了全方位的提升。

6．金钼股份

该公司系根据陕西省国有资产监督管理委员会出具的陕国资发〔2006〕390号文《关于金堆城钼业集团有限公司主钼业务重组上市方案的批复》，由金钼集团作为主发起人，联合太钢集团、东方集团及宝钢集团等其他三家发起人发起设立，并于2007年登记注册，2008年上市交易的股份有限公司。公司以钼矿产品、钼冶炼系列及其环保产品、钼化学系列产品、钼金属加工系列产品、硫矿产品、硫酸，以及其他金属产品的的生产、储藏、运输和销售为主营业务。

7．中国石油

该公司根据《公司法》《国务院关于股份有限公司境外募集股份及上市的特别规定》等有关法律、法规的规定，经原国家经济贸易委员会《关于同意设立中国石油天然气股份有限公司的复函》（国经贸企改〔1999〕1024号）批准，由中国石油集团独家发起设立。公司于1999年在国家工商总局完成注册登记，许可经营项目有石油、天然气勘查、生产，原油的仓储、销售，成品油的仓储、销售，危险化学品的生产，炼油、石油化工、化工产品的生产、销售和仓储业务，进出口业务，石油天然气管道建设、运营，石油勘探生产和石油化工及相关工程的技术开发、咨询、服务，油气、石油化工产品、管道生产建设所需物资设备、器材的销售，润滑油、燃料油、沥青、化肥、汽车零配件、日用百货、农用物资的销售和仓储业务等，是一家超大资源型企业。公司注重技术研发与管理创新，绝对创新成果领跑中国，但如果考虑到创新投入，及其背后的国家资源优势，其相对创新成果量并非最高。

8．鄂尔多斯

该公司系由内蒙古鄂尔多斯羊绒衫厂于1995年9月独家发起设立，并于2001年上市。经过多年的业务拓展，企业抓住内蒙古自然资源储备丰富的天然优势，因地制宜，经过若干次成功的转型升级和资产重组，实现华丽转变，羊绒及其产品在公司的主营业务收入占比中锐减为15%左右，公司主要利润主要来源于硅铁、电石、硅锰、煤炭、电力等行业产品。

9．开滦股份

该公司是2001年，经河北省人民政府股份制领导小组办公室冀股办〔2001〕68号文批准，开滦（集团）有限责任公司联合中国信达资产管理公司、上海宝钢国际经济贸易有限公司、中国华融资产管理公司、煤炭科学研究总院、西南交通大学共同发起，设立的开滦精煤股份有限公司。公司主营业务是能源化工的投资，煤炭的批发，钢材、木材、建材、化工产品（不含化学危险品）、五金交电、其他机械设备、土产杂品、电线电缆的批发、零售、代储、代销，煤炭及伴生资源开采，原煤洗选加工。公司具有良好的资源优势、交通优势和经济优势。主要产品为8~12级精肥煤，低磷、高灰熔点、黏结性能好，是我国稀有的炼焦煤资源，被喻为“工业味精”。产品主供鞍钢、宝钢、本鞍、上焦、北焦等大型冶金化工企业，并销往韩国、朝鲜、巴西等国家。

10．东华能源

该公司前身是张家港东华优尼科能源有限公司，为中外合资经营企业，成立于1996年。2007年，经《商务部关于同意张家港东华优尼科能源有限公司变更为外商投资股份有限公司的批复》（商资批〔2007〕292号）批准，张家港东华优尼科能源有限公司于2007年3月整体变更为外商投资股份有限公司。2008年,公司在深圳证券交易所中小企业板上市。公司主要生产低温常压液化石油气，销售公司自产产品并提供相关售后服务，以及化工品（甲醇、正丙醇、异丙醇、正丁醇、异丁醇、甲苯、二甲苯、邻二甲苯、对二甲苯、苯乙烯、乙二醇、二乙二醇、丙二醇、异辛醇、丙烷、丁烷、液化气）仓储服务。

11．山煤国际

山煤国际能源集团股份有限公司（简称山煤国际）是由山西煤炭进出口集团有限公司（简称山煤集团）独家发起，于2009年在中国太原注册成立的企业。同年12月，山煤集团以借壳方式在国内同行业率先实现了煤炭主营业务的整体上市，成为山西省第28家A股上市公司、第10家煤焦能源类上市公司。山煤国际能源集团股份有限公司同时拥有国内和山西省内煤炭销售的合法资质，并在山西省内拥有铁路运输单列计划。集团现拥有全资及控股子公司38家，煤矿14座（保有资源储量约18.31亿吨），年生产能力约2040万吨。开通煤炭发运站80个，年发运能力逾亿吨，在秦皇岛、京唐港等六个主要港口设立了公司，年港口中转量逾4000万吨。并且已在华东、华中、华南地区建立三个配煤中心，形成了覆盖煤炭主产区、遍布重要运输线、占据主要出海口的独立完善的煤炭内外贸运销体系。集团在国内除了和五大电厂及大型钢厂有多年的合作外，与世界20多个国家（地区）的煤炭用户及众多国内用户建立了长期稳定的贸易合作关系。多元化的销售方式和广阔的销售对象为公司未来的发展奠定了良好的基础。

山煤国际按照山煤集团既定的战略定位和方针，认真贯彻“强基固本、开疆拓土”战略思想，依靠山煤集团多年来形成的煤炭贸易网络和铁路运输优势，以及丰富的市场营销经验和稳定的客户关系，创新经营理念，提升资源储备规模，大力开拓市场，增强了山煤国际的整体竞争力和影响力。

12．云海金属

南京云海金属股份有限公司成立于1990年，是碱金属及其合金的专业生产厂家，主要产品有镁合金、金属锶、中间合金和铝合金。云海公司通过了 ISO/TS16949 质量体系认证，并按照质量体系管理要求实现持续改进，致力于环保及可持续发展，通过了 ISO14001 环境体系认证。云海公司具备生产高质量产品和开发新产品的能力，在质量体系、生产规模、回收利用及新技术开发方面一直处于行业领先地位。

13．河北钢铁

河北钢铁股份有限公司是由原唐钢股份、邯郸钢铁和承德钒钛三家上市公司强强联合、通过证券市场吸收合并组建的特大型钢铁企业，注册地址为河北省石家庄市，下设唐山分公司、邯郸分公司、承德分公司。公司依托资本市场的蓬勃发展，逐步建设了国家重点技术改造项目 1700 热轧超薄带钢生产线、冷轧薄板深加工项目及带钢表面涂镀层工程、氧化钒生产线技术改造和钒钛资源综合开发利用技改项目等一系列产品深加工工程。经过不断的技术改造和产业升级，河北钢铁股份的主业装备已经实现了现代化和大型化，整体工艺装备达到国际先进水平，具备年产 3000 万吨的铁钢材综合生产能力，综合竞争实力发生了质的飞跃，产品结构实现了多元化，倾力打造精品板材、优质建材、钒钛制品三大基地。目前，公司产品覆盖了汽车、石油、铁路、桥梁、建筑、电力、交通、机械、造船、轻工、家电等 20 多个重要应用领域。在一大批闻名中外的工程项目建设中，公司产品发挥出关键作用，如北京奥运会工程、三峡工程、西电东送、南水北调、首都机场三号航站楼、中央电视台新台址、京沪高铁、北京地铁、深高速等。

14．沙钢股份

公司前身是国有控股企业——高新张铜股份有限公司。2010 年 12 月，高新张铜重大资产重组方案获得中国证监会核准，高新张铜向沙钢集团非公开发行股份购买其持有江苏沙钢集团淮钢特钢股份有限公司（简称淮钢特钢）的 63.79% 股权。2011 年公司名称变更为江苏沙钢股份有限公司。

公司主要经营以黑色金属产品开发、冶炼、加工及销售，自营和代理各类商品和技术的进出口业务。公司主要控股子公司淮钢特钢，拥有总资产 105 亿元，职工7000余名，其中各类专业技术人员3000余名，拥有从意大利引进的具有国际先进水平的70吨超高功率电炉－精炼炉－连铸－热送/热装－连轧“四位一体”的短流程优钢中小型棒型材生产线和一条国内先进水平的100吨转炉－LF钢包精炼炉－RH真空脱气炉－连铸－配套中、小型棒型材连轧生产线各一条；一条从意大利引进的可生产直径380～600毫米的大圆坯生产线，以及与之配套的直径90～250毫米的特钢大棒材生产线，年产弹簧钢、轴承钢、船用锚链钢、合金管坯钢、汽车用钢等优特钢坯、材300万吨。

公司始终以创新为理念，以科技进步和企业管理为着力点，以经济效益为中心，实现高起点、集约化、国际化。公司按照市场需求自主组织经营，实现产品结构多元化，通过不断提高生产力水平和经济效益，实现全部资产的保值增值，是一家具有行业特色和较强竞争力的大型企业。

15．中国铝业

中国铝业股份有限公司于2001年成立，控股股东是中国铝业公司。中国铝业股份有限公司是目前中国铝行业唯一集铝土矿、煤炭、铁矿石资源勘探、开采，氧化铝、原铝和铝加工生产、销售及技术研发于一体的大型铝生产经营企业，是中国最大的氧化铝、原铝和铝加工生产商，是全球第二大氧化铝生产商、第三大原铝生产商。中国铝业股票分别在美国纽约证券交易所、香港联合交易所有限公司和上海证券交易所挂牌交易，被列入香港恒生综合指数成分股。

中国铝业为中国有色金属工业的龙头企业，自主研发并应用了选矿拜尔法、500千安大型铝电解槽等新工艺、新技术。公司拥有优秀的管理团队，以及门类齐全、技术精湛的技术人才队伍，具有多项自主知识产权的核心技术。中国铝业作为中国铝业公司的第一大业务板块公司，正加快实施结构调整，完善产业链，优化发展铝，积极发展煤炭、铁矿石业务，为中铝公司打造最具成长性的世界一流矿业公司做出应有贡献。

16．吉恩镍业

公司立足于镍、铜、钴、钼、金银等资源优势，利用硫酸镍成熟的技术、质量、成本和品牌优势，逐步整合国内镍盐产品生产厂，以工程实验室平台为核心和依托，形成集先进羰基化金属精炼技术，现代化羰基金属生产工艺，高性能、特种功能与新型高品质金属盐于一体的现代化研究开发基地，开展多形式的技术开发、技术合作和技术创新，跟踪和超越当今世界先进的羰基金属精炼技术、新型金属盐类加工技术及其应用技术，形成镍、钼、贵金属的高效加工和高附加值纯化提取的技术前沿，推动镍行业的全面技术进步和发展。

公司已建立技术中心平台工作站模式，形成了产、学、研结合兼具材料研究、装备设计制造、应用开发、组织管理、市场营销的技术创新人才梯队，正致力于加强国际交流与技术合作，把发展自主创新与引进消化吸收相结合的现代企业技术创新机制作为公司创新发展的目标。

上述分析从宏观层面对各公司现状进行了简单描述。通过对 16 家资源型代表企业进行指标数据梳理和处理，将这些数据以归一法进行无量纲处理，这样做是为了让 90 个指标数据都处于同一个可比较的标准下。无量纲处理后，每个指标数据都处于 0 ～ 100，见表 8-1。

表8-1　资源型样本企业指标数据（无量纲处理后）

指标序号	创兴资源	炼石有色	昊华能源	科恒股份	冀中能源	金钼股份	中国石油	鄂尔多斯	开滦股份	东华能源	山煤国际	云海金属	河北钢铁	沙钢股份	中国铝业	吉恩镍业
C_A-01	15.2	10.0	0.0	100	3.2	16.3	1.6	6.7	8.1	3.9	3.4	18.0	10.9	60.1	20.9	4.2
C_A-02	29.8	83.7	13.4	100	1.6	4.9	0.0	3.3	1.0	21.0	0.3	65.6	1.0	51.7	1.8	0.6
C_A-03	35.7	9.5	59.5	100	26.2	14.3	23.8	4.8	0.0	9.5	21.4	0.0	14.3	2.4	19.1	4.8
C_A-04	22.7	32.1	100	96.7	69.6	74.2	69.4	21.0	27.4	41.5	48.4	13.4	31.1	4.0	0.0	10.5
C_A-05	45.4	96.9	10.3	100	11.8	4.0	0.8	1.7	7.4	14.9	0.0	17.4	5.9	27.1	3.2	0.4
C_A-06	37.7	62.6	86.4	36.9	17.2	69.6	50.5	29.9	100	74.2	1.1	39.0	57.5	54.1	0.0	3.0
C_A-07	34.8	100	19.5	48.7	1.6	6.0	0.0	1.6	0.7	10.3	0.3	9.8	1.2	8.4	0.7	1.0
C_A-08$^{\times}$	0.0	16.1	74.5	24.8	85.2	100	67.1	61.1	92.6	40.9	82.6	26.2	87.9	44.3	42.3	97.3
C_A-09$^{\times}$	88.9	66.7	77.8	77.8	55.6	22.2	0.0	44.4	77.8	33.3	66.7	44.4	55.6	44.4	88.9	100
C_A-10$^{\times}$	34.9	22.6	40.1	52.4	94.8	58.0	44.3	77.8	100	16.5	92.9	6.1	49.5	0.0	26.9	32.6
C_A-11	28.6	28.6	42.9	100	23.8	38.1	66.7	47.6	0.0	71.4	14.3	66.7	28.6	76.2	33.3	4.8
C_A-12	2.8	16.0	57.1	23.9	100	19.7	33.7	18.9	36.1	0.0	18.2	40.5	31.3	15.5	3.8	1.7
C_A-13	20.2	82.6	74.6	89.2	69.8	0.0	79.3	19.7	18.7	47.1	49.0	75.3	100	59.5	90.2	28.8
C_A-14	0.0	31.0	47.2	59.5	49.9	15.2	100	25.0	19.5	38.6	9.2	52.6	64.9	44.8	60.0	24.4
C_A-15	1.1	35.8	20.8	100	0.1	9.6	16.3	42.6	33.4	65.3	16.5	88.6	25.1	0.0	17.0	8.2
C_A-16	20.2	82.6	74.6	89.2	69.8	0.0	79.3	19.7	18.7	47.1	49.0	75.3	100	59.5	90.2	28.8
C_A-17	0.0	1.9	7.4	1.9	7.4	18.5	100	31.5	20.4	13.0	18.5	11.1	42.6	29.6	44.4	13.0
C_A-18	20.2	82.6	74.6	89.2	69.8	0.0	79.3	19.7	18.7	47.1	49.0	75.3	100	59.5	90.2	28.8

续表

指标序号	创兴资源	炼石有色	昊华能源	科恒股份	冀中能源	金钼股份	中国石油	鄂尔多斯	开滦股份	东华能源	山煤国际	云海金属	河北钢铁	沙钢股份	中国铝业	吉恩镍业
C_A-19	14.3	6.0	20.2	10.7	100	10.7	100	7.1	78.6	7.1	6.0	3.6	88.1	2.4	100	0.0
C_A-20	66.7	0.0	66.7	50.0	100	33.3	100	33.3	100	50.0	50.0	33.3	50.0	0.0	100	16.7
C_A-21	100	0.0	100	100	100	100	100	100	100	100	30.0	100	100	100	100	50.0
C_A-22	100	0.0	100	100	100	100	100	100	100	100	66.7	100	100	100	100	50.0
C_A-23	68.8	9.4	73.4	100	46.9	31.3	46.9	48.4	15.6	26.6	35.9	21.9	20.3	0.0	15.6	26.6
C_A-24	20.2	82.6	74.6	89.2	69.8	0.0	79.3	19.7	18.7	47.1	49.0	75.3	100	59.5	90.2	28.8
C_A-25	100	14.3	100	100	42.9	42.9	71.4	42.9	42.9	42.9	65.7	40.0	71.4	0.0	71.4	14.3
C_A-26	100	51.6	67.7	83.9	67.7	67.7	100	51.6	35.5	35.5	51.6	32.3	51.6	0.0	83.9	19.4
C_A-27	60.0	60.0	80.0	80.0	60.0	60.0	60.0	100	60.0	20.0	20.0	40.0	40.0	40.0	20.0	0.0
C_A-28	0.0	22.2	33.3	11.1	50.0	66.7	50.0	33.3	66.7	50.0	27.8	84.4	100	77.8	55.6	16.7
C_A-29	20.1	75.6	64.3	84.8	57.6	30.9	70.9	19.3	21.6	25.8	28.3	65.3	100	43.2	86.2	0.0
C_A-30×	0.0	33.3	66.7	0.0	0.0	33.3	100	33.3	33.3	33.3	33.3	66.7	66.7	33.3	66.7	0.0
C_A-31	42.9	57.1	42.9	71.4	42.9	14.3	28.6	57.1	42.9	85.7	42.9	100	0.0	85.7	57.1	28.6
C_A-32	78.2	49.2	37.4	36.5	19.3	24.9	100	35.2	37.5	8.5	0.0	16.2	30.1	60.0	38.0	93.0
C_A-33	83.6	18.2	64.0	100	67.3	50.9	67.3	18.2	34.5	26.4	50.9	31.3	67.3	0.0	67.3	18.2
C_A-34	100	3.1	100	79.8	76.7	12.3	73.6	49.7	46.0	12.9	50.3	4.9	36.8	100	0.0	6.1
C_A-35	100	64.3	64.3	100	64.3	64.3	64.3	64.3	64.3	28.6	64.3	21.4	28.6	0.0	64.3	28.6
C_A-36	40.0	20.0	100	40.0	20.0	20.0	20.0	40.0	20.0	10.0	20.0	18.0	20.0	6.0	20.0	0.0
C_A-37	21.1	36.8	47.4	31.6	52.6	15.8	100	42.1	42.1	21.1	42.1	0.0	63.2	15.8	73.7	31.6
C_A-38×	0.0	4.4	58.1	0.0	24.3	0.0	100	44.4	44.4	0.0	44.4	0.0	100	0.0	100	0.0
C_A-39×	—	—	—	—	—	—	—	—	—	—	—	—	—	—	—	—
C_A-40×	9.1	27.3	18.2	0.0	36.4	18.2	100	63.6	18.2	27.3	36.4	54.6	0.0	18.2	72.7	9.1
C_A-41×	50.0	50.0	100	0.0	100	0.0	50.0	50.0	100	100	100	0.0	100	100	0.0	0.0
C_A-42×	18.1	22.6	7.1	100	0.0	31.6	11.6	21.3	0.7	3.2	2.6	7.7	10.3	8.4	23.2	19.4
C_A-43	12.3	2.5	5.7	43.5	100	1.6	12.9	1.0	46.4	10.2	0.0	15.1	78.8	21.2	7.6	0.2
C_A-44	11.6	10.6	11.6	3.9	95.1	5.9	12.3	1.0	61.3	2.6	0.0	2.4	100	30.0	7.2	0.1
C_A-45	12.2	0.6	7.8	27.3	100	0.3	12.9	0.5	64.5	3.8	0.0	4.5	80.1	6.2	4.9	0.1
C_A-46	12.6	11.4	8.5	100	10.1	12.4	1.5	5.5	6.4	29.1	0.0	13.5	9.4	38.7	10.2	0.2
C_A-47	66.7	50.0	100	16.7	33.3	66.7	50.0	16.7	16.7	0.0	50.0	33.3	100	50.0	66.7	33.3
C_B-01	100	4.1	98.2	38.0	5.1	4.1	7.5	52.0	5.1	60.4	0.0	60.4	5.1	60.4	7.5	13.9
C_B-02	0.9	90.6	0.0	45.3	74.4	90.6	29.1	100	74.4	55.6	90.6	55.6	74.4	55.6	29.1	98.3
C_B-03	100	17.3	83.2	51.7	5.2	17.3	39.0	13.9	5.2	45.9	1.4	45.9	5.2	45.9	39.0	0.0
C_B-04	0.0	52.0	8.0	24.0	44.0	52.0	36.0	20.0	44.0	12.0	100	12.0	44.0	12.0	36.0	40.0
C_B-05	2.9	82.9	0.0	28.6	42.9	82.9	17.1	100	42.9	42.9	71.4	42.9	42.9	42.9	17.1	85.7
C_B-06	100	1.9	70.3	38.7	0.0	1.9	10.6	14.4	0.0	29.4	0.8	29.4	0.0	29.4	10.6	4.9
C_B-07	0.0	100	16.9	12.4	81.6	100	79.6	92.2	81.6	56.7	73.8	56.7	81.6	56.7	79.6	88.7
C_B-08	14.2	1.5	66.8	61.2	0.0	1.5	23.2	28.9	0.0	100	10.0	100	0.0	100	23.2	11.5

续表

指标序号	创兴资源	炼石有色	昊华能源	科恒股份	冀中能源	金钼股份	中国石油	鄂尔多斯	开滦股份	东华能源	山煤国际	云海金属	河北钢铁	沙钢股份	中国铝业	吉恩镍业
C_B-09	54.2	22.7	100	33.6	19.9	22.7	49.9	0.0	19.9	25.6	20.7	25.6	19.9	25.6	49.9	1.4
C_B-10	60.1	5.1	71.2	100	6.7	5.1	13.2	0.0	6.7	50.4	2.4	50.4	6.7	50.4	13.2	5.1
C_B-11	52.6	19.0	100	70.6	34.0	19.0	56.0	0.0	34.0	32.5	47.3	32.5	34.0	32.5	56.0	76.3
C_B-12	12.3	30.0	0.0	7.7	64.6	30.0	21.2	73.1	64.6	10.8	100	10.8	64.6	10.8	21.2	35.4
C_B-13	81.6	15.0	37.0	100	4.0	15.0	39.1	0.0	4.0	89.0	1.3	89.0	4.0	89.0	39.1	17.6
C_B-14	—	—	—	—	—	—	—	—	—	—	—	—	—	—	—	—
C_B-15$^{\times}$	29.7	94.0	0.0	57.9	90.7	94.0	56.3	94.7	90.7	66.0	100	66.0	90.7	66.0	56.3	89.0
C_B-16$^{\times}$	0.0	100	6.0	85.0	75.9	100	91.0	81.2	75.9	0.0	28.6	0.0	75.9	0.0	91.0	18.8
C_B-17$^{\times}$	6.4	89.4	0.0	25.5	63.8	89.4	58.5	100	63.8	51.1	78.7	51.1	63.8	51.1	58.5	85.1
C_B-18$^{\times}$	74.2	0.0	29.0	100	12.9	0.0	43.2	32.3	12.9	61.3	41.9	61.3	12.9	61.3	43.2	3.2
C_B-19	100	14.3	81.0	71.4	28.6	14.3	47.6	0.0	28.6	90.5	19.1	90.5	28.6	90.5	47.6	23.8
C_B-20	0.0	3.0	1.4	0.2	1.7	3.0	100	11.5	1.7	0.3	2.8	0.3	1.7	0.3	100	4.1
C_B-21	6.9	62.2	15.4	27.2	32.7	62.2	0.0	100	32.7	29.0	57.4	29.0	32.7	29.0	0.0	50.9
C_B-22	100	14.7	50.9	17.7	25.5	14.7	5.8	0.0	25.5	18.9	24.3	18.9	25.5	18.9	5.8	13.7
C_B-23	27.9	2.2	100	0.0	0.7	2.2	13.1	5.5	0.7	6.8	1.3	6.8	0.7	6.8	13.1	4.4
C_B-24	100	3.9	92.9	47.8	0.0	3.9	12.4	25.2	0.0	37.3	9.3	37.3	0.0	37.3	12.4	17.8
C_B-25	100	0.0	100	100	100	0.0	50.0	0.0	100	100	0.0	100	100	100	50.0	50.0
C_B-26	26.2	81.9	33.8	14.0	0.0	81.9	0.0	26.2	0.0	29.4	13.9	29.4	0.0	29.4	0.0	100
C_B-27	0.0	100	0.0	0.0	0.0	100	50.0	100	0.0	0.0	100	0.0	0.0	0.0	50.0	50.0
C_B-28	100	6.3	26.9	17.6	12.8	6.3	4.6	0.0	12.8	26.9	7.3	26.9	12.8	26.9	4.6	5.0
C_B-29	67.3	22.7	100	33.6	19.9	22.7	49.9	0.0	19.9	25.6	20.7	25.6	19.9	25.6	49.9	1.4
C_B-30	100	45.9	78.7	18.6	11.1	45.9	31.9	33.9	11.1	18.9	0.0	18.9	11.1	18.9	34.5	33.6
C_B-31	97.7	12.9	100	22.8	0.0	12.9	42.5	24.6	0.0	33.0	7.8	33.0	0.0	33.0	42.5	5.5
C_B-32	100	25.0	94.9	12.8	0.0	25.0	27.3	60.7	0.0	25.4	14.4	25.4	0.0	25.4	27.3	26.5
C_B-33$^{\times}$	—	—	—	—	—	—	—	—	—	—	—	—	—	—	—	—
C_B-34	72.7	63.6	0.0	100	63.6	63.6	52.0	72.7	63.6	18.2	54.6	18.2	63.6	18.2	81.0	54.6
C_B-35	72.7	63.6	0.0	100	63.6	63.6	52.0	72.7	63.6	18.2	54.6	18.2	63.6	18.2	81.0	54.6
C_B-36	46.3	1.1	98.5	8.9	100	1.1	36.6	43.2	100	4.9	2.7	4.9	100	4.9	36.6	0.0
C_B-37	77.6	1.9	73.2	100	35.1	1.9	41.7	0.0	35.1	63.2	3.6	63.2	35.1	63.2	41.7	30.5
C_B-38	61.6	82.5	100	23.7	30.7	82.5	0.0	28.7	30.7	57.5	34.2	57.5	30.7	57.5	0.0	54.7
C_B-39	88.5	3.4	100	9.4	0.1	3.4	19.8	0.0	0.1	18.6	5.7	18.6	0.1	18.6	21.5	10.1
C_B-40	0.0	33.9	97.1	91.3	100	33.9	64.6	15.6	100	76.2	78.0	76.2	100	76.2	64.6	25.9
C_B-41	0.0	93.6	33.7	100	95.0	93.6	67.1	69.3	95.0	100	76.9	100	95.0	100	67.1	74.7
C_B-42	98.8	3.7	100	46.1	2.7	3.7	0.0	2.8	2.7	54.2	7.0	54.2	2.7	54.2	0.0	3.2
C_B-43$^{\times}$	72.7	63.6	0.0	100	63.6	63.6	45.5	72.7	63.6	18.2	54.6	18.2	63.6	18.2	45.5	54.6

注：C_A-39$^{\times}$，C_B -14，C_B-33$^{\times}$ 三个指标数据不可得，在计算过程中忽略不计，对最终结果的影响非常有限；* 为正向指标，× 为反向指标

对于最小值“0”，意味着企业在某指标上的数值最小，从而被抽象为在该指标上没有影响，在评价过程中，这种极小的影响被忽略掉，并不会影响企业创新能力的综合评价（现实中，所有指标的数值均为0，或者大部分数值为0的企业并不存在，若真的存在，这样的企业其创新能力也没有必要去评价了）。

8.2 各级指标指数的计算

在前面的研究中，我们已经获得了指标体系每一层每一项指标的权重。我们的评价思路是，从观测指标开始，将指标标准化数据与其对应的权重加权求和，获取上一级指标的指数，通过这样的办法逐级向上逆推集结，最终获取资源型企业创新能力综合指数，一般性的计算过程如下：

$$\text{INDEX}_{ij}=\sum_{j=1}^{m}w_j\times x_j,\ j=1,2,\cdots,90$$

其中，i 为样本企业。

经过计算，我们可以得到除观测指标层以外的各级指标层的指数，见表8-2～表8-4。

表8-2 要素层指标指数

三级指标	创兴资源	炼石有色	昊华能源	科恒股份	冀中能源	金钼股份	中国石油	鄂尔多斯	开滦股份	东华能源	山煤国际	云海金属	河北钢铁	沙钢股份	中国铝业	吉恩镍业
技术要素	4.56	6.98	7.08	12.10	4.87	5.82	4.70	3.45	4.99	4.72	3.72	4.04	4.43	5.42	2.52	2.74
管理要素	0.55	2.85	3.65	3.95	4.39	0.78	4.16	1.68	1.87	2.03	1.92	3.94	4.04	2.26	3.06	1.04
信息要素	2.24	1.57	3.28	3.55	3.56	1.47	3.73	1.91	2.37	2.37	1.91	2.75	3.64	2.16	3.76	1.29
人才要素	2.66	2.45	3.25	3.14	2.26	2.20	3.88	2.38	2.28	2.03	1.76	3.03	3.16	2.43	3.24	1.31
资本要素	2.83	1.41	3.16	3.01	2.54	1.47	3.20	1.91	1.89	0.94	2.07	0.64	2.15	0.87	2.38	0.90
资源要素	0.44	0.62	1.05	0.64	0.92	0.32	1.58	1.08	0.93	0.74	1.06	0.40	1.21	0.71	1.21	0.18
引进创新	0.48	0.11	0.32	1.00	3.91	0.06	0.51	0.03	2.42	0.18	0.00	0.22	3.30	0.50	0.23	0.00
合作创新	0.69	0.53	0.97	0.81	0.37	0.69	0.46	0.19	0.19	0.19	0.46	0.39	0.97	0.71	0.67	0.30
经济发展	3.47	2.86	3.00	2.66	1.74	2.86	1.90	3.14	1.74	2.83	2.58	2.83	1.74	2.83	1.90	2.45
经济活力	4.78	1.85	4.56	6.00	1.65	1.85	3.02	1.48	1.65	5.09	1.76	5.09	1.65	5.09	3.02	2.10
经济结构	2.51	4.33	1.20	3.91	4.07	4.33	3.60	4.32	4.07	3.72	4.14	3.72	4.07	3.72	3.60	3.67
地理结构	4.63	0.77	5.24	1.79	1.51	0.77	1.72	1.03	1.51	1.88	0.98	1.88	1.51	1.88	1.72	1.27
环境资源	2.51	2.56	2.58	0.98	0.49	2.56	1.49	1.35	0.49	1.11	1.65	1.11	0.49	1.11	1.49	1.88

续表

三级指标	创兴资源	炼石有色	昊华能源	科恒股份	冀中能源	金钼股份	中国石油	鄂尔多斯	开滦股份	东华能源	山煤国际	云海金属	河北钢铁	沙钢股份	中国铝业	吉恩镍业
政策环境	3.56	1.17	3.15	0.61	0.19	1.17	1.14	1.50	0.19	0.84	0.23	0.84	0.19	0.84	1.19	0.94
法律环境	5.04	2.66	3.04	5.74	5.12	2.66	3.47	3.84	5.12	1.77	2.35	1.77	5.12	1.77	4.66	2.68
文化环境	2.57	2.77	3.96	4.03	3.39	2.77	2.34	1.96	3.39	3.30	2.88	3.30	3.39	3.30	2.35	2.23

注：深灰底纹表示某指标上的最高得分；浅灰底纹表示某指标上的最低得分

表8-3　能力层指标指数

二级指标	创兴资源	炼石有色	昊华能源	科恒股份	冀中能源	金钼股份	中国石油	鄂尔多斯	开滦股份	东华能源	山煤国际	云海金属	河北钢铁	沙钢股份	中国铝业	吉恩镍业
自主性创新能力	1.06	1.48	1.77	2.48	1.46	1.13	1.56	0.95	1.19	1.10	0.98	1.21	1.41	1.22	1.09	0.64
外源性创新能力	0.03	0.01	0.03	0.05	0.16	0.01	0.03	0.00	0.10	0.01	0.01	0.01	0.15	0.03	0.02	0.00
经济空间	0.88	0.65	0.74	1.04	0.54	0.65	0.66	0.63	0.54	0.95	0.61	0.95	0.54	0.95	0.66	0.60
地理空间	0.48	0.19	0.53	0.19	0.14	0.19	0.21	0.15	0.14	0.20	0.16	0.20	0.14	0.20	0.21	0.19
人文空间	0.74	0.43	0.64	0.70	0.59	0.43	0.46	0.49	0.59	0.37	0.36	0.37	0.59	0.37	0.56	0.39

注：深灰底纹表示某指标上的最高得分；浅灰底纹表示某指标上的最低得分

表8-4　结构层与综合层指标指数

		创兴资源	炼石有色	昊华能源	科恒股份	冀中能源	金钼股份	中国石油	鄂尔多斯	开滦股份	东华能源	山煤国际	云海金属	河北钢铁	沙钢股份	中国铝业	吉恩镍业
结构层指标指数	内生性创新能力	0.42	0.59	0.70	0.98	0.58	0.45	0.62	0.37	0.47	0.43	0.39	0.48	0.57	0.49	0.43	0.25
	企业创新三维空间	0.40	0.26	0.36	0.40	0.26	0.26	0.27	0.26	0.26	0.32	0.23	0.32	0.26	0.32	0.29	0.24
综合层指标指数		0.41	0.41	0.52	0.66	0.40	0.34	0.43	0.31	0.35	0.37	0.30	0.39	0.40	0.39	0.35	0.24

注：深灰底纹表示某指标上的最高得分；浅灰底纹表示某指标上的最低得分

根据计算结果可知，要素层指标指数得分表现出较大的离散性，证明整套指标体系的构建及其评价方法等，均是有效的。从单指标分析，技术要素方面得分最高的是科恒股份，得分最低的是中国铝业；管理要素方面得分最高的是冀中能源，得分最低的是创兴资源；信息要素方面得分最高的是中国铝业，得分最低的是吉恩镍业；人才要素方面得分最高的是中国石油，得分最低的是吉恩镍业；资本要素方面，得分最高的是中国石油，得分最低的是云海金属；资源要素方面得分最高的是中国石油，得分最低的是吉恩镍业；引进创新方面得分最高的是冀中能源，得分最低的是山煤国际（数值是0, 原因在于计算过程中的四舍五入）；合作创新方面，得分最高的是昊华能源和河北钢铁，得分最低的是鄂尔多斯、开滦股份和东华能源；剩下的企业创新三维空间的得分主要考察的是企业所处空间的真实情况，若不同企业其环境空间相同，则得分相同。经济发展方面得分最高的是创兴资源，得分最低的是冀中能源、开滦股份、河北钢铁；经济活力方面得分最高的是科恒股份，得分最低的是鄂尔多斯；经济结构方面得分最高的是炼石有色、金钼股份，得分最低的是昊华能源；地理结构方面得分最高的是昊华能源，得分最低的是炼石有色和金钼股份；环境资源方面得分最高的是昊华能源，得分最低的是冀中能源、开滦股份、河北钢铁；政策环境方面得分最高的是创兴资源，得分最低的是冀中能源、开滦股份、河北钢铁;法律环境方面得分最高的是科恒股份，得分最低的是东华能源、云海金属、沙钢股份；文化环境方面得分最高的是科恒股份，得分最低的是鄂尔多斯。

从单指标分析，在自主性创新能力方面，得分最高的是科恒股份，得分最低的是吉恩镍业；在外源性创新能力方面，得分最高的是冀中能源，得分最低的是鄂尔多斯；在经济空间方面，得分最高的是科恒股份，得分最低的是冀中能源、开滦股份、河北钢铁；在地理空间方面，得分最高的是昊华能源，得分最低的是冀中能源、开滦股份、河北钢铁；在人文空间方面，得分最高的是创兴资源，得分最低的是山煤国际。

内生性创新能力方面得分最高的是科恒股份，得分最低的是吉恩镍业；企业创新三维空间方面得分最高的是创兴资源，得分最低的是山煤国际。最后，反映到综合创新指数上来看，综合得分最高的是科恒股份，得分最低的是吉恩镍业。

从企业得分情况来看，与我们企业调查阶段所发现的企业现实表现出很高的吻合度，能够真实地反映出企业的现实情况，因此可以说，我们的指标体系是科学的、可行的。

8.3 评价结果与等级划分

根据我们的计算，我们已经获取了 16 家企业各级指标层的指数得分。对照第七章中我们对要素层指标等级划分的标准，根据要素位于优、良、中、差区间的分布情况，我们可以确定各样本企业要素层指标所处的等级，具体等级区分见表 8-5。

表8-5　样本企业要素层指标等级区分

要素层指标	创兴资源	炼石有色	昊华能源	科恒股份	冀中能源	金钼股份	中国石油	鄂尔多斯	开滦股份	东华能源	山煤国际	云海金属	河北钢铁	沙钢股份	中国铝业	吉恩镍业
技术要素	中	良	良	优	中	中	中	中	中	中	中	中	中	中	差	差
管理要素	差	中	中	中	良	差	良	差	差	差	差	中	中	中	中	差
信息要素	良	中	良	优	优	中	优	中	良	良	中	良	优	中	优	中
人才要素	中	中	良	良	中	中	良	中	中	中	中	良	良	差	良	差
资本要素	良	中	良	良	良	中	良	中	中	差	中	差	中	差	良	差
资源要素	差	差	中	差	中	差	良	中	中	差	中	差	中	差	中	差
引进创新	差	差	差	中	优	差	差	差	良	差	差	差	优	差	差	差
合作创新	中	中	良	良	差	中	中	差	差	差	中	中	良	中	中	差
经济发展	良	中	中	中	中	中	中	中	中	中	中	中	中	中	中	中
经济活力	中	差	中	良	差	差	中	差	差	中	差	中	差	中	中	差
经济结构	中	良	差	良	良	良	良	良	良	良	良	良	良	良	良	良
地理结构	良	差	良	差	差	差	差	差	差	差	差	差	差	差	差	差
环境资源	中	良	良	差	差	良	中	中	差	差	中	差	差	差	中	中
政策环境	良	差	良	差	差	差	差	中	差	差	差	差	差	差	差	差
法律环境	良	中	中	良	良	中	中	良	良	差	中	差	良	差	良	中
文化环境	中	中	良	良	良	中	中	中	良	良	中	良	良	良	中	中

对照第七章中我们对能力层指标等级划分的标准，根据指标位于优、良、中、差区间的分布情况，我们可以确定各样本企业能力层指标所处的等级，具体等级区分见表 8-6。

表8-6　样本企业能力层指标等级区分

二级指标	创兴资源	炼石有色	昊华能源	科恒股份	冀中能源	金钼股份	中国石油	鄂尔多斯	开滦股份	东华能源	山煤国际	云海金属	河北钢铁	沙钢股份	中国铝业	吉恩镍业
自主性创新能力	中	中	良	良	中	中	中	中	中	中	中	中	中	中	中	差
外源性创新能力	差	差	差	中	优	差	差	差	良	差	差	差	优	差	差	差
经济空间	中	中	中	良	中	中	中	中	中	良	中	良	中	良	中	中
地理空间	良	差	良	差	差	差	中	差	差	差	差	差	差	差	中	差
人文空间	良	中	良	0.70	中	中	中	中	中	中	中	中	中	中	中	中

根据第七章中我们对结构层指标等级划分的标准：企业内生性创新能力指数落在区间（1.01，1.34] 中为“优”，落在区间（0.67，1.01] 中为“良”，落在

区间（0.34，0.67] 中为“中”，落在区间 [0，0.34] 中为“差”；企业创新三维空间指数落在区间（0.59，0.78] 中为“优”，落在区间（0.39，0.59] 中为“良”，落在区间（0.20，0.39] 中为“中”，落在区间 [0，0.20] 中为“差”，我们可以确定各样本企业的结构层指标所处的等级，具体等级区分见表 8-7。

表8-7　样本企业结构层指标等级区分

结构层指标指数	创兴资源	炼石有色	昊华能源	科恒股份	冀中能源	金钼股份	中国石油	鄂尔多斯	开滦股份	东华能源	山煤国际	云海金属	河北钢铁	沙钢股份	中国铝业	吉恩镍业
内生创新能力	中	中	良	良	中	中	中	中	中	中	中	中	中	中	中	差
企业创新三维空间	良	中	中	良	中	中	中	中	中	中	中	中	中	中	中	中

根据第七章中我们对结构层指标等级划分的标准：企业创新能力综合指数落在区间 (0.78, 1.04] 中为“优”,落在区间 (0.52, 0.78] 中为“良”,落在区间 (0.26, 0.52] 中为“中”，落在区间 (0, 0.26] 中为“差”，我们可以确定各样本企业创新能力综合指数的等级和排名，见表 8-8。

表8-8　创新能力综合评价指数等级区分及排名

企业	综合指数	排名	等级
科恒股份	0.66	1	良
昊华能源	0.52	2	良
中国石油	0.43	3	中
创兴资源	0.41	4	中
炼石有色	0.41	5	中
冀中能源	0.4	6	中
河北钢铁	0.4	7	中
云海金属	0.39	8	中
沙钢股份	0.39	9	中
东华能源	0.37	10	中
开滦股份	0.35	11	中
中国铝业	0.35	12	中
金钼股份	0.34	13	中
鄂尔多斯	0.31	14	中
山煤国际	0.3	15	中
吉恩镍业	0.24	16	差

8.4 本章小结

从评价结果看（表8-1），中国资源型企业创新能力普遍偏低，所选16家企业中有2家企业的创新能力为良（科恒股份、昊华能源），1家企业的创新能力为差（吉恩镍业），其余企业为中。通过对科恒股份、昊华能源、创兴资源等16家资源型上市公司进行实证分析后，可以看出此指标体系对于不同规模企业的创新能力的评价基本上都是可行的，得出的企业创新能力的分值评价基本上是符合企业创新能力的实际情况的。而且根据对企业各个要素指标的评分，可以找出企业在创新中的优势和不足之处，有利于企业加强改善企业的创新组织结构，提高企业创新能力。由此，可以说，此指标体系具备了科学性、导向性、可比性、可操作性和渐进性的原则，用此方法去分析评价企业创新能力是可行的、是具有现实推广意义的。

【专栏9】依托市场　华为全方位创新

以市场为依托，华为开展全方位创新，从一个不起眼的公司发展成在国际上具有影响力的大型企业，技术创新作为企业发展的活力贯穿于其发展始终。在通信设备领域，通过嵌入式软件和一揽子解决方案的服务，使其产品覆盖全球一百多个国家，2009年，华为凭借792亿元成为中国软件企业收入冠军，同年超越西门子、诺基亚等国际厂商，成为全球第二大通信设备供应商。累计42 543件专利，连续六年居于首位。

华为成立初期，主要以代理香港红年公司用户交换机为主要业务，无法自行生产产品。两年的发展和积累后，逐步组建了营销网络和队伍，并充分体会到通信行业巨大的市场潜力，并开始着手涉及通信领域，开展产品研发和制造。凭借小型交换机的开发，逐步开展技术、资金和经验的积累。1995年C&C08交换机的研发，成为华为发展历程上的标志，借此华为进入了每年50%～100%的快速发展期。同年，为进一步加速通信数据产品的研发，注入大量资金成立了北京研究所。通过Internal接入服务器、ATM、ISDH终端系列和路由器等多品类产品的诞生，实现其产品的多元化。获得了包含欧美、日本等发达国家和地区企业的认可，在全球电信行业的变革浪潮中，先后推动 3G、4G 等相关产品研发，基于客户需求，不断丰富包含手机在内的经营和产品类别。

一、技术创新

历经没有自己产品的创业初期，运用积累的经费，1989 年，华为决定对香港模拟交换机继续代理，并开始着手尝试自有产品的研发和生产。1990 年阳春机型的问世，虽然技术并不成熟，只能满足小用户需求，但其具有价格优势。

1992 年，华为首次突破亿元销售额，利润达到千万以上。华为将自主创新放在了更高的高度，决定将全部销售额投入到了 C&C08 的研发，这具有极大的风险，并于 1993 年，推出了 C&C08 机总计 2000 台，并不断扩大产量。该机的推广，使得华为取得突破，获得了市场认可，使华为由代理商发展成为了具有自身竞争力的企业。

华为的自主创新为其发展注入了活力，但是面对国内外对手激烈的竞争和技术的不断升级，华为发展时间较短，规模较小，作为企业竞争力核心的技术也面临着技术创新体系的不完善等问题。市场需求的变化与政策的变化影响下，华为最终确立了跟进与超越的自主创新模式。1995 年后，华为进入了高速发展的阶段。1995 年华为对 GSM 移动通信开展研究，1997 年商用 GSM 数字蜂窝移动通信系统使得华为获得了中国完全自主知识产权，在规模生产后，破除了长期的外国产品垄断现状，华为成为了技术上具有竞争力的企业，实现了 2G 领域与知名企业技术差距的追赶乃至赶超。在 2G 领域发展的同时，华为准确抓住了 3G 技术的发展趋势，投入大量的研发人员的资金对 WCDMA 商用系统进行研发，并掌握了完整技术，逐步成为全球提供全套商用系统的少数厂商。2004 年华为首次取得了与欧洲荷兰通信商的合同，并获得了进入美国市场的契机，标志着华为技术成为国际先进技术。

在通信设备赶超全球先进技术的同时，华为在高端路由器、下一代网络和光通信等领域还充当着领导者的角色。华为于 2003 年与微软合作推出了企业统一通信解决方案，并将 U-SYS NGN 系统推向全球多个地区，多年保持出货量首位。与初期发展低端路由器产品不同，2004 年在技术累计下，高端路由器获得了国家科学技术进步奖二等奖的荣誉，并出口全球60多个国家。2006年华为在光网络全球市场所占份额排名第二，连续5年在亚太市场居于首位。华为的技术创新，为其赢得了市场和口碑。

华为每年至少投入销售收入10%的资金用于研发是由《华为基本法》规定的。华为的员工结构中，44%～48%由研发人员组成，充足的资金和人才使华为的技术创新和积累获得了快速的发展，2006～2010年华为专利合作条约数量大幅提高，由第13位上升为第1位，并有逐年递增趋势。华为的技术创新，不仅注重自主创新，同时为了适应全球市场的变化和需求，放眼国际市场，实现技术国际化。面对于国际知名企业在资金、技术、人力等多方面的差距，华为如果从头开始，漫长的自主研发周期和资金与人力上的不足，将会制约企业的发展。华为通过咨询、借鉴、购买与合作等多种途径获取基础技术，并基于市场需求，进行自主创新，借此缩短了与知名企业的差距，并逐步赶超。华为调动资源，大力攻坚核心技术，一次打破技术垄断。华为在美国、瑞典、俄罗斯、德国等国，聚集全球技术和人才，针对不同研究重点共设立全球20个研究所。在国际化的进程中，华为加大企业海外员工的本地化，据华为官方数据，华为每年海外员工聘用增长15%以上。2009年，华为共有9.5万名海外员工，研发队伍已有1万多人，占员工总数的46%。

二、管理创新

为了适应产品研发和市场需求的变化，华为建立了具有较高灵活性的能够适时变化的强矩阵式组织结构，提高组织沟通协作能力。

发展初期，华为的组织结构采取职能式组织结构，随着规模的扩大，技术管理不规范、各部门之间的沟通问题、项目管理的不顺等问题使得华为的管理效率较低，并出现一些错误。为了克服原来组织的缺陷，完善项目管理，华为开始采取项目式组织结构，制定统一标准，项目经理对各个项目进行计划、管理和实施。随着华为国际化进程的加速，将原有组织结构进行调整，并将部门进行分类，分为管理、技术和运作支持三大类，建立强矩阵式项目研发组织结构，通过多部门矩阵组织结构，推动全面项目管理的实施。随着技术和业务的变化，组织结构的不断调整，实现了创新转化为实际效益的目标。由于电信产业具有技术革新的速度快的特点，通过建立相对稳定，但又具有一定动态性的组织结构，便于企业抓住机遇与规避危机。

作为高技术产业，对技术的管理决定着企业的发展。华为通过组建不同的技术管理团队，如产品线级技术管理团队、公司级集成技术管理团队、综合技术管理组和专业技术管理组，来构建企业技术管理体系，来进行技术规划、研发和公用技术模块的管理活动。

在产品研发管理上，1999 年，JBM 咨询公司与华为合作，希望提高研发质量和效率，采取 IPD 集成产品开发流程，并贯穿于产品从立项到研发的整个过程。基于市场需求，在产品研发和成本、质量、可能性等多方面进行管理。并在不同阶段，将研发作为企业投资，审核其效率，降低成本、废品率，缩短研发周期。

三、文化创新

企业家、创新、敬业和团队合作精神是其企业文化的精华。华为坚持攀登世界通信领域技术高峰，广泛吸收全球最新科研成果，独立自主研发自己核心技术和产品，是在《华为基本法》中明确阐述的核心价值观。通过强调“狼性”文化，强调建设具有较高协调、团结、包容、和谐的凝聚力强、效率高的团队。华为为员工创新营造了良好氛围，通过与顾客构建利益共同体，强调注重顾客建议，提高交流水平。在企业内部，建立激励机制，将员工薪酬与创新挂钩，主要通过产品奖发放，同时适当放权，鼓励员工发表意见，注重项目管理和跨部门的团队合作，提高产品从立项、设计、研发到生产过程中的效率。

四、营销创新

通过技术创新，华为产品的性能和价格取得了优势，通过优秀的营销模式，能够在短时间里回收资金，并获取市场反应，进行产品与技术的升级与再创造，形成良性循环。华为逐步将产品和顾客线紧密联系，客户代表与产品技术人员通过收集一定区域内客户信息，并进行有针对性地对产品性能、技术、价格等方面的交流，使顾客了解产品信息。建立2000多人的市场服务队伍，专门对合同相关问题进行管理，提高客户服务水平，备件库、售后服务中心覆盖全国，并走向全球。在华为全球化进程中，区别于其他企业，华为采取非本地化政策，营销人员一般不会派到原籍所在地，提高人才流动率，平均一年进行一次调动，强调营销人员能力，以此形成对华为企业的认同，有利于品牌的建立和发展。营销人员都需要经过经验丰富员工的培训与指导。华为的营销战术，主要采取席卷式营销战术，通过人力、物力、财力的调整与整合来形成人海战术，针对不同侧重点与其他对手进行竞争。人海战术，在初期使得华为进入了广大的农村市场，并在发展过程过程中通过较大市场占有率获取竞争优势。

五、战略创新

华为自成立，在发展过程中逐步确立了以通信设备为主要产品的经营方向，并在不断国际化的道路上，企业战略实现了由初期技术的吸收、模仿到企业的自主创新和研发的战略创新。华为的自主创新不仅关注单一的产品研发，而是将重点放在产品研发提议与平台建设，依次确立不同产品对企业未来发展的作用。并加强知识的管理与保护，提高专利知识数量。在自主研发的同时开展合作，以市场需求为出发点，整合全球资源和人才，对关键核心基础进行突破，根据项目的价值，按顺序进行研发。包含任正非在内的华为管理者，重视创新对企业发展的推动作用。建立了战略规划委员会等机构，对企业战略和未来规划进行指定、审议和决策。以技术创新为核心，华为全球战略主要采取与世界知名企业合作建立实验室，如与美国德州仪器建立联合实验室开发相关产品。同时华为建立合资公司，获取全球资金、先进技术和人才，推动企业发展。2013年，华为发布了SoftCOM软件定义网络战略，希望能够为网络运营商的下一代基础设施战略增加价值。

经过了以市场需求为基础的技术、管理、文化、营销和战略等方面的创新活动，华为获得了稳步的发展，2013年，华为销售收入达350亿美元，同比增长8.5%，净利润达到34.7亿美元，首次超越爱立信，成为全球最大设备供应商。

（贵州大学　孔春研硕士）

第九章　评价指标体系第三方应用示范

资源型企业的创新能力评价指标体系经过了验证并经过研究者初步应用，是科学的、全面的、可操作的。关于这些成果在实践应用中是否方便，效果如何，我们邀请了第三方进行应用示范。

应用分两组进行：第一组应用选择两家资源型上市企业——宝山钢铁股份有限公司（简称宝钢股份）、内蒙古包钢稀土高科技股份有限公司（简称包钢稀土）进行示范。第二组应用以专家打分为基础，组建评价小组进行应用对比，结果以“优”“良”“中”“差”四个等级体现。

9.1　评价指标体系第三方应用

资源型企业创新能力评价指标体系应用分为三个步骤：评价对象样本数据的收集和处理、各级指标层得分计算、评价结果与等级确定。我们按照这三个步骤进行评价应用。

9.1.1　评价对象样本数据的收集和处理

宝钢股份是中国最大、最现代化的钢铁联合企业。宝钢股份以其诚信、人才、创新、管理、技术诸方面综合优势，奠定了在国际钢铁市场上世界级钢铁联合企业的地位。《世界钢铁业指南》评定宝钢股份在世界钢铁行业的综合竞争力为前三名，认为其是未来最具发展潜力的钢铁企业。宝钢股份全部装备技术建立在当代钢铁冶炼、冷热加工、液压传感、电子控制、计算机和信息通信等先进技术的基础上，具有大型化、连续化、自动化的特点。公司具有雄厚的研发实力，致力于新技术、新产品、新工艺、新装备的开发研制，为公司积聚了不竭的发展动力。

包钢稀土是 1997 年包头钢铁公司以所属稀土三厂及选矿厂稀选车间为基础，联合嘉鑫有限公司（香港）、包钢综合企业（集团）公司以募集方式发起设立的。公司作为国内最大稀缺资源垄断股，依托白云鄂博稀土与铁共生矿，稀土储量占全世界的接近 50%，资源优势可谓得天独厚。经过多年的投入，公司积累了雄厚的技术实力，旗下有科研实力强大、闻名全国、享誉世界的包头（包钢）稀土研究院。公司与多所知名学府、研究机构建立了良好的合作关系，公司的技术优势与产、研结合优势突出。公司汇集了众多的行业专家与管理人才，建立了完善的激励与约束机制，形成了公司独特的管理优势。

在将资源型企业创新能力评价指标体系具体应用到企业创新能力评价时，首先需要对评价对象（宝钢股份、包钢稀土）的创新指标进行系统调查（调查手段包括公开年报、网络公示及电话采访），获取原始数据，见表 9-1。

表9-1　评价对象创新能力评价指标原始数据

序号	观测指标	权重 /%	宝钢股份	包钢稀土
C_A-01	专利及科技成果相对数 /（个 / 亿元资产）	2.15	3.02	0.068
C_A-02	获奖成果相对数 /（个 / 亿元资产）	1.13	1.6	0.9
C_A-03	千人研发人员拥有专利数量 /（个 / 千人）	1.18	16.3	12
C_A-04	千人研发人员拥有论文数量 /（篇 / 千人）	2.10	466.7	213
C_A-05	企业科技机构相对数 /（个 / 亿元资产）	2.26	0.01	0.02
C_A-06	企业仪器设备采购强度 /%	1.62	0.71	0.31
C_A-07	企业 R&D 项目相对数 /（个 / 亿元资产）	0.69	0.34	0.26
C_A-08*	理论与技术导入能力*（新聘员工平均培训时间）/ 天	1.47	23	26
C_A-09*	工艺技术手段完备情况*（企业外包业务环节比重）/%	0.62	6	7
C_A-10*	自动化生产水平*（生产线员工比重）/%	0.59	43	43.8
C_A-11	企业创新激励机制建设水平（研发人员劳务支出比重）/%	1.26	25	16
C_A-12	企业管理费用比重 /%	2.38	4.09	6.14

续表

序号	观测指标	权重 /%	宝钢股份	包钢稀土
C_A-13	企业创新战略目标的清晰程度*（新产品研发成功率）/%	1.03	9	8.7
C_A-14	创新战略有效性*（新产品企业市场份额）/%	0.64	23	41
C_A-15	创新机制的有效性*（新产品销售收入比重）/%	0.89	5	3.3
C_A-16	科技体系与创新载体情况*（负责创新的部门或机构经费比重）/%	0.65	9.1	5.51
C_A-17	管理人员创新意识*（企业管理制度变化频度）/（次 / 年）	0.71	14	10
C_A-18	信息采集和管理能力*（企业管理信息系统费用支出比重）	0.67	3.01	1.93
C_A-19	企业人均邮电业务总量 /（万元 / 年）	0.42	0.08	0.07
C_A-20	企业人均移动电话数量 /（台 / 人）	0.55	1	0.9
C_A-21	宽带覆盖率 /%	0.52	100	95
C_A-22	微机覆盖率 /%	0.55	100	97
C_A-23	信息技术投入增长率 /%	0.55	2.1	1.87
C_A-24	情报部门投入经费比重 /%	1.81	4.13	2.8
C_A-25	企业工程技术员工比重 /%	0.74	4.8	3.6
C_A-26	企业科技活动人员比重 /%	0.48	7.89	3.51
C_A-27	员工培训和学习频度 /（次 / 年）	0.53	5	2
C_A-28	研发人员的年总收入增长率 /%	0.74	16	10
C_A-29	研发人员观念素质*（本科学历人员比重）/%	0.80	36.22	11
C_A-30*	研发人员忠诚度*（年离职率）/%	0.57	1.2	2.3
C_A-31	员工满意度*（年收入增长率）/%	0.70	10	9
C_A-32	研发人员晋升制度的完善程度*（管理层由企业自身培养的研发人员比重）/%	0.85	12	15
C_A-33	企业研发支出经费比率 /%	0.94	2.15	1.95
C_A-34	资本创新效率资本创新效率（专利产出效率）/（个 / 亿元）	0.60	180	113
C_A-35	研发人员投入比重 /%	0.84	3.72	1.69
C_A-36	研发设备投入比重 /%	0.74	2.78	1.75
C_A-37	外部科研经费筹集比重 /%	1.44	30	18
C_A-38*	企业资源型企业的国家控制程度*（国有或者集体股份比重）/%	0.60	76.68	38.92
C_A-39*	企业资源禀赋优势*（企业资源占国家该资源总量的比重）/%	0.70	无	无
C_A-40*	市场准入门槛*（进入该资源市场所需政府批文数量）/（件 / 项）	0.64	17	28
C_A-41*	资源替代品多寡*（根据很容易被替代、容易被替代、不容易被替代，分别赋以 1、0.5、0）	0.54	1	0
C_A-42*	企业国际资源获取门槛*（资源进口单价年增长率）/%	0.64	6.4	20
C_A-43	企业技术引进费用占比 /%	0.55	4.1	5.4
C_A-44	企业国内技术购买费用占比 /%	0.73	2.2	1.8
C_A-45	企业技术引进合同金额占比 /%	2.67	1.1	0.8
C_A-46	企业消化吸收经费占比 /%	0.66	1.8	0.7
C_A-47	产、学、研合作比率 /%	0.91	12	8
C_B-01	地区人均国内生产总值 / 元	0.60	82 560	57 974

续表

序号	观测指标	权重 /%	宝钢股份	包钢稀土
*C*B-02	地区规模以上工业增加值增速 /%	0.81	7.4	19
*C*B-03	地区人均可支配收入 / 元	2.82	31 838.08	17 698.15
*C*B-04	地区经济发展全国排名	0.75	1	6
*C*B-05	地区经济发展潜力*（GDP 增长率）/%	1.48	8.2	15
*C*B-06	地区人均居民消费水平 / 元	0.57	35 438.91	13 264.24
*C*B-07	地区全社会固定资产投资占 GDP 比重 /%	0.89	25.85	72.18
*C*B-08	地区实际使用外资与 GDP 之比 /%	0.59	1.28	1.68
*C*B-09	地区金融机构资金信贷合计与 GDP 之比 /%	0.71	4.14	0.68
*C*B-10	地区上市公司数量 / 家	1.86	247	24
*C*B-11	地区社会零售商品总额与 GDP 之比 /%	0.56	0.36	0.28
*C*B-12	单位地区生产总值能耗（等价值）/（吨标准煤 / 万元）	0.55	0.62	1.41
*C*B-13	地区创新型企业的发展程度*（高新技术企业产出占 GDP 比重）/%	2.77	36.58	2.27
*C*B-14	地区创新产品市场容量	1.94	—	—
*C*B-15*	地区第二、第三产业比	2.72	0.71	1.6
*C*B-16*	地区城乡居民收入比	0.77	2.12	3.2
*C*B-17*	地区市场集中程度*（反向指标，各产业 GDP 贡献的离散程度，方差表示）	0.93	0.34	0.78
*C*B-18*	地区贫富差距*（反向指标，基尼系数）	0.57	0.57	0.44
*C*B-19	地区经济规模效应*（税收在 100 万以上的企业在税收贡献中的比重）/%	1.22	31	10
*C*B-20	地区人均公路里程 /（公里 / 人）	0.78	0	0
*C*B-21	地区人均铁路营业里程 /（公里 / 人）	0.55	0	0.01
*C*B-22	地区高速公路比重 /%	2.12	6.67	1.79
*C*B-23	地区每万人拥有公共交通数量 / 台	2.32	8.82	4.96
*C*B-24	地区城镇化发展水平（城镇人口比重）/%	1.06	89.3	56.62
*C*B-25	地区地理区位优势*（所处地区档次分为东部、中部、西部，不同档次区位将被赋予 3、2、1 的数值）	0.76	3	1
*C*B-26	地区电力生产消费比	1.30	0.77	0.77
*C*B-27	地区资源丰度（根据地区资源禀赋由课题组确定全国各省份资源丰度，以 3、2、1 量化表示）	1.01	1	3
*C*B-28	地区人居自然环境*（人口密度）/（人 / 平方公里）	0.89	2640	20
*C*B-29	地区金融支持环境*（地区金融机构贷款余额与 GDP 之比）/%	1.90	2.48	0.34
*C*B-30	地区人均行政诉讼案件	1.68	0.01	0
*C*B-31	地区人均财政税收 /（万元 / 人）	0.59	1.46	0.55
*C*B-32	地区人均财政支出 /（万元 / 人）	1.30	1.67	1.2
*C*B-33*	地区政府廉洁水平*（三公经费比重）	2.24	—	—
*C*B-34	地区法院人均收案 /（件 / 万人）	1.64	47	47
*C*B-35	地区刑事犯罪人数比重（每万人发案数）	2.46	19	19
*C*B-36	地区万人拥有律师数	2.00	5.77	5.46

续表

序号	观测指标	权重 /%	宝钢股份	包钢稀土
C_B-37	地区技术创新成果保护法的完善与实施情况*（知识产权收案占民事收案比重）/%	1.46	1.02	0.6
C_B-38	地区万人高校在校生人数 / 人	0.62	217.8	154.91
C_B-39	地区万人科研机构数 /（个 / 万人）	0.87	2.56	0.12
C_B-40	地区教育经费占财政支出比重 /%	1.46	11.26	11.99
C_B-41	当地人居社会环境情况*（一般公共服务经费支出占财政支出比重）/%	1.12	6.03	10.19
C_B-42	地区创新的文化发育程度*（地区科技经费支出比重）/%	0.67	5.58	0.94
C_B-43*	地区文明程度*（每万人犯罪数）	1.04	22	22

注：指标加“*”的为定性指标，序号加“*”的为反向指标

获取评价对象的创新能力评价指标原始数据之后，需要将原始数据进行无量纲处理。资源型企业创新能力评价指标体系研究成果，根据每个指标上的最高原始数据和最低原始数据，建立了最优和最差模拟标杆企业，通过归一法获取无量纲指标数据。我们在此应用过程时，要对评价对象原始数据进行无量纲处理，只需将各指标的原始数据与模拟标杆企业各指标的原始数据进行比较，再以各指标的无量纲数据为基础即可倒算出评价对象各指标的无量纲数据。这种算法可能会导致个别指标的分值落在最差和最优模拟企业指标值域空间之外。根据研究成果的应用说明：“任何科学研究都是具体与历史的统一，模拟标杆企业的构建，建立在固定时空内样本企业对企业全集可替代的科学假设之上，但也不排斥某评价对象的某指标的原始数据落在了最差、最优模拟标杆企业指标原始数据之外的情况。”此时则可将评价对象的该指标取值纳入模拟标杆企业，作为对模拟标杆企业的修正，则该指标的无量纲数据为 0 或 100。无量纲之后的评价对象指标数据见表 9-2。

表9-2　无量纲处理之后的指标数据

序号	观测指标	权重 /%	宝钢股份	包钢稀土
C_A-01	专利及科技成果相对数 /（个 / 亿元资产）	2.15	66.52	1.50
C_A-02	获奖成果相对数 /（个 / 亿元资产）	1.13	40.20	22.61
C_A-03	千人研发人员拥有专利数量 /（个 / 千人）	1.18	34.68	25.53
C_A-04	千人研发人员拥有论文数量 /（篇 / 千人）	2.10	19.05	0.00
C_A-05	企业科技机构相对数 /（个 / 亿元资产）	2.26	0.83	1.67
C_A-06	企业仪器设备采购强度 /%	1.62	74.74	32.63
C_A-07	企业 R&D 项目相对数 /（个 / 亿元资产）	0.69	4.98	3.81
C_A-08*	理论与技术导入能力*（新聘员工平均培训时间）/ 天	1.47	81.27	91.87

续表

序号	观测指标	权重 /%	宝钢股份	包钢稀土
C_A-09*	工艺技术手段完备情况*（企业外包业务环节比重）/%	0.62	42.86	50.00
C_A-10*	自动化生产水平*（生产线员工比重）/%	0.59	91.10	92.80
C_A-11	企业创新激励机制建设水平（研发人员劳务支出比重）/%	1.26	71.43	45.71
C_A-12	企业管理费用比重 /%	2.38	45.60	68.45
C_A-13	企业创新战略目标的清晰程度*（新产品研发成功率）/%	1.03	49.86	48.20
C_A-14	创新战略有效性*（新产品企业市场份额）/%	0.64	91.96	100.00
C_A-15	创新机制的有效性*（新产品销售收入比重）/%	0.89	33.38	22.03
C_A-16	科技体系与创新载体情况*（负责创新的部门或机构经费比重）/%	0.65	59.55	36.06
C_A-17	管理人员创新意识*（企业管理制度变化频度）/（次 / 年）	0.71	24.14	17.24
C_A-18	信息采集和管理能力*（企业管理信息系统费用支出比重）/%	0.67	98.37	63.07
C_A-19	企业人均邮电业务总量 /（万元 / 年）	0.42	8.89	7.78
C_A-20	企业人均移动电话数量 /（台 / 人）	0.55	66.67	60.00
C_A-21	宽带覆盖率 /%	0.52	100.00	95.00
C_A-22	微机覆盖率 /%	0.55	100.00	97.00
C_A-23	信息技术投入增长率 /%	0.55	26.58	23.67
C_A-24	情报部门投入经费比重 /%	1.81	98.10	66.51
C_A-25	企业工程技术员工比重 /%	0.74	96.00	72.00
C_A-26	企业科技活动人员比重 /%	0.48	87.67	39.00
C_A-27	员工培训和学习频度 /（次 / 年）	0.53	83.33	33.33
C_A-28	研发人员的年总收入增长率 /%	0.74	100.00	62.50
C_A-29	研发人员观念素质*（本科学历人员比重）/%	0.80	59.26	18.00
C_A-30*	研发人员忠诚度*（年离职率）/%	0.57	30.00	57.50
C_A-31	员工满意度*（年收入增长率）/%	0.70	66.67	60.00
C_A-32	研发人员晋升制度的完善程度*（管理层由企业自身培养的研发人员比重）/%	0.85	55.43	69.28
C_A-33	企业研发支出经费比率 /%	0.94	26.88	24.38
C_A-34	资本创新效率资本创新效率（专利产出效率）/（个 / 亿元）	0.60	67.16	42.16
C_A-35	研发人员投入比重 /%	0.84	93.00	42.25
C_A-36	研发设备投入比重 /%	0.74	46.33	29.17
C_A-37	外部科研经费筹集比重 /%	1.44	83.33	50.00
C_A-38*	企业资源型企业的国家控制程度*（国有或者集体股份比重）/%	0.60	76.68	38.92
C_A-39*	企业资源禀赋优势*（企业资源占国家该资源总量的比重）/%	0.70		
C_A-40*	市场准入门槛*（进入该资源市场所需政府批文数量）	0.64	65.38	100.00
C_A-41*	资源替代品多寡*（根据很容易被替代、容易被替代、不容易被替代，分别赋以 1、0.5、0）	0.54	100.00	0.00
C_A-42*	企业国际资源获取门槛*（资源进口单价年增长率）/%	0.64	31.07	97.09
C_A-43	企业技术引进费用占比 /%	0.55	22.25	29.30
C_A-44	企业国内技术购买费用占比 /%	0.73	28.39	23.23

续表

序号	观测指标	权重/%	宝钢股份	包钢稀土
C_A-45	企业技术引进合同金额占比/%	2.67	5.53	4.02
C_A-46	企业消化吸收经费占比/%	0.66	41.76	16.24
C_A-47	产、学、研合作比率/%	0.91	92.31	61.54
C_B-01	地区人均国内生产总值/元	0.60	100.00	70.22
C_B-02	地区规模以上工业增加值增速/%	0.81	38.95	100.00
C_B-03	地区人均可支配收入/元	2.82	100.00	55.59
C_B-04	地区经济发展全国排名	0.75	3.85	23.08
C_B-05	地区经济发展潜力*（GDP增长率）/%	1.48	54.67	100.00
C_B-06	地区人均居民消费水平/元	0.57	100.00	37.43
C_B-07	地区全社会固定资产投资占GDP比重/%	0.89	33.96	94.84
C_B-08	地区实际使用外资与GDP之比/%	0.59	34.97	45.90
C_B-09	地区金融机构资金信贷合计与GDP之比/%	0.71	58.64	9.63
C_B-10	地区上市公司数量/家	1.86	62.53	6.08
C_B-11	地区社会零售商品总额与GDP之比/%	0.56	85.71	66.67
C_B-12	单位地区生产总值能耗（等价值）/（吨标准煤/万元）	0.55	35.23	80.11
C_B-13	地区创新型企业的发展程度*（高新技术企业产出占GDP比重）/%	2.77	82.55	5.12
C_B-14	地区创新产品市场容量/%	1.94		
C_B-15*	地区第二、第三产业比	2.72	42.26	95.24
C_B-16*	地区城乡居民收入比/%	0.77	61.45	92.75
C_B-17*	地区市场集中程度*（反向指标，各产业GDP贡献的离散程度，方差表示）	0.93	43.59	100.00
C_B-18*	地区贫富差距*（反向指标，基尼系数）	0.57	87.69	67.69
C_B-19	地区经济规模效应*（税收在100万以上的企业在税收贡献中的比重）/%	1.22	100.00	32.26
C_B-20	地区人均公路里程/（公里/人）	0.78	0.00	0.00
C_B-21	地区人均铁路营业里程/（公里/人）	0.55	0.00	80.00
C_B-22	地区高速公路比重/%	2.12	100.00	26.84
C_B-23	地区每万人拥有公共交通数量/（台/万人）	2.32	41.51	23.34
C_B-24	地区城镇化发展水平（城镇人口比重）/%	1.06	100.00	63.40
C_B-25	地区地理区位优势*（所处地区档次分为东部、中部、西部，不同档次区位将被赋予3、2、1的数值）	0.76	100.00	33.33
C_B-26	地区电力生产消费比	1.30	57.89	57.89
C_B-27	地区资源丰度（根据地区资源禀赋由课题组确定全国各省份资源丰度，以3、2、1量化表示）	1.01	33.33	100.00
C_B-28	地区人居自然环境*（人口密度）/（人/平方公里）	0.89	100.00	0.76
C_B-29	地区金融支持环境*（地区金融机构贷款余额与GDP之比）/%	1.90	70.25	9.63
C_B-30	地区人均行政诉讼案件	1.68	89.29	0.00
C_B-31	地区人均财政税收/（万元/人）	0.59	97.99	36.91
C_B-32	地区人均财政支出/（万元/人）	1.30	100.00	71.86

续表

序号	观测指标	权重 /%	宝钢股份	包钢稀土
C_B-33*	地区政府廉洁水平*（三公经费占政府支出比重）/%	2.24		
C_B-34	地区法院人均收案 /（件 / 万人）	1.64	94.00	94.00
C_B-35	地区刑事犯罪人数比重 / 每万人发案数	2.46	86.36	86.36
C_B-36	地区万人拥有律师数	2.00	51.98	49.19
C_B-37	地区技术创新成果保护法的完善与实施情况*（知识产权收案占民事收案比重）/%	1.46	88.70	52.17
C_B-38	地区万人高校在校生人数 / 人	0.62	74.78	53.19
C_B-39	地区万人科研机构数 /（个 / 万人）	0.87	89.20	4.18
C_B-40	地区教育经费占财政支出比重 /%	1.46	70.51	75.08
C_B-41	当地人居社会环境情况*（一般公共服务经费支出占财政支出比重）/%	1.12	50.12	84.70
C_B-42	地区创新的文化发育程度*（地区科技经费支出比重）/%	0.67	98.94	16.67
C_B-43*	地区文明程度*（每万人犯罪数）	1.04	88.00	88.00

注：C_A-39*、C_B-14、C_B-33* 三个指标数据不可得，在计算过程中忽略不计，对最终结果的影响非常有限；指标加“*”的为定性指标，序号加“*”的为反向指标

从无量纲处理过程来看，包钢稀土有三个指标（C_A-04，千人研发人员拥有论文数量；C_A-14，创新战略有效性，C_A-40，市场准入门槛）的原始取值落在了模拟标杆企业指标取值范围之外，需要进行极化处理，即 C_A-14、C_A-40 指标分别取 100，C_A-04 指标取 0。

9.1.2　各级指标层得分计算

在获取原始数据并进行无量纲处理之后，可以着手计算各级指标层得分，思路是，从观测指标开始，将指标标准化数据与其对应的权重加权求和，获取上一级指标的指数，通过这样的办法逐级向上逆推集结，一般性的计算过程如下。计算公式为

$$\mathrm{INDEX}_{ij}=\sum_{j=1}^{m} w_j \times x_j,\ j=1,2,\cdots,90$$

经过计算，可以得到除观测指标层以外的各级指标层的指数，见表 9-3 ～表 9-5。

表9-3　要素层指标指数

要素层指标	宝钢股份	包钢稀土
技术要素	5.955 513	3.389 643
管理要素	4.602 03	4.316 946
信息要素	3.395 823	2.724 192
人才要素	3.895 79	2.839 779
资本要素	2.979 626	1.772 89
资源要素	1.617 36	1.494 896
引进创新	0.477 273	0.438 063
合作创新	1.115 637	0.667 198
经济发展	4.573 486	4.452 058
经济活力	5.618 345	2.465 479
经济结构	3.747 857	5.014 108
地理结构	4.903 032	2.882 019
环境资源	3.313 953	1.952 304
政策环境	3.378 213	1.151 949
法律环境	6.000 676	5.411 538
文化环境	4.408 564	3.437 841

表9-4　能力层指标指数

能力层指标	宝钢股份	包钢稀土
自主性创新能力	1.747 714 4	1.224 375 385
外源性创新能力	0.036 367 8	0.027 778 497
经济空间	1.114 744 3	0.856 375 061
地理空间	0.541 151 7	0.318 312 746
人文空间	0.904 740 3	0.674 747 72

表9-5　结构层与综合层指标指数

分类		宝钢股份	包钢稀土
结构层指标	内生性创新	0.692 879	0.485 528 963
	企业创新三维空间	0.499 547 3	0.367 516 352
综合层指标	企业创新能力综合指数	0.586 643 26	0.420 681 03

9.1.3　评价结果与等级确定

根据计算得到的企业各级指标层的指数得分，将其与指标等级划分标准进行比对，可以确定企业各创新能力指标层等级划分，见表 9-6 ～表 9-10。

表9-6　观测层指标评价等级

序号	宝钢股份	包钢稀土
C_A-01	良	差
C_A-02	中	差
C_A-03	中	中
C_A-04	差	差
C_A-05	差	差
C_A-06	良	中
C_A-07	差	差
C_A-08*	优	优
C_A-09*	中	良
C_A-10*	优	优
C_A-11	良	中
C_A-12	中	良
C_A-13	中	中
C_A-14	优	优
C_A-15	中	差
C_A-16	良	中
C_A-17	差	差
C_A-18	优	良
C_A-19	差	差
C_A-20	良	良
C_A-21	优	优
C_A-22	优	优
C_A-23	中	差
C_A-24	优	良
C_A-25	优	良
C_A-26	优	中
C_A-27	优	中
C_A-28	优	良
C_A-29	良	差
C_A-30*	中	良
C_A-31	良	良
C_A-32	良	良
C_A-33	中	差
C_A-34	良	中

续表

序号	宝钢股份	包钢稀土
C_A-35	优	中
C_A-36	中	中
C_A-37	优	良
C_A-38*	优	中
C_A-39*		
C_A-40*	良	优
C_A-41*	优	差
C_A-42*	中	优
C_A-43	差	中
C_A-44	中	差
C_A-45	差	差
C_A-46	中	差
C_A-47	优	良
C_B-01	优	良
C_B-02	中	优
C_B-03	优	良
C_B-04	差	差
C_B-05	良	优
C_B-06	优	中
C_B-07	中	优
C_B-08	中	中
C_B-09	良	差
C_B-10	良	差
C_B-11	优	良
C_B-12	中	优
C_B-13	优	差
C_B-14		
C_B-15*	中	优
C_B-16*	良	优
C_B-17*	中	优
C_B-18*	优	良
C_B-19	优	中
C_B-20	差	差
C_B-21	差	良
C_B-22	优	中
C_B-23	中	差
C_B-24	优	良

续表

序号	宝钢股份	包钢稀土
C_B-25	优	中
C_B-26	良	良
C_B-27	中	优
C_B-28	优	差
C_B-29	良	差
C_B-30	优	差
C_B-31	优	中
C_B-32	优	良
C_B-33*		
C_B-34	优	优
C_B-35	优	优
C_B-36	良	中
C_B-37	优	良
C_B-38	良	良
C_B-39	优	差
C_B-40	良	优
C_B-41	良	优
C_B-42	优	差
C_B-43*	优	优

注：序号加“*”表示反向指标

表9-7　要素层指标评价等级

要素层指标	宝钢股份	包钢稀土
技术要素	中	差
管理要素	良	良
信息要素	优	良
人才要素	良	良
资本要素	良	中
资源要素	良	中
引进创新	差	差
合作创新	优	中
经济发展	良	良
经济活力	良	差
经济结构	良	优
地理结构	良	中
环境资源	良	中

续表

要素层指标	宝钢股份	包钢稀土
政策环境	良	差
法律环境	优	良
文化环境	优	良

表9-8　能力层指标评价等级

能力层指标	宝钢股份	包钢稀土
自主性创新能力	良	中
外源性创新能力	差	差
经济空间	良	中
地理空间	良	中
人文空间	良	良

表9-9　结构层指标评价等级

结构层指标	宝钢股份	包钢稀土
内生性创新	良	中
企业创新三维空间	良	中

表9-10　企业创新能力综合指数及等级

综合层指标	宝钢股份	包钢稀土
企业创新能力综合指数	良	中

9.2　创新能力评价的专家打分

作为对比试验，专家打分是指通过匿名方式征询有关专家的意见，对专家意见进行统计、处理、分析和归纳，客观地综合多数专家经验与主观判断，对大量难以采用技术方法进行定量分析的因素做出合理估算和进行分析的方法。

专家打分法的第一步就是选择专家。根据对比实验的性质以及评价对象的特点，我们以多元性为原则，选择学术界、资源型企业、金融机构、政府机关等多领域专家进行打分，确定企业创新能力评价要素，实现对宝钢股份、包钢稀土两家企业创新能力的评估。经过专家打分，汇总调整得到评估表（表9-11）。

表9-11 评估表

检查项目	考评内容	考评说明			
		优	良	中	差
技术	企业年专利授予数	年授予专利数≥7项／千人，得7.5分	年授予专利数＜7项／千人，但≥5项／千人，得5分	年授予专利数＜5项／千人，但≥2项／千人，得2.5分	年授予专利数＜2项／千人，得0分
	企业参与制定标准的级别	参与制定同类企业国家或国际多项标准的企业得7.5分	参与制定同类企业少数国家级且行业多项标准的企业得5分	参与制定同类企业部分行业标准的企业得2.5分	只制定本企业内部标准的企业得0分
	企业科技成果转化率	企业科技成果转化率≥90%得5分	企业科技成果转化率＜90%但≥80%得3分	企业科技成果转化率＜80%但≥70%得1.5分	企业科技成果转化率＜70%得0分
	使用新技术的产品及服务对企业利润的贡献率	新技术的产品及服务对企业利润的贡献率≥60%得5分	新技术的产品及服务对企业利润的贡献率＜60%但≥40%得3分	新技术的产品及服务对企业利润的贡献率＜40%但≥30%得1.5分	新技术的产品及服务对企业利润的贡献率＜30%得0分
管理	企业创新激励机制与规范	有较完善的创新激励机制与规范的企业得7.5分	有不太完善的创新激励机制与规范的企业得5分	只有部分的创新激励机制与规范的企业得2.5分	有很少或没有创新激励机制与规范的企业得0分
	企业创新战略规划	成熟的创新战略、有独立的领导、创新团队三项全有的企业得7.5分	只有其中两项的企业得5分	只有其中一项的企业得2.5分	一项都没有的企业得0分
	获产品质量保证体系认证数	通过全部国家级质量保证体系认证的企业得5分	通过部分国家级质量保证体系认证的企业且通过全部部级质量保证体系认证的企业得3分	通过全部部级质量保证体系认证的企业得1.5分	只通过普通质量保证体系认证的企业得0分
信息	企业生产自动化与管理信息化能力	拥有办公自动化、ERP、生产自动化、管理信息化、财务核算系统信息化等较完善的生产管理信息化控制的企业得7.5分	拥有其中部分（大于5项）的企业得5分	拥有其中2～4项的企业得2.5分	只有1项或完全无信息化的企业得0分
	技术与市场情报信息收集分析应用能力	能够进行文献搜索、数据库应用、物资数据库分析等多项信息收集分析应用的企业得7.5分	能进行其中部分信息收集分析应用的企业得5分	能进行其中少数信息收集分析应用的企业得2.5分	信息收集分析应用很少或一点都不能应用的企业得0分
劳动力	领导层创新意识	创新上有专职领导、激励机制、组织架构、成熟战略、创新团队等多项创新机制的企业得10分	只有其中几项的企业得7分	只有其中1～2项的企业得3分	1项都没有的企业得0分

续表

检查项目	考评内容	考评说明			
		优	良	中	差
劳动力	企业创新团队建设（包括企业鼓励创新的人才吸引政策）	有专门的省、市批准的创新团队，并且科技人才技术、建设目标、论文篇数、承担（国家、企业的）课题、发表论文人数比、成果鉴定数量都较高的企业得 5 分	有专门的省、市批准的创新团队，但科技人才技术、建设目标、论文篇数、承担（国家、企业的）课题、发表论文人数比、成果鉴定数量不太高的企业得 3 分	只有企业自建的创新团队，且科技人才技术、建设目标、论文篇数、承担（国家、企业的）课题、发表论文人数比、成果鉴定数量不高的企业得 1.5 分	无创新团队的企业得 0 分
	职工职称学历结构	高中级工程师占员工比率≥ 10%，且有硕士学位以上的人员占员工比率≥ 2.5%；有大专以上文化的人员占员工比率≥ 20% 的企业得 5 分	以上指标只达到两项的得 3 分	以上指标只达到 1 项的得 1.5 分	以上指标 1 项都没达到的得 0 分
资本	企业年度研究经费投入占销售收入比例	企业年度研究经费投入占销售收入比例≥ 10% 得 5 分	企业年度研究经费投入占销售收入比例＜ 10% 但≥ 7% 得 3 分	企业年度研究经费投入占销售收入比例＜ 7% 但≥ 3% 得 1.5 分	企业年度研究经费投入占销售收入比例＜ 3% 得 0 分
	产学研投入占研发投入比例	产学研投入占研发投入比例≥ 40% 得 5 分	产学研投入占研发投入比例＜ 40% 但≥ 30% 得 3 分	产学研投入占研发投入比例＜ 30% 但≥ 15% 得 1.5 分	产学研投入占研发投入比例＜ 15% 得 0 分
资源	内部创新平台建设	有技术保障体系、校企合作，企业技术中心，工程技术研究中心，重点实验室、国家实验室、博士工作站等完整的配套的平台建设得 5 分	有其中 5 项以上的企业得 3 分	有其中 2 项以上的企业得 1.5 分	有其中 3 项以下的企业得 0 分
	与创新的相关性	在利用率提高方面、深加工方面、副产品方面的创新相关性优的企业得 5 分	其中两方面优的企业得 3 分	只有一方面优的企业得 1.5 分	无相关性的企业得 0 分
人文空间	企业研发机构所在地大学，科研院所密集程度	企业研发机构所在地大学及科研院所≥ 10 所得 10 分	企业研发机构所在地大学及科研院所≥ 5 所得 7 分	企业研发机构所在地大学及科研院所≥ 2 所得 3 分	企业研发机构所在地大学及科研院所＜ 2 所得 0 分
	区域对知识产权的保护力度	企业所在区域能充分认识知识产权的重要性、能及时处理知识产权纠纷并能有效保护知识产权得 10 分	有其中 3 项的得 7 分	只有其中 1 ～ 2 项的得 3 分	1 项都不具有的得 0 分

续表

检查项目	考评内容	考评说明			
		优	良	中	差
人文空间	区域鼓励吸引人才政策	企业所在区域对人才比较重视、对人才有优良的政策、人才在区域基本能得到合理使用、有自己充分的发展空间得10分	有其中3项的得7分	只有其中1～2项的得3分	1项都没有的得0分
经济空间	创新产品市场容量的年成长率	创新产品市场容量的年成长率≥35%的企业得10分	创新产品市场容量的年成长率<35%但≥25%的企业得7分	创新产品市场容量的年成长率<25%但≥10%的企业得3分	创新产品市场容量的年成长率<10%的企业得0分
	区域产业链与企业创新的关联度	上下游及横向关联度都强的企业得10分	只有一方面强的企业得7分	上下游或横向关联度有但不强的企业得3分	上下游或横向都无关的企业得0分
	鼓励创新的税费及其他优惠政策	区域有优越的关于创新的税费及其他优惠政策的10分	区域有创新税费政策及其他优惠政策但不优越的得7分	区域有少量创新税费政策及其他优惠政策且不优越的得3分	区域有少量创新税费政策及其他优惠政策得0分
	区域金融机构对企业创新的支持	区域金融机构对企业创新有较好的支持政策得10分	区域金融机构对企业创新有一般的支持政策得7分	区域金融机构对企业创新只有较弱的支持政策得3分	区域金融机构对企业创新无支持政策得0分
地域空间	区域及周边环境对企业创新的影响	区域及周边经济文化发达程度都高且对企业创新有显著的影响得10分	区域或周边经济文化发达程度有一项高且对企业创新有积极影响的得7分	区域及周边经济文化发达程度都是中等水平且对企业创新有一定影响得3分	区域及周边经济文化发达程度差对企业创新无影响的得0分
	自然环境对企业创新的约束程度	企业所在区域创新负效应的接纳程度高（排放标准低，环境容量高）的得10分	企业所在区域创新负效应的接纳程度中高（排放标准中但环境容量高或排放标准低但环境容量中）得7分	企业所在区域创新负效应的接纳程度中（排放标准中且环境容量也中）得3分	企业所在区域创新负效应的接纳程度差（不属于前三类）得0分
	区域交通通信状况	区域交通通信都十分便利，对企业的发展、创新有积极显著的推动作用得10分	区域交通通信不十分便利，对企业的发展、创新有一定的推动作用得7分	区域交通通信不十分便利且对企业的发展、创新没有什么推动作用得3分	区域交通通信都不便利得0分
合计		150～200分	100～150分	50～100分	0～50分

根据评估表，以及两家企业的现实调查数据，可以对两家企业的创新能力进行评估。评估结果见表9-12。

表9-12　评估结果

检查项目	考评内容	宝钢股份		包钢稀土	
		得分	等级	得分	等级
技术	企业年专利授予数	7.5	优	7.5	优

续表

检查项目	考评内容	宝钢股份		包钢稀土	
		得分	等级	得分	等级
技术	企业参与制定标准的级别	2.5	中	2.5	中
	企业科技成果转化率	1.5	中	0	差
	使用新技术的产品及服务对企业利润的贡献率	1.5	中	0	差
管理	企业创新激励机制与规范	5	良	5	良
	企业创新战略规划	7.5	优	7.5	优
	获产品质量保证体系认证数	3	良	3	良
信息	企业生产自动化与管理信息化能力	7.5	优	5	良
	技术与市场情报信息收集分析应用能力	5	良	5	良
劳动力	领导层创新意识	7	良	7	良
	企业创新团队建设（包括企业鼓励创新的人才吸引政策）	3	良	3	良
	职工职称学历结构	3	良	3	良
资本	企业年度研究经费投入占销售收入比例	1.5	中	1.5	中
	产学研投入占研发投入比例	5	优	1.5	中
资源	内部创新平台建设	3	良	1.5	中
	企业占有材资源与创新的相关性	1.5	中	1.5	中
人文空间	企业研发机构所在地大学，科研院所密集程度	7	良	0	差
	区域对知识产权的保护力度	7	良	3	中
	区域鼓励吸引人才政策	10	优	3	中
经济空间	创新产品市场容量的年成长率	10	优	3	中
	区域产业链与企业创新的关联度	10	优	3	中
	鼓励创新的税费及其他优惠政策	7	良	3	中
	区域金融机构对企业创新的支持	10	优	3	中
地域空间	区域及周边环境对企业创新的影响	7	良	3	中
	自然环境对企业创新的约束程度	7	优	3	中
	区域交通通信状况	10	优	3	中
合计		150	优	81.5	中

9.3 两组应用实验对比①

通过专家打分法获得的总体评估结果是宝钢股份的创新能力为优等，而包钢稀土的创新能力为中等，这个结果与评价指标体系的评价结果基本一致。从

① 流实验对比由重庆大学杨敏博士等完成。

分项比较来看，专家打分与评价指标体系在检查对象上是一致的，这是因为我们事先向专家介绍了评价指标体系的基本情况，专家打分的检查项目与评价指标体系设计趋向一致。另外，评价指标体系包含了90个指标，而专家打分的考评内容一共包括26项，专家打分的考评内容基本上包含在了评价指标体系中。也就是说，评价指标体系所考察的范围，比专家打分更广。评价指标体系相比专家打分的考评内容更加系统，能够给出不同指标层的得分和等级。从分项评价结果来看，专家打分的26个指标得分和评价等级与评价指标体系的评价结果高度一致。这也进一步验证了评价指标体系的科学性和可靠性。

从评价的组织过程看，专家打分评价费时费力，且带有一定的主观性，评价结果的准确性，在很大程度上取决于专家的公正性和对考评把握的专业水平。相对而言，评价指标体系是在大样本企业调查的基础上，通过反复试验调整建立的，整个评价过程，依赖的是企业采集反馈上来的指标数据，相比之下更加客观。从应用的效率上看，评价指标体系的计算过程基本实现了电算化，相比专家打分法通过专家评定，并进行平均化获取结果，效率更高，应用更加便利，成本也更低。

通过对比应用示范，我们发现应用国家自然科学基金项目“基于内部与环境创新要素的资源型企业创新能力评价”方法，对资源型企业的创新能力进行评价，除了比专家打分法更加科学、客观、系统外，还比专家打分法高效、方便、快捷，是一项很值得大力推广应用的科学研究成果。

【专栏10】四层体系 海尔多层次创新

随着品牌战略、多元化战略和国际化战略进程的发展和积累，2005年至今，海尔进入了全球化品牌战略这一崭新阶段，构建四层次技术创新体系，组建无边界研发团队，进行全球范围内的资源整合。围绕海尔中央研究院，建立了9个研发中心，28个合作研发机构，并且在已知和新领域进行连续的创新活动，将吸收、整合的知识进行再创造，主要内容涵括技术中心、全体员工、车间技术人员和事业部开发部门。将企业内部人员、外部研究所与科技公司结合，提升了知识共享与创新效率。

1. 基于全球市场研发产品

在不断挖掘顾客需求的过程中，追随趋势，2005 年海尔也逐步形成了对高端对开门冰箱的研发项目。在全球品牌战略的指导下，整合国内外趋势，开展市场调研。结果表明欧洲家庭普遍存在冰箱无法储藏大型食材，许多家庭需要在车库设置冷冻柜，以此作为对冰箱空间不足的补充，降低了日常生活的便利性。同时，在美国展开调研，发现美国当时市场现有的冰箱无法满足针对大型食材的仓储需求，立足于新的市场需求，是开展产品开发和技术创新的前提。海尔迅速开展新产品研发工作，并将模型机在美国奥兰多和曼哈顿的用户中随机展开试用实验，借以收集消费者意见，并进行改进。改良后的冰箱样品，无品牌的条件，与其他冰箱共同进入美国家庭，接受第二次实验。结果显示购买海尔冰箱的意愿占消费者的 70%。在分析、发展冰箱科技的同时，也兼顾外观和内部结构上的创新。同时致力于增大并行内部空间，增加大型食材储藏功能。

以顾客需求为核心的产品和技术研发，在历时 2 年的开发、设计和实验过程中，海尔不断收集和总结顾客建议，并以此为据对产品进行改良，提高顾客满意度及其市场竞争优势。同时，产品在理念、设计上国际化，努力实现产品的本地化生产，在全球建立物流、人才、资金、信息、营销网络，大力发展自主创新，避免了因价格战降低利润，使创新投入减少产生恶性循环，使海尔获得了可持续的稳定发展，为海尔跻身全球领先家电企业之列奠定基础。

2. 获取国际先进专利技术增强竞争力

海尔注重科技创新，在多领域获取国际先进专利技术。海尔致力于以科技创新为企业发展驱动力，借以满足全球范围多样化、个性化的需求，提高顾客满意度与忠诚度，促进企业的进一步发展。成立至今累计获取 7000 余项专利技术。

在海尔的发展进程中，积累了一定的技术与专利知识，但面对家电行业的激烈竞争，在一系列的并购中，获取了大量的国际先进技术，为海尔进行技术突破缩短了周期，构建与市场无边界研发团队趋势相适应的项目分布式结果。在研发每个新项目或新产品时，以消费者需求为出发点，以产品为基础，聚集一批优秀的研发人员，整合组建一支专业的无边界研发团队。以节约成本为基础，利用国内外技术资金优势上的时间差，保证连续性与效率的提高。

在实际技术创新与实施过程中，海尔通过在不同阶段设立检核点确定全球各分布式团队平行或交互工作，借以确定各阶段研发和设计的完成进度与情况。研发过程充分体现了海尔国际资源的整合能力。海尔冰箱统筹了美国、德国、日本和韩国等国家的专家工程师，进行外观、结构和关键风冷、电控系统的 设计。使得海尔冰箱综合了世界各国先进技术和设计，在外观上增加欧洲抽屉设计和亚洲特色的风幕技术，增加产品美观性，冲击传统审美疲劳。在功能上，海尔专利VC诱导保鲜技术居于世界技术领先水平，在扩大容量和存放空间的对开门冰箱上，突破了保鲜和制冷效率不足的技术瓶颈。世界范围的无边界创新团队，解决了一系列新产品研发过程中的技术难题。海尔这款冰箱赢得了包括欧洲 PLUSX 大奖在内的多项奖项，一经推出，就使得竞争对手竞相模仿，这说明海尔的创新为新产品和新技术赢得了世界范围内，市场和业界的认可。

同时，在全球并购整合的背景下，海尔通过全球并购，获得了大量的行业共性技术与先进技术，并将其与自身技术进行融合，这一背景有利于海尔进行全球性技术的创新。

3．基于管理实现过程创新

持续不断的技术创新活动为海尔的发展提供源源不断的动力，创新能力的提升促使企业规模扩大，与之适应的管理创新进一步推动了企业的发展。

海尔对开门冰箱开发流程的模块设计中涉及产品定义、调研、设计、采购、生产和测试等多个环节和不同部门，体现了其复杂性。通过制定和实施企业发展和创新战略，调整企业管理层次和幅度，在信息化系统的统筹和监督下，进行管理创新。并根据企业活动的变化，实施监理适宜的组织结构，促进企业内部各部门和成员间关于企业创新内容的交流，提高创新效率。该团队主要进行包含在企业制造、财务、物流、营销、研发等多领域的创新活动。

从组织和制度的角度来看，内生、引进和合作三方面的创新活动的紧密结合贯穿于海尔的创新进程中。引入市场利益机制，基于组织结构调整和流程再造来实现“市场链”管理。破除企业边界，实现组织结构扁平化、网络化和信息化。将自身研发本部与世界各国研发团队进行无边界组织，对企业内外部资源进行整合，为贯彻落实全球品牌战略奠定了基础，形成了具有自身特色的自主创新体系。依据新产品的开发，通过组建全球工程师和专家无边界产品开发的组织，海尔在其中形成了成员学习和知识共享的机制。

4．全过程创新良性循环

以满足市场需求为出发点，海尔进行了理念、产品、技术、设计等多方面的创新。依据流程创新是具有顺序性的，它并非只关注于自身的生产活动，还需要以市场和顾客为核心，及时调整流程设计。因此，流程创新，从某种程度影响了企业活动的效率。海尔构建了与传统功能型组织不同的流程型组织。在本部统一各事业部的商流、物流和资金流，在海尔集团内部，基于流程，统一进行销售和结算等核心工作。这种组织结构，提高了海尔对市场和顾客需求的敏锐度和反应速度，使得整合后企业经营效率得到大幅提升，充分有效地满足消费者需求，提供高效优质的服务，降低了成本，有利于海尔树立全球化品牌形象，获得国际竞争优势。

通过B2B,构建平台推动企业与用户交流，实现多门类产品的个性化定制，提高顾客满意与忠诚，实现零距离互动。通过JIT采购、送料和配送，致力于实现企业零库存。按订单生产，做到现款现货，控制现金流量，努力实现零资本运营。流程创新推动了“三个零”的发展，增强企业活力。

5．克服阻碍，促进创新良性循环

一些问题常常阻碍企业自主创新进程。例如，海尔在新产品的研发过程中，无边界创新团队所使用的度量单位始终难以统一，各国科研人员提供的计划、设计方案、图纸和采购零件的单位标准都有差异，降低了国外与国内总部将研发成果综合开发和利用的效率，不利于团队内部知识的交流、共享、整合与再创造过程的循环。通过研发本部的统筹，努力实现本地化生产，并对海外工厂进行员工培训和产品质量监督，虽一定程度上增加了成本，但提高了创新效率，保证过程的流畅，实现创新良性循环，提高了中国产品的出口单价与利润空间。

区别于传统创新模式，海尔将自主创新过程连接起来，时期内容与时空范围扩大，取代片段式而进行连贯的创新活动。从企业内部，全员创新，创造了创新的企业文化氛围，并根据市场变化和响应速度，进行全流程创新，统和企业内外部各个要素进行全方位的创新与协同发展。这使得海尔最终获得了处于世界前列的先进水平、降低了成本、提高了创新效率和树立了良好的国际品牌形象，并形成了企业管理、制度、组织、文化、技术和战略的良性循环。在全球经济一体化的背景下，2008年全球金融危机加剧了家电市场竞争的白热化，通过全球品牌战略的指导，海尔通过规模、网络化和创新来应对金融危机。当年获得了1220亿元收入，利润达到22亿元，较2007年海外市场增长了8%，利润增长了20.6%的亮眼成绩。截至2013年，海尔实现全球营业额1803亿元，利润108亿元，同比增幅达到20%。

（贵州大学　孔春研硕士）

第十章　资源型企业创新能力评价总结及展望

10.1　总结

本书研究的目的是构建一个科学、系统、可行、可信的资源型企业创新能力评价指标体系。本书揭示了企业创新能力源于企业内生性创新要素与外部创新环境互动影响。本书认为：一方面，在企业生产与资源配置环节，各创新资源要素链与企业外部的创新要素市场和环境相联系，并将企业内部创新知识和信息外化，通过扩散效应影响时空；另一方面，动态变化的时空通过各种创新资源要素链与创新资源环境要素结合并内化为企业创新资源要素使用价值变量，在企业内部产生聚集和整合效应，从而影响企业的生产和创新。企业与环境之间存在类似系统动力学规律的物质能量交换，环境创新系统和企业创新系统的结构都是动态反馈的结构。上述理论观点，在著者历年来的研究中，都被证实是客观规律的正确理论抽象，它创新了资源型企业创新能力评价指标体系构建的理论基础。

在此基础上，本书从企业创新的源泉视角，将企业创新分为企业内生性创新和企业创新三维空间两个方面，定义了企业创新体系“二元结构”，并将企业创新能力的源泉归纳为五类，共16个要素层，即人才、信息、资源、资本、管理、技术要素，以及引进创新、合作创新、环境资源、地理气候、经济活力、经济发展、经济结构、政治环境、文化环境要素、法律环境要素。确定了资源型企业的创新能力评价指标体系的指标层：一级综合指标层为资源型企业创新能力，二级结构指标层为企业内生性创新能力和企业创新三维空间，三级能力层指标层为企业自主性创新、企业外源性创新、地理空间、经济空间、人文空间，四级要素指标层为各要素指标，五级观测指标层为要素指标层的具体观测指标。

循着这一结构，依照科学性、导向性、渐近性的原则，我们尽可能全面地收集可用的指标，构建充分非必要条件下的资源型企业完备评价指标体系。在此基础上，我们再强化可比性和可操作性原则，以实际企业数据为基础，通过专家审议，粗糙集模型筛选，约简重构指标体系，得到充分必要条件下的资源型企业创新能力评价指标体系，共计观测指标 90 个。对于各指标层指标的权重计算，我们采用的是客观赋权法。具体分为三种方法：观测指标层采用的是熵值法，要素层指标采用的是多元回归法和指标逆向集结相结合的方法，能力层及结构层等采用的是指标逆向集结法。

企业创新能力是复杂和非结构化的现象，企业创新能力评价指标体系的研究，却要求构造出这些现象的测度体系并进行测度。实际上，测度体系及其下属指标，仅仅是抓住现象的一些特定方面，其能够在多大程度上对概念进行实际测度，主要取决于概念的界定、所选维度的完备性和如何利用指标来测量等问题。基于这种考虑，以及前期研究成果，结合企业内生创新要素与外部创新环境之间的互动机理，可以将所构建的评价指标体系以函数形式进行表达：

$$\text{innovation ability} = \lambda_i \cdot \sum \lambda_c \sum_i \lambda_e \sum G\lambda_g + \lambda_o \cdot \sum \lambda_c \sum_o \lambda_e \sum G\lambda_g$$

$G=A^{\mathrm{T}}=\left[a_i\right]^{\mathrm{T}}, i=1,2,\cdots,90$为观测层指标集群，$\lambda_g, \lambda_e, \lambda_c, \lambda_o, \lambda_i$，分别是观测层指标权重向量、要素层指标权重向量、能力层指标权重向量、内生性创新指标权重向量、创新三维空间指标权重向量，并且 $\lambda_e=\sum\lambda_g$，$\lambda_e=\sum\lambda_c$，$\lambda_o=\sum_o\lambda_c$，$\lambda_i=\sum_i\lambda_c$，$\lambda_i+\lambda_o=100\%$。

对于评价标准的制定，我们采取的是以均匀分布进行抽样调查取样，以个体代表一般，确定企业在某些指标上能够达到的最高（最低）水平，作为标杆企业的最好（最差）标准。将若干个企业最好（最差）指标进行集合，形成理想中的最好（最差）创新型企业指标，即模拟的最好（最差）创新标杆企业，从而确定指标体系评价的值域，将连续的值域划分成若干个离散的档次，起到直观评价的目的。按照惯例，我们采取四分法，将资源型企业创新能力分成

“优”“良”“中”“差”四个等级。通过计算发现，资源型企业创新能力指数的值域为[0, 1.04]。将其划分为四个区间，即为[0,0.26],(0.26,0.52],(0.52,0.78],(0.78,1.04]，落在第四个区间的为“优”，落在第三个区间的为“良”，落在第二个区间的为“中”，落在第一个区间的为“差”。

通过对16家资源型上市公司进行实证分析，发现此指标体系对于不同规模企业的创新能力的评价是可行的，得出的企业创新能力的分值评价是符合企业创新能力的实际情况的。此指标体系遵循了科学性、导向性、可比性、可操作性和渐进性的原则，用此方法去分析评价企业创新能力是可行的，具有现实推广意义。

10.2 推广建议

本书所构建的指标体系最关键的几个要素是观测指标的选择、指标体系权重确定，以及评价标准的制定。观测指标解决的是从哪些角度测度企业创新能力，而权重和评价标准的确定解决的是如何测度企业创新能力的问题。对于观测指标的遴选，在研究过程中我们有四个来源：①国家、地方、机构的现有统计指标；②学者文献中所提及的指标；③专家及企业家座谈过程中他们认为比较重要的指标；④我们在研究中认为比较重要的指标。

通过充分非必要条件下完备指标体系构建，以及充分必要条件下完备指标体系的约简重构后，我们最终确定了90个观测指标。这些指标，按照获取的形式可以分为三类：企业或机构常用的已设立指标，或通过已设立指标可间接计算获取的指标；企业或机构已设立但一般不被用来评价企业创新能力的指标；我们认为重要但企业或机构目前并未设立的指标，见表10-1。

表10-1 观测指标分类

分类	序号	观测指标
企业或机构常用的已设立指标，或通过已设立指标可间接计算获取的指标	C_A-01	专利及科技成果相对数
	C_A-02	获奖成果相对数
	C_A-03	千人研发人员拥有专利数量
	C_A-04	千人研发人员拥有论文数量

续表

分类	序号	观测指标
企业或机构常用的已设立指标，或通过已设立指标可间接计算获取的指标	C_A-05	企业科技机构相对数
	C_A-07	企业 R&D 项目相对数
	C_A-11	企业创新激励机制建设水平（研发人员劳务支出比重）
	C_A-23	信息技术投入增长率
	C_A-24	情报部门投入经费比重
	C_A-25	企业工程技术员工比重
	C_A-26	企业科技活动人员比重
	C_A-27	员工培训和学习频度
	C_A-33	企业研发支出经费比率
	C_A-34	资本创新效率（专利产出效率）
	C_A-35	研发人员投入比重
	C_A-36	研发设备投入比重
	C_A-37	外部科研经费筹集能力
	C_A-43	企业技术引进费用占比
	C_A-44	企业国内技术购买费用占比
	C_A-45	企业技术引进合同金额占比
	C_A-46	企业消化吸收经费占比
	C_A-47	产、学、研合作比率
企业或机构已设立但一般不被用来评价企业创新能力的指标	C_A-06	企业仪器设备采购强度
	C_A-12	企业管理费用比重
	C_A-19	企业人均邮电业务总量
	C_A-20	企业人均移动电话数量
	C_A-21	宽带覆盖率
	C_A-22	微机覆盖率
	C_A-28	研发人员的年总收入增长率
	C_A-30*	研发人员忠诚度*（年离职率，反向指标）
	C_A-31	研发人员满意度*（年收入增长率）
	C_B-01	地区人均国内生产总值
	C_B-02	地区人均工业增加值
	C_B-03	地区人均可支配收入
	C_B-04	地区经济发展全国排名
	C_B-05	地区经济发展潜力*（GDP 增长率）
	C_B-06	地区人均居民消费水平
	C_B-07	地区全社会固定资产投资
	C_B-08	地区实际使用外资与 GDP 之比
	C_B-09	地区金融机构资金信贷合计与 GDP 之比
	C_B-10	地区上市公司比重

续表

分类	序号	观测指标
企业或机构已设立但一般不被用来评价企业创新能力的指标	C_B-11	地区社会零售商品总额与GDP之比
	C_B-12	地区能源消耗总量与GDP之比
	C_B-13	地区创新型企业的发展程度*（高新技术企业产出占GDP比）
	C_B-14	地区创新产品市场容量
	C_B-15*	地区第二、第三产业比重
	C_B-16*	地区城乡居民收入比
	C_B-18*	地区贫富差距*（反向指标，基尼系数）
	C_B-20	地区人均公路里程
	C_B-21	地区人均铁路营业里程
	C_B-22	地区高速公路比重
	C_B-23	地区每万人拥有公共交通数量
	C_B-24	地区城镇化发展水平
	C_B-26	地区电力生产消费比
	C_B-27	地区资源丰度
	C_B-30	地区人均行政诉讼案件
	C_B-31	地区人均税收收入
	C_B-32	地区人均财政支出
	C_B-34	地区法院人均收案
	C_B-35	地区刑事犯罪人数比重
	C_B-36	地区律师数比重
	C_B-38	地区百人本科以上人数
	C_B-39	地区万人科研机构数
	C_B-40	地区教育经费比重
	C_B-41	当地人居社会环境情况*（公共事业经费支出比重）
	C_B-43*	地区文明程度*（犯罪率）
我们认为重要但企业或机构目前并未设立的指标	C_A-08*	理论与技术导入能力*（新聘员工培训时间）
	C_A-09*	工艺技术手段完备情况*（企业外包业务环节比重）
	C_A-10*	自动化生产水平*（生产线员工比重）
	C_A-13	企业创新战略目标的清晰程度*（新产品研发成功率）
	C_A-14	创新战略有效性*（新产品企业市场份额）
	C_A-15	创新机制的有效性*（新产品销售收入比重）
	C_A-16	科技体系与创新载体情况*（负责创新的部门机构经费比）
	C_A-17	管理人员创新意识*（百名管理人员关于管理改革提案数）
	C_A-18	信息采集和管理能力*（企业管理信息系统费用支出比重）
	C_A-29	研发人员观念素质*（本科学历人员比重）
	C_A-32	研发人员晋升制度的完善程度*（管理层人员由企业自身培养的研发人员比重）
	C_A-38*	企业资源型企业的国家控制程度*（国有或集体股份比重）

续表

分类	序号	观测指标
我们认为重要但企业或机构目前并未设立的指标	C_A-39*	企业资源禀赋优势*（企业资源占国家该资源总量的比重）
	C_A-40*	市场准入门槛*（进入该资源市场所需政府批文数量）
	C_A-41*	资源替代品多寡*（根据很容易被替代、容易被替代、不容易被替代，分别赋以1、0.5、0）
	C_A-42*	企业国际资源获取门槛*（资源进口单价年增长率）
	C_B-17*	地区市场集中程度*（反向指标，各产业 GDP 贡献的离散程度，方差表示）
	C_B-19	地区经济规模效应*（GDP 贡献最大的行业在 GDP 中的比重）
	C_B-25	地区地理区位优势*（所处地区档次分为东部沿海城市、东部不沿海城市、中部中心城市、中部非重点城市、西部中心城市、西部非中心城市等，不同档次区位将被赋予不同的数值）
	C_B-28	地区人居自然环境*（人口密度）
	C_B-29	地区金融支持环境*（地区金融机构贷款余额与 GDP 之比）
	C_B-33*	地区政府廉洁水平*（三公经费比重）
	C_B-37	地区技术创新成果保护法的完善与实施情况*（知识产权案件占民事收案数比重）
	C_B-42	地区创新的文化发育程度*（地区研发资金支出比重）

注：指标加“*”的为定性指标，序号加“*”的为反向指标

在表 10-1 中，我们构建的指标体系指标有三种情况。

（1）企业或机构常用的已设立或通过已设立指标可间接计算获取的指标有 22 项，基本涵盖了以往专家、学者，以及国家机构对于企业创新能力的评价所用到的指标。但就目前的统计数据来看，关于企业的可用二手数据库或者检索平台缺乏，政府机构应出台统一文本、数据格式及录入标准，要求企业进一步加强记录，同时做好监管与保密工作，各统计机构及行业协会也应配合加强管理和数据收集，以便于考核。

（2）企业或机构已设立但一般不被用来评价企业创新能力的指标有 44 项，其中属于企业创新三维空间的下级指标有 35 项。之所以会出现这样的情况，原因在于已往在评价企业创新能力的时候，基本只考虑企业本身的内生性指标，忽略了对企业创新环境的考察。经过本书的理论分析和论证，我们已经论证了企业创新环境与企业内生性创新之间的动态反馈关系的存在性、合理性和科学性。因此，这些属于企业创新三维空间的35项指标被我们列入观测指标是合理的，也是科学的。另外有 9 项属于企业内生性创新的指标，是本次研究我们新增的，在以往的评价活动中也不被重视。这 9 项指标是 C_A-06（企业仪器设备采购强度）、C_A-12（企业管理费用比重）、C_A-19（企业人均邮电业务总量）、C_A-20（企业人均移动电话数量）、C_A-20（宽带覆盖率）、C_A-22（微机覆盖率）、C_A-28（研发人

员的年总收入增长率)、C_A-30*（研发人员忠诚度 *)、C_A-31（研发人员满意度 *)。研究过程中，我们对这 9 项指标进入指标体系进行过深入研究。

首先，在遴选完备指标体系时，我们将这 9 项指标连同其他指标选入的依据是部分学者在研究企业创新能力时涉猎这些指标，以及这些指标的数据与企业创新发展成果的指标数据存在高度相关性，本着“宁滥勿缺”的思想和原则，我们将它们纳入初步考察对象。

其次，在通过粗糙集约简完备指标体系时，这些指标数据完美地通过了软件的检测，在数理上表现出与企业创新能力高度的相关性。

最后，在确定指标体系时，我们邀请相关专家对这些指标的再次考察评审，各位专家也没有拿出足够的证据证明这些指标需要被排除。

因此，这些指标被留下，作为企业创新能力评价指标体系的观测指标。

（3）我们认为重要，但企业或机构目前并未设立的指标，共有 24 项。这些指标虽然未设立，但由于非常重要，在收集数据时，我们以指标替代的办法做了充分可行可信的调整。通过替代指标数据的搜集，并放入粗糙集模型，通过软件的检测，这些指标被留下来了。从表 10-1 中可了解到，这些指标有一个共同的特点：大多属于软指标，即定性指标。这 24 项指标中有 11 项是与企业创新密切相关的内生性创新指标，包括 C_A-08*[理论与技术导入能力 *（新聘员工培训时间）]、C_A-09*[工艺技术手段完备情况 *（企业外包业务环节比重）]、C_A-10*[自动化生产水平 *（生产线员工比重）]、C_A-13[企业创新战略目标的清晰程度 *（新产品研发成功率）]、C_A-14[创新战略有效性 *（新产品企业市场份额）]、C_A-15[创新机制的有效性 *（新产品销售收入比重）]、C_A-16[科技体系与创新载体情况 *（负责创新的部门机构经费比）]、C_A-17[管理人员创新意识 *（百名管理人员关于管理改革提案数）]、C_A-18[信息采集和管理能力 *（企业管理信息系统费用支出比重）]、C_A-29[研发人员观念素质 *（本科学历人员比重）]、C_A-32[研发人员晋升制度的完善程度 *（管理层人员由企业自身培养的研发人员比重）]。另外有 5 项是关于资源的内生性创新指标。由于我们要构建的是资源型企业创新能力评价指标体系，所以关于资源的内生性创新指标必不可少。这几个指标的入选有其特殊性。剩下的 8 项指标是关于外部环境的创新指标，都是软指标，但与区域创新空间环境有着密切联系，因此被纳入。对于这些没有设立的考核指标，建议企业或者地方政府设立指标，内部可以采集到的指标数据则尽量采集记录，内部资料可寻的指标数据，可以通过下达的文件和各方面的实际情况进行采集。

需要说明的是鉴于此次调查的企业样本有限，根据所调查的企业数据计算得到了指标体系的各种参数，在推广此指标体系时，应全方位收集指标数据，并进行参数核定微调，再进行评价，以能反映落后地区内部各企业创新能力的真实情况。

10.3　发展方向

本书从区域、产业、企业、要素立体视角，应用管理学、经济学、熵学、模糊数学、粗糙集、系统科学等跨学科理论，对企业创新的内生动力源，企业内生创新受环境的影响，企业创新外部环境三维空间结构，企业创新系统的构成及评价进行了深入研究，构建了资源型企业创新能力评价指标体系。但在研究过程中，我们发现该研究存在进一步深化和拓展的必要和可能。

（1）企业创新能力的提升是解决企业发展过程中诸多问题的一个重要手段和方法，是其获取竞争优势的决定因素，而企业创新能力的提升必须建立在对企业创新能力的准确评价的基础上。建立一套科学的企业创新能力管理信息系统，集成企业创新信息，全面评估企业的创新能力，并对不同国家和地区、不同类型、不同规模的企业创新能力的强弱进行比较，实时监测企业创新能力的变化，通过设定阈值达到创新能力预警的目的（以最少的成本获取最佳的创新管理功效）；对企业创新能力的构成进行分析分解，为企业创新能力的提升提供决策依据，预测企业创新能力的远期趋势，为政府部门有针对性地制定促进政策提供理论依据的同时，为企业评估自身创新能力，制定或调整创新方向提供可行的工具。

前期所构建的指标体系适用于资源型企业创新能力的评价，但不适用与一般意义上的企业创新能力的评价。资源型企业与一般性企业相比而言，具有资源型企业的特殊性。将资源型企业创新能力评价指标体系应用到一般意义上的企业上，显然是不合适的。但通过本书研究，已经成功地证明了企业创新内生要素，通过产业的知识链、资金链和资源链与环境空间要素相联系的规律，研究证实了资源型企业创新过程中，内生性要素对创新的贡献度为38.93%，外部环境创新要素的贡献度为61.07%。

应用上述研究成果，再对加工型和知识型企业内生要素和环境要素的贡献度进行系统研究，设立加工型和知识型企业创新能力评价指标体系，通过调整内外要素对企业创新能力贡献度系数，就有可能获得一般企业创新能力评价指标体系。使企业创新能力评价指标体系研究具有普遍实用意义，有望获得国内甚至国际领先的成果。

（2）前期研究所构建的指标体系存在几个假定约束条件需要进一步放松。

首先，不同规模资源型企业创新能力规模效应不变，即不同规模下的企业，其创新行为的结果并不以其规模而呈现出递增或递减的趋势，这一假定虽然我们已初步证实，但仍然不能简单地否定规模效应的存在。可能的结论是这种规模效应的存在受到某些条件的限制，或者是样本太小无法发掘这种规模效应。严格来说，对于不同规模下的企业创新的产出或者表现出来的能力，还应引入新的控制参数来解释这一非线性函数关系。

其次，前期在构建资源型企业创新能力评价指标体系时，忽略了企业性质（所有制结构）在创新能力上的不同影响。国有资源型企业、集体资源型企业、民营资源型企业、外资资源型企业，它们在股权结构、治理结构、管理模式、企业家精神、要素使用效率，以及创新投入、创新模式、创新效率上均有不同。在其他条件相同的情况下，不同所有制结构的企业，其创新能力是不是有区别，还存在进一步深化研究的空间。

最后，本书所构建的资源型企业评价指标体系，将所有以资源产品生产为主业的企业归为研究和评价对象，将这些企业作为一个整体进行系统研究，忽略了资源型企业下所涵盖和涉及的诸多不同类目的资源行业，如有色金属行业、黑色金属行业、煤炭行业、石油化工行业的特点，这种忽略是不是科学，还需要进一步进行研究证实。

（3）指标体系在应用过程中的便利性需要进一步提升。在前期研究中，通过二手数据调用、问卷调查、专家评议等手段获取资源型企业创新能力的测评指标数据，通过人工按照固定的评价方法和评价标准进行计算，得到资源型企业创新能力的评价指数。这种方法是可行的，也是可操作的，但是应用过程中操作的便利性不够，每次评价需要动用很多人力进行基础数据收集和整理，与信息时代企业管理的方式、方法不匹配。在未来的研究中，将着手解决这一问题，通过计算机仿真手段构建企业创新能力管理信息系统，扩大研究成果的应用范围，减少应用成本，规范应用程序标准，提高研究成果的应用价值。

（4）前期研究所构建的指标体系能够满足资源型企业创新能力的评价、监测要求，但无法进一步深化延伸至企业创新能力的分析、比较、决策和预测等环节。随着知识经济时代的到来，企业发展对信息化的要求已到了很高境界。企业创新能力的信息化管理将是企业改变创新模式，提升创新能力的必然选择。企业创新能力的信息化管理是将现代信息技术与先进的企业创新理念相融合，转变企业创新的生产方式、经营方式、业务流程、管理方式和组织方式，重新整合企业内外部创新资源，提高企业创新效率和效益，增强企业创新能力和竞争力的过程。

从目前国内企业创新管理的现实来看：一方面，缺乏关于创新的标准数据库，导致对创新的认知有限，对自身的创新能力缺乏真实客观系统的评判，过多关注的是技术层面的革新及其带来的超额利润，对于企业创新的管理关注较少，在企业创新能力评价上失衡；另一方面，缺乏对于创新的规划和计划，企业创新很大程度上处于“随机漫步”状态，企业管理者对于创新的管控意识和管理能力不足，面对复杂的创新系统，缺乏应有的决策依据和分析，导致企业创新管理无序。这些问题，阻碍了企业创新能力的提升，反应到现实中，就是企业创新能力的信息化管理落后。

总的来说，未来我们将基于企业内外要素互动这一理论成果基础，以及资源型企业创新能力评价指标体系研究成果，扩展研究一般的企业创新能力评价体系。根据目前企业创新管理的现实，基于评价，尝试设计开发企业创新能力评价的管理信息系统（或者软件）。初步设想将企业创新战略规划、信息集成、能力测评、辅助决策等功能模块纳入系统，通过借助先进的计算机通信、互联网和软件等信息化技术手段，实现企业创新能力评价的自动化、网络化、现代化，以及分析、决策的智能化，使之成为不仅能为政府部门有针对性地制定经济政策提供理论依据，也能为企业评估、管理、分析自身创新能力，制定或调整创新投入、创新模式、创新方向的一个重要工具。

【专栏 11】信息技术 未来创新主导要素

在互联网新媒体已经成为消费者生活中不可或缺的一部分的时代大背景下，酒店要加强建立互联网信息创新，才能为客人提供更贴心的服务，寻求更广阔的发展空间。

在谈酒店服务互联网信息创新之前，我们必须清楚为什么建立互联网信息创新模式，这是对酒店业甚至是整个旅游行业的发展至关重要的大问题。互联网的兴起改变了人们的生活方式，互联网技术越普及人们就越依赖于通过互联网索取大量的信息，其中也包含了旅游相关信息。互联网时代给旅游业带来了新的经营组织、新的经营方式、新的经营技术和新的传播方式。互联网已经成为人们生活中的重要组成部分并且将会越来越重要，而随着社会的发展，人们闲暇时间和可自由支配资金的提高也使得人们的旅游需求增加，从而使旅游业日趋成为与人们息息相关的行业。旅游业的未来在于互联网，在于信息要素。

1. 基于互联网信息的酒店经营模式创新——O2O 是未来

携程是最早的在线旅游服务提供商（online travel agent, OTA）之一，携程的起步就抓住了互联网，紧跟着互联网的发展，携程的初期被视为 BMC（business medium consumer）和 O2O（online to offline）模式的雏形，而今天携程已经成为 O2O 模式的领先企业，携程一直依靠互联网强大的客户吸引力抓住无数高黏性客户。类似的旅游服务在线提供商还有去哪儿、艺龙等，它们的共同点都是通过互联网线上提供信息供消费者筛选，消费者线上预订支付，再将消费者引至线下享受服务。从携程和去哪儿的成功我们不难看出，未来的消费者将会越来越倾向于在线购物，也就是常说的电子商务模式，而在餐饮旅游等服务行业内，O2O 模式将是未来发展的方向。

O2O 模式也就是前面所提到的通过互联网线上提供信息供消费者筛选、预订、支付，再将消费者引至线下享受服务。O2O 模式是实现“三赢”的经营模式：首先对提供线下服务的供应商来说，O2O 模式要求消费者网站支付，支付信息会成为商家了解消费者购物信息的渠道，方便商家对消费者购买数据的搜集，进而达成精准营销的目的，更好地维护并拓展客户。并且，由于消费者通过互联网获取适合他们需求的供应商相关信息，O2O 模式在一定程度上降低了供应商对地理位置等的依赖，使得一些中小型、知名度较低的供应商与大型知名同类供应商处在相对平等的位置。其次，对消费者而言，O2O 提供丰富、全面、及时的供应商信息，能够快捷筛选、预订适宜的商品或服务。最后，对渠道商来说，O2O 模式可带来大规模高黏度的消费者，争取到更多的线下服务提供商，掌握庞大的消费者数据资源。

就目前的情况而言，酒店在 O2O 模式中大多扮演着线下供应商的角色。

类似于去哪儿、携程这样的 OTA 实际上是建立了一个线上“生态圈”。整合了大量与旅游相关的信息，包括酒店、旅游打包产品、景区景点门票等。举例来说，现在某位消费者需要预订酒店，则消费者浏览它们提供的大量酒店信息，选择自己所需的酒店，线上支付或预订，到线下享受酒店服务，最后通过提交评价、分享住宿体验等方式回到线上，这些步骤构成了完美的 O2O 闭环。然而目前酒店却并没有出现这样的“生态圈”，这就将导致酒店只能作为携程或者去哪儿这样的渠道商的线下供应商，也就使酒店业在互联网时代处在一个相对被动的位置。互联网已经改变了酒店消费者的消费观念、消费方式，酒店的生存、发展都必须跟得上这样改变。事实上携程在 OTA 发展的过程中只做了两件事：整合旅游资源，与客户沟通。酒店业也可以通过资源整合及客户沟通转向 O2O 的经营方式：酒店自身拥有餐饮健身购物娱乐等完备的设施，足以形成一个“生态圈”来脱离 OTA 供应商的身份，即酒店自身可以成为一个向消费者提供住宿信息的平台而无需借助 OTA 的中介；整合酒店内部现有资源，搭建基于互联网的 O2O 平台，与支付商合作使订单实现可线上支付，引导消费者返回线上评论分享。

酒店业如今已经逐步发现建立 O2O 平台的重要性，并开始向 O2O 模式转变。目前，诸如华住、铂涛、七天等酒店都已经开始着手自己的 O2O 平台，意在反攻 OTA，寻求酒店自身的“生态圈”。七天酒店的

O2O思路主要是用技术构建强大的会员体系，优化线下服务；以低成本高效获取会员；最终线上线下结合，实现对OTA的反攻。七天通过腾讯旗下效果广告系统广点通制订个性化广告方案，将广告投放至适合的群体，通过广点通，七天收获405个新会员，其中线下消费者140人，注册转消费率约为35%，远高于七天通过其他渠道获取会员的注册转消费率。2014年1月8日，厦门金巴兰酒店召开了“全国首家酒店O2O电子商务平台上线启动仪式”发布会，金巴兰与厦门著名网络营销公司（小弟哥品牌管理中心）首创的酒店O2O电子商务营销模式，通过线上线下的双重互动最大限度地方便各地人士的酒店预订。

我们应该看到，酒店打造自己的O2O平台可能需要一段较长的时间才能突破已经由OTA搭建起来的并且已经拥有很大一批高黏性用户的平台，但是酒店想要摆脱OTA线下供应商的地位就要建立起自己和消费者之间的直接渠道即自己的OTO平台却是毋庸置疑的。

2. 基于互联网信息的酒店服务创新——信息服务是核心

互联网改变的不仅是酒店的营销模式，也给酒店的服务模式提出了新的挑战。所有酒店，无论星级档次高低，为住客提供的服务理念都可以用四个字来形容“宾至如归”。酒店业经历数十年发展，每一家酒店依旧在不断寻求一种方式完善自己的服务，为住客提供更加优质的住宿体验以期获得良好的客户满意度和客户忠诚度。在互联网时代，借助电子网络，酒店可以为住客提供更加精细、贴心及个性化的服务。个性化的服务对于高档酒店尤其是对于高档酒店的VIP服务来说至关重要，四季酒店集团董事长伊萨多夏普曾在《云端筑梦》一书中提到，服务文化是四季酒店的核心价值，而对客人的个性化服务又是服务的更高境界。它们的个性化服务的精细程度，极大地提升了客户的忠诚度和酒店品牌的美誉度。例如，当美国CNBC电视台总裁来入住，酒店就会马上与专业机构联系，购置或租赁解码器，专门给CNBC一行的客房加上CNBC的频道播放，并为其精心印制专门的节目单；百事可乐的总裁来酒店，它入住的房间饮品就全换上百事公司的各类产品；菲利浦公司总裁下榻，它入住的客房里全换上菲利浦公司的照明；三星电子公司的总裁住店，他的客房换上最新型号的三星产品；日本重要合作公司的贵宾入住，它们就提供和服、木屐、日本领事馆电话、日语写的关于酒店设施设备的说明等个性化的服务安排。

对于少数VIP来说，制定这样的个性化服务是一件比较简单的事，但当社会发展到今天，酒店面对大量增加的VIP数量和即使不是VIP也对酒店具有重要意义的常住客户时，想要为他们提供个性化的服务就不那么简单了，为了使酒店能够清楚地了解住客不同的个人趣好，为客人提供更细致的服务，基于互联网的客户关系管理系统（customer relationship management, CRM）则显得尤为重要。客户关系管理是一个与客户不断交流，了解客户需求并满足客户需求的过程，利用信息技术和互联网技术实现对客户的整合营销，通过CRM记录下住客首次前来时在居住期间发生的一系列服务，当客人再次来到酒店时，酒店员工就非常清楚该客人的一切信息及各种基本喜好：对房型或朝向的偏好、餐饮口味的偏好等，也就是说CRM为酒店提供一个关于客人的信息库以确保客人每次前来酒店不需要要求就能享受到最适合自己的服务。

例如，广州南丰朗豪酒店从接到订房信息开始就通过CRM系统为迎接VIP做准备，在VIP到达酒店前会有专人在酒店门口等候，并为其提供快速入住通道，VIP房间内摆放的水果软饮报纸等都会根据CRM系统记录的关于客人的信息来准备，以确保客人入住时真正体验到“宾至如归”。

除了利用CRM掌握客户需求之外，酒店的自助操作也是基于互联网的一种服务创新。2014年4月22日，华住酒店集团宣布在旗下酒店试点由自己研发的自助服务终端，该终端设备是酒店行业首个囊括“选房、身份登记、支付”步骤的门店服务终端，载体为最新的移动互联设备，整合了苹果硬件设备、身份证识别模块（通过了国家信息安全工程技术研究中心的信息安全技术检测）、华住会员系统、酒店PMS系统等，做到无缝对接。消费者通过身份证或会员卡刷卡即可调出之前的预订信息，然后通过几步点击既可完成自主选房、网上支付、自助打发票的过程。每个环节都给予客户多种选择，如支付环节，通过对支付宝的整合，客户可利用自己熟悉的支付宝扫描或是好玩的声音支付功能，也可以通过会员储值卡或至前台完成支付。传统酒店入住流程与华住自助入住终端服务流程对比，客户在自助终端上仅需 3 步、30 秒就可以完成登记入住，省去了长时间的排队和繁杂的入住登记手续，更为消费者提供了新鲜的消费体验。华住旗下经济型品牌海友酒店在全国近 100 家门店已经全面试点自助终端设备，经过 2 个月的推广，上海单日单店使用率最高达 90%，获得市场认可。

同时，我们也了解到，华住酒店集团正在推出的自助服务终端不仅是向消费者提供了一个新奇的消费体验，节省了消费者办理入住的时间，节省了公司人力成本，更多的是消费者在自助终端上留下的选择信息将对酒店各项决策产生巨大作用，在自助终端上的选房行为信息可以被放到后台做大数据分析，用以支持酒店进行房型设计、营销推广或客户服务等。

酒店行业想要打破 OTA 线下供应商的被动，就一定要重视互联网信息的运用，无论是打造 O2O 平台还是加强客户关系管理，实现更多的自助服务并进行背后的大数据分析，都是基于提升酒店竞争力的角度来看的。同时，我们也应该看到，酒店业是一个口碑传播效应非常广的行业，而互联网时代的到来又使得口碑传播的效应成倍扩大，因此，酒店在各种新媒体平台上的品牌塑造也显得尤为重要。微博营销和微信营销早在 O2O 模式兴起前就已经成为兵家必争之地，在 O2O 兴起之后有效地将互联网资源整合在一起才是关键。酒店所要打造的互联网思维模式应该是整合互联网资源以期将线上潜在客户带到线下实现消费，并在线下向其提供优质的服务和优质的消费体验，最终通过客户关系管理提高酒店服务满意度，增强客户忠诚度，这样也就获得了正面的口碑传播效应。

（广东财经大学　莫心渊）

主要参考文献

[1] Satty T L. The Analytic Hierarchy Process. New York: McGraw -Hill, 1980

[2] Charnes A, Cooper W W, Rhodes E. Measuring the efficiency of decision making units. European Journal of Operational Research, 1978, (2): 429-444

[3] Chankong V, Haimes Y Y. Multiple Objective Decision Making: Theory and Methodology. New York: Elsevier, 1983

[4] Levine P, Pomerol J C. PRIAM, an interactive program for choosing among multiple attribute alternatives. European Journal of Operations Research, 1986, 25(2):272-280

[5] Grabowski M R, Wallace W A. An expert system for maritime pilots: its design and assessment using gaming. Management Science, 1993, 3(12): 1506-1520

[6] Booker L B, Goldberg D E, Holland J H. Classifier system and genetic algorithms.Artificial Intellifence, 1989, (40): 1-3

[7] Dagli C, Schierholt K. Stock market prediction using different neural network classification architectures. IEEE/IAFE 1996 Conference On Computational Intelligence For Financial Engineering, 1996

[8] Pawlak Z. Rough sets and intelligent data analysis. Information Sciences, 2002, 147: 1-12

[9] Greco S, Matarazzo B, Slowinski R. Rough sets methodology for sorting problems in presence of multiple attributes and criteria. European Journal of Operational Research, 2002, 138: 247-259

[10] 陈国宏，等．组合评价系统综合研究．复旦学报（自然科学版），2003, (5) :667-672

[11] 陈衍泰，等．综合评价方法分类及研究进展．管理科学学报，2004，(7) :69-80

[12] 陈衍泰，等．应用合作博弈确定组合评价权重系数的方法研究．中国管理科学，2005, (3) :89-94

[13] 金菊良，魏一鸣．复杂系统广义智能评价方法与应用．北京：科学出版社，2008

[14] 王硕，张礼兵，金菊良．系统预测与综合评价方法．合肥：合肥工业大学出版社，2006

[15] 郭亚军，等．一种动态综合评价方法及应用．系统工程理论与实践，2007, (10) : 153-157

[16] 郭亚军，等．基于最小方差的动态综合评价方法及应用．系统工程与电子技术，2010, (6):1225-1230

[17] 郭亚军，等．具有三次差异驱动特征的动态综合评价方法．系统工程学报，2011, (4):546-551

[18] 苏为华，等．Delphi-AHP 构权过程中专家意见一致性的统计检验问题研究．统计研究，2010 ,(7)：84-89

［19］陈骥，苏为华．区间指标的排序评价方法及应用．统计研究，2011,(5)：85-88
［20］孙利荣．函数型数据综合评价方法研究．浙江工商大学统计学博士学位论文，2012
［21］约瑟夫•熊彼特．经济发展理论．北京：商务印书馆，1990
［22］吴友军．中小企业技术创新能力评价体系的构建．统计与决策，2007，(7): 68-69
［23］Stcck L W. Evaluating the technical operation. Research Management, 1988, (5):11-18
［24］刘晓琳．企业技术创新评价体系的研究．成都：西南交通大学，2002
［25］Ransley D L, Rogers J L. A consensus on best on R&D practices. Research Technology Management, 1994, (2):19-26
［26］Burgelman R. Strategic Management of Technology and Innovation. New York: McGraw -Hill, 1996
［27］Terziovski M, Samson D, Glassop L. Great-ing core competence through the management of organizational innovation. Foundation for Sustationable Economic Development, 2001, (5):17-35
［28］Bagno R B, Cheng L C. In search of the elements of an intra-organizational innovation system for brazilian automotive subsidiaries. Complex Systems Concurrent Engineering, 2007, 14: 693-700
［29］Rush H, Bessant J, Hobday M. Assessing the technological capabilities of firms developing a policy tool. R&D Management, 37, (3): 221-223
［30］Perdomo-Ortiz J, Gonzalez-Benito J, Galende J. The intervening effect of business innovation capability on the relationship between total quality management and technological innovation. International Journal of Production Research, 2009, 47: 5087-5107
［31］焦玉灿，罗亚非．企业技术创新能力评价研究综述．科技管理研究，2005 ,88-91
［32］远德玉，董中保，常向东．企业技术创新能力的综合评价和动态分析方法．科学管理研究，1994, 12(4): 50-52.
［33］杨宏进．企业技术创新能力评价指标的实证分析，统计研究，1999, (1):93-98
［34］郑春东，等．企业技术创新能力评价的新方法．科技管理研究，2000,(3):41-44
［35］傅家骥．技术创新学．北京：清华大学出版社，1998
［36］董岗，傅铅生．关于企业创新能力的评价模型研究，商业研究，2004,(9)：33-36
［37］韩超群，等．企业技术创新能力的模糊综合评价模型研究．沈阳工业学院学报，2003，22 (3):88-91
［38］孙细明，等．企业技术创新能力的三级模糊评价．武汉化工学院学报，2003, 25(3): 85-87
［39］刘晓威．基于过程的中小型高新技术企业技术创新能力评价指标体系研究．科技创新，2010:164-165
［40］李琪．企业技术创新能力评价指标体系及其评价模型研究．科学学与科学技术管理 2004:96-100
［41］曹崇延，王淮学．企业技术创新能力评价指标体系研究．预测，1998,(2)：66-68
［42］骆殉，张振伟．高新技术中小企业技术创新能力评价指标体系的构建．现代管理科学，2007：9
［43］崔总合，等．企业技术创新能力评价指标体系构建研究．科技进步与对策，2012, (7)：139-141

附录　样本企业调查原始数据

1. 创兴资源

序号	观测指标	权重 /%	原值
CA-01	专利及科技成果相对数 /（个 / 亿元资产）	2.15	0.73
CA-02	获奖成果相对数 /（个 / 亿元资产）	1.13	1.19
CA-03	千人研发人员拥有专利数量 /（个 / 千人）	1.18	20.00
CA-04	千人研发人员拥有论文数量 /（篇 / 千人）	2.10	800.00
CA-05	企业科技机构相对数 /（个 / 亿元资产）	2.26	0.55
CA-06	企业仪器设备采购强度 /%	1.62	0.39
CA-07	企业 R&D 项目相对数 /（个 / 亿元资产）	0.69	2.39
CA-08*	理论与技术导入能力 *（新聘员工平均培训时间）/ 天	1.47	13.40
CA-09*	工艺技术手段完备情况 *（企业外包业务环节比重）/%	0.62	13.00
CA-10*	自动化生产水平 *（生产线员工比重）/%	0.59	33.40
CA-11	企业创新激励机制建设水平（研发人员劳务支出比重）/%	1.26	20.00
CA-12	企业管理费用比重 /%	2.38	1.49
CA-13	企业创新战略目标的清晰程度 *（新产品研发成功率）/%	1.03	10.19
CA-14	创新战略有效性 *（新产品企业市场份额）/%	0.64	5.19
CA-15	创新机制的有效性 *（新产品销售收入比重）/%	0.89	3.19
CA-16	科技体系与创新载体情况 *（负责创新的部门或机构经费比重）/%	0.65	7.42
CA-17	管理人员创新意识 *（企业管理制度变化频度）/（次 / 年）	0.71	4.00
CA-18	信息采集和管理能力 *（企业管理信息系统费用支出比重）	0.67	1.48
CA-19	企业人均邮电业务总量 /（万元 / 年）	0.42	0.18
CA-20	企业人均移动电话数量 /（台 / 人）	0.55	1.30
CA-21	宽带覆盖率 /%	0.52	100.0
CA-22	微机覆盖率 /%	0.55	100.0
CA-23	信息技术投入增长率 /%	0.55	5.90
CA-24	情报部门投入经费比重 /%	1.81	2.64
CA-25	企业工程技术员工比重 /%	0.74	5.00
CA-26	企业科技活动人员比重 /%	0.48	9.00
CA-27	员工培训和学习频度 /（次 / 年）	0.53	4.00
CA-28	研发人员的年总收入增长率 /%	0.74	10.00
CA-29	研发人员观念素质 *（本科学历人员比重）/%	0.80	38.70
CA-30*	研发人员忠诚度 *（年离职率）/%	0.57	1.00

续表

序号	观测指标	权重 /%	原值
C_A-31	员工满意度*（年收入增长率）/%	0.70	11.00
C_A-32	研发人员晋升制度的完善程度*（管理层由企业自身培养的研发人员比重）	0.85	19.70
C_A-33	企业研发支出经费比率 /%	0.94	7.00
C_A-34	资本创新效率资本创新效率（专利产出效率）/%	0.60	268.00
C_A-35	研发人员投入比重 /%	0.84	4.00
C_A-36	研发设备投入比重 /%	0.74	3.00
C_A-37	外部科研经费筹集比重 /%	1.44	21.00
C_A-38*	企业资源型企业的国家控制程度*（国有或者集体股份比重）	0.60	10.00
C_A-39*	企业资源禀赋优势*（企业资源占国家该资源总量的比重）	0.70	—
C_A-40*	市场准入门槛*（进入该资源市场所需政府批文数量）	0.64	16.00
C_A-41*	资源替代品多寡*（根据很容易被替代、容易被替代、不容易被替代，分别赋以 1、0.5、0）	0.54	0.50
C_A-42*	企业国际资源获取门槛*（资源进口单价年增长率）/%	0.64	7.90
C_A-43	企业技术引进费用占比 /%	0.55	2.29
C_A-44	企业国内技术购买费用占比 /%	0.73	0.92
C_A-45	企业技术引进合同金额占比 /%	2.67	2.48
C_A-46	企业消化吸收经费占比 /%	0.66	0.55
C_A-47	产、学、研合作比率 /%	0.91	11.00
C_B-01	地区人均国内生产总值 / 元	0.60	82 560.00
C_B-02	地区规模以上工业增加值增速 /%	0.81	7.40
C_B-03	地区人均可支配收入 / 元	2.82	31 838.08
C_B-04	地区经济发展全国排名	0.75	1.00
C_B-05	地区经济发展潜力*（GDP 增长率）/%	1.48	8.20
C_B-06	地区人均居民消费水平 / 元	0.57	35 438.91
C_B-07	地区全社会固定资产投资占 GDP 比重 /%	0.89	25.85
C_B-08	地区实际使用外资与 GDP 之比 /%	0.59	1.28
C_B-09	地区金融机构资金信贷合计与 GDP 之比	0.71	4.14
C_B-10	地区上市公司数量 / 家	1.86	247.00
C_B-11	地区社会零售商品总额与 GDP 之比	0.56	0.36
C_B-12	单位地区生产总值能耗（等价值）/（吨标准煤 / 万元）	0.55	0.62
C_B-13	地区创新型企业的发展程度*（高新技术企业产出占 GDP 比重）/%	2.77	36.58
C_B-14	地区创新产品市场容量	1.94	—
C_B-15*	地区第二、第三产业比	2.72	0.71
C_B-16*	地区城乡居民收入比	0.77	2.12
C_B-17*	地区市场集中程度*（反向指标，各产业 GDP 贡献的离散程度，方差表示）	0.93	0.34
C_B-18*	地区贫富差距*（反向指标，基尼系数）	0.57	0.57
C_B-19	地区经济规模效应*（税收在 100 万以上的企业在税收贡献中的比重）/%	1.22	31.00

续表

序号	观测指标	权重 /%	原值
*C*B-20	地区人均公路里程 /（公里 / 人）	0.78	0.00
CB-21	地区人均铁路营业里程 /（公里 / 人）	0.55	0.00
CB-22	地区高速公路比重 /%	2.12	6.67
CB-23	地区每万人拥有公共交通数量 / 台	2.32	8.82
CB-24	地区城镇化发展水平（城镇人口比重）/%	1.06	89.30
CB-25	地区地理区位优势 *（所处地区档次分为东部、中部、西部，不同档次区位将被赋予 3、2、1 的数值）	0.76	3.00
CB-26	地区电力生产消费比	1.30	0.77
CB-27	地区资源丰度（根据地区资源禀赋由课题组确定全国各省份资源丰度，以 3、2、1 量化表示）	1.01	1.00
CB-28	地区人居自然环境 *（人口密度）/（人 / 公里 ^{2}）	0.89	2640.00
CB-29	地区金融支持环境 *（地区金融机构贷款余额与 GDP 之比）/%	1.90	2.48
CB-30	地区人均行政诉讼案件	1.68	0.01
CB-31	地区人均财政税收 /（万元 / 人）	0.59	1.46
CB-32	地区人均财政支出 /（万元 / 人）	1.30	1.67
CB-33*	地区政府廉洁水平 *（三公经费比重）	2.24	无
CB-34	地区法院人均收案 /（件 / 万人）	1.64	47.00
CB-35	地区刑事犯罪人数比重（每万人发案数）	2.46	19.00
CB-36	地区万人拥有律师数	2.00	5.77
CB-37	地区技术创新成果保护法的完善与实施情况 *（知识产权收案占民事收案比重）/%	1.46	1.02
CB-38	地区万人高校在校生人数 / 人	0.62	217.80
CB-39	地区万人科研机构数 /（个 / 万人）	0.87	2.56
CB-40	地区教育经费占财政支出比重（%）	1.46	11.26
CB-41	当地人居社会环境情况 *（一般公共服务经费支出占财政支出比重）/%	1.12	6.03
CB-42	地区创新的文化发育程度 *（地区科技经费支出比重）/%	0.67	5.58
CB-43*	地区文明程度 *（每万人犯罪数）	1.04	22.00

2. 炼石有色

序号	观测指标	权重 /%	原值
CA-01	专利及科技成果相对数 /（个 / 亿元资产）	2.15	0.50
CA-02	获奖成果相对数 /（个 / 亿元资产）	1.13	3.33
CA-03	千人研发人员拥有专利数量 /（个 / 千人）	1.18	9.00
CA-04	千人研发人员拥有论文数量 /（篇 / 千人）	2.10	1 000.00
CA-05	企业科技机构相对数 /（个 / 亿元资产）	2.26	1.17
CA-06	企业仪器设备采购强度 /%	1.62	0.61
CA-07	企业 R&D 项目相对数 /（个 / 亿元资产）	0.69	6.83
CA-08*	理论与技术导入能力 *（新聘员工平均培训时间）/ 天	1.47	15.80

续表

序号	观测指标	权重 /%	原值
C_A-09*	工艺技术手段完备情况*（企业外包业务环节比重）/%	0.62	11.00
C_A-10*	自动化生产水平*（生产线员工比重）/%	0.59	30.80
C_A-11	企业创新激励机制建设水平（研发人员劳务支出比重）/%	1.26	20.00
C_A-12	企业管理费用比重 /%	2.38	2.50
C_A-13	企业创新战略目标的清晰程度*（新产品研发成功率）/%	1.03	16.33
C_A-14	创新战略有效性*（新产品企业市场份额）/%	0.64	11.33
C_A-15	创新机制的有效性*（新产品销售收入比重）/%	0.89	7.33
C_A-16	科技体系与创新载体情况*（负责创新的部门或机构经费比重）/%	0.65	13.56
C_A-17	管理人员创新意识*（企业管理制度变化频度）/（次 / 年）	0.71	5.00
C_A-18	信息采集和管理能力*（企业管理信息系统费用支出比重）	0.67	2.71
C_A-19	企业人均邮电业务总量 /（万元 / 年）	0.42	0.11
C_A-20	企业人均移动电话数量 /（台 / 人）	0.55	0.90
C_A-21	宽带覆盖率 /%	0.52	90.00
C_A-22	微机覆盖率 /%	0.55	94.00
C_A-23	信息技术投入增长率 /%	0.55	2.10
C_A-24	情报部门投入经费比重	1.81	3.87
C_A-25	企业工程技术员工比重 /%	0.74	2.00
C_A-26	企业科技活动人员比重 /%	0.48	6.00
C_A-27	员工培训和学习频度 /（次 / 年）	0.53	4.00
C_A-28	研发人员的年总收入增长率 /%	0.74	11.33
C_A-29	研发人员观念素质*（本科学历人员比重）/%	0.80	54.26
C_A-30*	研发人员忠诚度*（年离职率）/%	0.57	2.00
C_A-31	员工满意度*（年收入增长率）/%	0.70	12.00
C_A-32	研发人员晋升制度的完善程度*（管理层由企业自身培养的研发人员比重）	0.85	17.09
C_A-33	企业研发支出经费比率 /%	0.94	3.00
C_A-34	资本创新效率资本创新效率（专利产出效率）/%	0.60	110.00
C_A-35	研发人员投入比重 /%	0.84	3.00
C_A-36	研发设备投入比重 /%	0.74	2.00
C_A-37	外部科研经费筹集比重 /%	1.44	24.00
C_A-38*	企业资源型企业的国家控制程度*（国有或者集体股份比重）	0.60	14.00
C_A-39*	企业资源禀赋优势*（企业资源占国家该资源总量的比重）	0.70	—
C_A-40*	市场准入门槛*（进入该资源市场所需政府批文数量）	0.64	18.00
C_A-41*	资源替代品多寡*（根据很容易被替代、容易被替代、不容易被替代，分别赋以 1、0.5、0）	0.54	0.50
C_A-42*	企业国际资源获取门槛*（资源进口单价年增长率）/%	0.64	8.60
C_A-43	企业技术引进费用占比 /%	0.55	0.50
C_A-44	企业国内技术购买费用占比 /%	0.73	0.83

续表

序号	观测指标	权重/%	原值
C_A-45	企业技术引进合同金额占比/%	2.67	0.17
C_A-46	企业消化吸收经费占比/%	0.66	0.50
C_A-47	产、学、研合作比率/%	0.91	10.00
C_B-01	地区人均国内生产总值/元	0.60	33 464.00
C_B-02	地区规模以上工业增加值增速/%	0.81	17.90
C_B-03	地区人均可支配收入/元	2.82	18 245.00
C_B-04	地区经济发展全国排名	0.75	14.00
C_B-05	地区经济发展潜力*（GDP增长率）/%	1.48	13.80
C_B-06	地区人均居民消费水平/元	0.57	10 053.46
C_B-07	地区全社会固定资产投资占GDP比重/%	0.89	76.11
C_B-08	地区实际使用外资与GDP之比/%	0.59	0.93
C_B-09	地区金融机构资金信贷合计与GDP之比	0.71	2.13
C_B-10	地区上市公司数量/家	1.86	43.00
C_B-11	地区社会零售商品总额与GDP之比	0.56	0.31
C_B-12	单位地区生产总值能耗（等价值）/（吨标准煤/万元）	0.55	0.85
C_B-13	地区创新型企业的发展程度*（高新技术企业产出占GDP比重）/%	2.77	8.56
C_B-14	地区创新产品市场容量	1.94	—
C_B-15*	地区第二、第三产业比	2.72	1.59
C_B-16*	地区城乡居民收入比	0.77	3.45
C_B-17*	地区市场集中程度*（反向指标，各产业GDP贡献的离散程度，方差表示）	0.93	0.73
C_B-18*	地区贫富差距*（反向指标，基尼系数）	0.57	0.34
C_B-19	地区经济规模效应*（税收在100万以上的企业在税收贡献中的比重）/%	1.22	13.00
C_B-20	地区人均公路里程/（公里/人）	0.78	0.00
C_B-21	地区人均铁路营业里程/（公里/人）	0.55	0.00
C_B-22	地区高速公路比重/%	2.12	2.50
C_B-23	地区每万人拥有公共交通数量/台	2.32	4.38
C_B-24	地区城镇化发展水平（城镇人口比重）/%	1.06	47.30
C_B-25	地区地理区位优势*（所处地区档次分为东部、中部、西部，不同档次区位将被赋予3、2、1的数值）	0.76	1.00
C_B-26	地区电力生产消费比	1.30	1.19
C_B-27	地区资源丰度（根据地区资源禀赋由课题组确定全国各省份资源丰度，以3、2、1量化表示）	1.01	3.00
C_B-28	地区人居自然环境*（人口密度）/（人/公里^2）	0.89	185.00
C_B-29	地区金融支持环境*（地区金融机构贷款余额与GDP之比）/%	1.90	1.06
C_B-30	地区人均行政诉讼案件	1.68	0.01
C_B-31	地区人均财政税收/（万元/人）	0.59	0.40
C_B-32	地区人均财政支出/（万元/人）	1.30	0.78
C_B-33*	地区政府廉洁水平*（三公经费比重）	2.24	—

续表

序号	观测指标	权重 /%	原值
CB-34	地区法院人均收案 /（件 / 万人）	1.64	46.00
CB-35	地区刑事犯罪人数比重（每万人发案数）	2.46	18.00
CB-36	地区万人拥有律师数	2.00	1.27
CB-37	地区技术创新成果保护法的完善与实施情况*（知识产权收案占民事收案比重）/%	1.46	0.61
CB-38	地区万人高校在校生人数 / 人	0.62	257.78
CB-39	地区万人科研机构数 /（个 / 万人）	0.87	0.21
CB-40	地区教育经费占财政支出比重 /%	1.46	12.85
CB-41	当地人居社会环境情况*（一般公共服务经费支出占财政支出比重）/%	1.12	11.65
CB-42	地区创新的文化发育程度*（地区科技经费支出比重）/%	0.67	0.99
CB-43*	地区文明程度*（每万人犯罪数）	1.04	21.00

3．昊华能源

序号	观测指标	权重 /%	原值
CA-01	专利及科技成果相对数 /（个 / 亿元资产）	2.15	0.05
CA-02	获奖成果相对数 /（个 / 亿元资产）	1.13	0.54
CA-03	千人研发人员拥有专利数量 /（个 / 千人）	1.18	30.00
CA-04	千人研发人员拥有论文数量 /（篇 / 千人）	2.10	2 450.00
CA-05	企业科技机构相对数 /（个 / 亿元资产）	2.26	0.13
CA-06	企业仪器设备采购强度 /%	1.62	0.83
CA-07	企业 R&D 项目相对数 /（个 / 亿元资产）	0.69	1.34
CA-08*	理论与技术导入能力*（新聘员工平均培训时间）/ 天	1.47	24.50
CA-09*	工艺技术手段完备情况*（企业外包业务环节比重）/%	0.62	12.00
CA-10*	自动化生产水平*（生产线员工比重）/%	0.59	34.50
CA-11	企业创新激励机制建设水平（研发人员劳务支出比重）/%	1.26	23.00
CA-12	企业管理费用比重 /%	2.38	5.66
CA-13	企业创新战略目标的清晰程度*（新产品研发成功率）/%	1.03	15.54
CA-14	创新战略有效性*（新产品企业市场份额）/%	0.64	14.54
CA-15	创新机制的有效性*（新产品销售收入比重）/%	0.89	5.54
CA-16	科技体系与创新载体情况*（负责创新的部门或机构经费比重）/%	0.65	12.77
CA-17	管理人员创新意识*（企业管理制度变化频度）/（次 / 年）	0.71	8.00
CA-18	信息采集和管理能力*（企业管理信息系统费用支出比重）	0.67	2.55
CA-19	企业人均邮电业务总量 /（万元 / 年）	0.42	0.23
CA-20	企业人均移动电话数量 /（台 / 人）	0.55	1.30
CA-21	宽带覆盖率 /%	0.52	100.0
CA-22	微机覆盖率 /%	0.55	100.0
CA-23	信息技术投入增长率 /%	0.55	6.20

续表

序号	观测指标	权重 /%	原值
C_A-24	情报部门投入经费比重	1.81	3.71
C_A-25	企业工程技术员工比重 /%	0.74	5.00
C_A-26	企业科技活动人员比重 /%	0.48	7.00
C_A-27	员工培训和学习频度 /（次 / 年）	0.53	5.00
C_A-28	研发人员的年总收入增长率 /%	0.74	12.00
C_A-29	研发人员观念素质*（本科学历人员比重）/%	0.80	51.10
C_A-30*	研发人员忠诚度*（年离职率）/%	0.57	3.00
C_A-31	员工满意度*（年收入增长率）/%	0.70	11.00
C_A-32	研发人员晋升制度的完善程度*（管理层由企业自身培养的研发人员比重）	0.85	16.03
C_A-33	企业研发支出经费比率 /%	0.94	5.80
C_A-34	资本创新效率资本创新效率（专利产出效率）/%	0.60	268.00
C_A-35	研发人员投入比重 /%	0.84	3.00
C_A-36	研发设备投入比重 /%	0.74	6.00
C_A-37	外部科研经费筹集比重 /%	1.44	26.00
C_A-38*	企业资源型企业的国家控制程度*（国有或者集体股份比重）	0.60	62.30
C_A-39*	企业资源禀赋优势*（企业资源占国家该资源总量的比重）	0.70	—
C_A-40*	市场准入门槛*（进入该资源市场所需政府批文数量）	0.64	17.00
C_A-41*	资源替代品多寡*（根据很容易被替代、容易被替代、不容易被替代，分别赋以 1、0.5、0）	0.54	1.00
C_A-42*	企业国际资源获取门槛*（资源进口单价年增长率）/%	0.64	6.20
C_A-43	企业技术引进费用占比 /%	0.55	1.08
C_A-44	企业国内技术购买费用占比 /%	0.73	0.92
C_A-45	企业技术引进合同金额占比 /%	2.67	1.60
C_A-46	企业消化吸收经费占比 /%	0.66	0.38
C_A-47	产、学、研合作比率 /%	0.91	13.00
C_B-01	地区人均国内生产总值 / 元	0.60	81 658.00
C_B-02	地区规模以上工业增加值增速 /%	0.81	7.30
C_B-03	地区人均可支配收入 / 元	2.82	29 072.93
C_B-04	地区经济发展全国排名	0.75	3.00
C_B-05	地区经济发展潜力*（GDP 增长率）/%	1.48	8.00
C_B-06	地区人均居民消费水平 / 元	0.57	27 760.00
C_B-07	地区全社会固定资产投资占 GDP 比重 /%	0.89	34.33
C_B-08	地区实际使用外资与 GDP 之比 /%	0.59	2.73
C_B-09	地区金融机构资金信贷合计与 GDP 之比	0.71	7.06
C_B-10	地区上市公司数量 / 家	1.86	288.00
C_B-11	地区社会零售商品总额与 GDP 之比	0.56	0.42
C_B-12	单位地区生产总值能耗（等价值）/（吨标准煤 / 万元）	0.55	0.46

续表

序号	观测指标	权重 /%	原值
C_B-13	地区创新型企业的发展程度*（高新技术企业产出占 GDP 比重）/%	2.77	17.83
C_B-14	地区创新产品市场容量	1.94	—
C_B-15*	地区第二、第三产业比	2.72	0.30
C_B-16*	地区城乡居民收入比	0.77	2.20
C_B-17*	地区市场集中程度*（反向指标，各产业 GDP 贡献的离散程度，方差表示）	0.93	0.31
C_B-18*	地区贫富差距*（反向指标，基尼系数）	0.57	0.43
C_B-19	地区经济规模效应*（税收在 100 万以上的企业在税收贡献中的比重）/%	1.22	27.00
C_B-20	地区人均公路里程 /（公里 / 人）	0.78	0.00
C_B-21	地区人均铁路营业里程 /（公里 / 人）	0.55	0.00
C_B-22	地区高速公路比重 /%	2.12	4.27
C_B-23	地区每万人拥有公共交通数量 / 台	2.32	21.25
C_B-24	地区城镇化发展水平（城镇人口比重）/%	1.06	86.20
C_B-25	地区地理区位优势*（所处地区档次分为东部、中部、西部，不同档次区位将被赋予 3、2、1 的数值）	0.76	3.00
C_B-26	地区电力生产消费比	1.30	0.82
C_B-27	地区资源丰度（根据地区资源禀赋由课题组确定全国各省份资源丰度，以 3、2、1 量化表示）	1.01	1.00
C_B-28	地区人居自然环境*（人口密度）/（人 / 公里^2）	0.89	724.00
C_B-29	地区金融支持环境*（地区金融机构贷款余额与 GDP 之比）/%	1.90	3.53
C_B-30	地区人均行政诉讼案件	1.68	0.01
C_B-31	地区人均财政税收 /（万元 / 人）	0.59	1.49
C_B-32	地区人均财政支出 /（万元 / 人）	1.30	1.61
C_B-33*	地区政府廉洁水平*（三公经费比重）	2.24	—
C_B-34	地区法院人均收案 /（件 / 万人）	1.64	39.00
C_B-35	地区刑事犯罪人数比重（每万人发案数）	2.46	11.00
C_B-36	地区万人拥有律师数	2.00	10.95
C_B-37	地区技术创新成果保护法的完善与实施情况*（知识产权收案占民事收案比重）/%	1.46	1.00
C_B-38	地区万人高校在校生人数 / 人	0.62	291.24
C_B-39	地区万人科研机构数 /（个 / 万人）	0.87	2.87
C_B-40	地区教育经费占财政支出比重 /%	1.46	15.83
C_B-41	当地人居社会环境情况*（一般公共服务经费支出占财政支出比重）/%	1.12	8.05
C_B-42	地区创新的文化发育程度*（地区科技经费支出比重）/%	0.67	5.64
C_B-43*	地区文明程度*（每万人犯罪数）	1.04	14.00

4. 科恒股份

序号	观测指标	权重 /%	原值
C_A-01	专利及科技成果相对数 /（个 / 亿元资产）	2.15	4.54

续表

序号	观测指标	权重/%	原值
CA-02	获奖成果相对数/（个/亿元资产）	1.13	3.98
CA-03	千人研发人员拥有专利数量/（个/千人）	1.18	47.00
CA-04	千人研发人员拥有论文数量/（篇/千人）	2.10	2 379.00
CA-05	企业科技机构相对数/（个/亿元资产）	2.26	1.20
CA-06	企业仪器设备采购强度/%	1.62	0.38
CA-07	企业R&D项目相对数/（个/亿元资产）	0.69	3.33
CA-08*	理论与技术导入能力*（新聘员工平均培训时间）/天	1.47	17.10
CA-09*	工艺技术手段完备情况*（企业外包业务环节比重）/%	0.62	12.00
CA-10*	自动化生产水平*（生产线员工比重）/%	0.59	37.10
CA-11	企业创新激励机制建设水平（研发人员劳务支出比重）/%	1.26	35.00
CA-12	企业管理费用比重/%	2.38	3.11
CA-13	企业创新战略目标的清晰程度*（新产品研发成功率）/%	1.03	16.98
CA-14	创新战略有效性*（新产品企业市场份额）/%	0.64	16.98
CA-15	创新机制的有效性*（新产品销售收入比重）/%	0.89	14.98
CA-16	科技体系与创新载体情况*（负责创新的部门或机构经费比重）/%	0.65	14.21
CA-17	管理人员创新意识*（企业管理制度变化频度）/（次/年）	0.71	5.00
CA-18	信息采集和管理能力*（企业管理信息系统费用支出比重）	0.67	2.84
CA-19	企业人均邮电业务总量/（万元/年）	0.42	0.15
CA-20	企业人均移动电话数量/（台/人）	0.55	1.20
CA-21	宽带覆盖率/%	0.52	100.0
CA-22	微机覆盖率/%	0.55	100.0
CA-23	信息技术投入增长率/%	0.55	7.90
CA-24	情报部门投入经费比重/%	1.81	3.99
CA-25	企业工程技术员工比重/%	0.74	5.00
CA-26	企业科技活动人员比重/%	0.48	8.00
CA-27	员工培训和学习频度/（次/年）	0.53	5.00
CA-28	研发人员的年总收入增长率/%	0.74	10.67
CA-29	研发人员观念素质*（本科学历人员比重）/%	0.80	56.85
CA-30*	研发人员忠诚度*（年离职率）/%	0.57	1.00
CA-31	员工满意度*（年收入增长率）/%	0.70	13.00
CA-32	研发人员晋升制度的完善程度*（管理层由企业自身培养的研发人员比重）	0.85	15.95
CA-33	企业研发支出经费比率/%	0.94	8.00
CA-34	资本创新效率资本创新效率（专利产出效率）/%	0.60	235.00
CA-35	研发人员投入比重/%	0.84	4.00
CA-36	研发设备投入比重/%	0.74	3.00
CA-37	外部科研经费筹集比重/%	1.44	23.00
CA-38*	企业资源型企业的国家控制程度*（国有或者集体股份比重）	0.60	10.00

续表

序号	观测指标	权重 /%	原值
C_A-39*	企业资源禀赋优势*（企业资源占国家该资源总量的比重）	0.70	—
C_A-40*	市场准入门槛*（进入该资源市场所需政府批文数量）	0.64	15.00
C_A-41*	资源替代品多寡*（根据很容易被替代、容易被替代、不容易被替代，分别赋以 1、0.5、0）	0.54	0.00
C_A-42*	企业国际资源获取门槛*（资源进口单价年增长率）/%	0.64	20.60
C_A-43	企业技术引进费用占比 /%	0.55	8.03
C_A-44	企业国内技术购买费用占比 /%	0.73	0.32
C_A-45	企业技术引进合同金额占比 /%	2.67	5.46
C_A-46	企业消化吸收经费占比 /%	0.66	4.31
C_A-47	产、学、研合作比率 /%	0.91	8.00
C_B-01	地区人均国内生产总值 / 元	0.60	50 807.00
C_B-02	地区规模以上工业增加值增速 /%	0.81	12.60
C_B-03	地区人均可支配收入 / 元	2.82	23 897.80
C_B-04	地区经济发展全国排名	0.75	7.00
C_B-05	地区经济发展潜力*（GDP 增长率）/%	1.48	10.00
C_B-06	地区人均居民消费水平（元）	0.57	19 578.12
C_B-07	地区全社会固定资产投资占 GDP 比重 /%	0.89	32.08
C_B-08	地区实际使用外资与 GDP 之比 /%	0.59	2.58
C_B-09	地区金融机构资金信贷合计与 GDP 之比	0.71	2.82
C_B-10	地区上市公司数量 / 家	1.86	395.00
C_B-11	地区社会零售商品总额与 GDP 之比	0.56	0.38
C_B-12	单位地区生产总值能耗（等价值）/（吨标准煤 / 万元）	0.55	0.56
C_B-13	地区创新型企业的发展程度*（高新技术企业产出占 GDP 比重）/%	2.77	44.31
C_B-14	地区创新产品市场容量	1.94	—
C_B-15*	地区第二、第三产业比	2.72	1.10
C_B-16*	地区城乡居民收入比	0.77	3.25
C_B-17*	地区市场集中程度*（反向指标，各产业 GDP 贡献的离散程度，方差表示）	0.93	0.43
C_B-18*	地区贫富差距*（反向指标，基尼系数）	0.57	0.65
C_B-19	地区经济规模效应*（税收在 100 万以上的企业在税收贡献中的比重）/%	1.22	25.00
C_B-20	地区人均公路里程 /（公里 / 人）	0.78	0.00
C_B-21	地区人均铁路营业里程 /（公里 / 人）	0.55	0.00
C_B-22	地区高速公路比重 /%	2.12	2.65
C_B-23	地区每万人拥有公共交通数量 / 台	2.32	4.01
C_B-24	地区城镇化发展水平（城镇人口比重）/%	1.06	66.50
C_B-25	地区地理区位优势*（所处地区档次分为东部、中部、西部，不同档次区位将被赋予 3、2、1 的数值）	0.76	3.00
C_B-26	地区电力生产消费比	1.30	0.67
C_B-27	地区资源丰度（根据地区资源禀赋由课题组确定全国各省份资源丰度，以 3、2、1 量化表示）	1.01	1.00

续表

序号	观测指标	权重 /%	原值
*C*B-28	地区人居自然环境*（人口密度）/（人 / 公里 ^{2}）	0.89	481.00
*C*B-29	地区金融支持环境*（地区金融机构贷款余额与 GDP 之比）/%	1.90	1.41
*C*B-30	地区人均行政诉讼案件	1.68	0.00
*C*B-31	地区人均财政税收 /（万元 / 人）	0.59	0.52
*C*B-32	地区人均财政支出 /（万元 / 人）	1.30	0.64
*C*B-33*	地区政府廉洁水平*（三公经费比重）	2.24	—
*C*B-34	地区法院人均收案 /（件 / 万人）	1.64	50.00
*C*B-35	地区刑事犯罪人数比重 / 每万人发案数	2.46	22.00
*C*B-36	地区万人拥有律师数	2.00	2.05
*C*B-37	地区技术创新成果保护法的完善与实施情况*（知识产权收案占民事收案比重）/%	1.46	1.15
*C*B-38	地区万人高校在校生人数 / 人	0.62	145.39
*C*B-39	地区万人科研机构数 /（个 / 万人）	0.87	0.38
*C*B-40	地区教育经费占财政支出比重 /%	1.46	15.55
*C*B-41	当地人居社会环境情况*（一般公共服务经费支出占财政支出比重）/%	1.12	12.03
*C*B-42	地区创新的文化发育程度*（地区科技经费支出比重）/%	0.67	3.04
*C*B-43*	地区文明程度*（每万人犯罪数）	1.04	25.00

5. 冀中能源

序号	观测指标	权重 /%	原值
*C*A-01	专利及科技成果相对数 /（个 / 亿元资产）	2.15	0.19
*C*A-02	获奖成果相对数 /（个 / 亿元资产）	1.13	0.07
*C*A-03	千人研发人员拥有专利数量 /（个 / 千人）	1.18	16.00
*C*A-04	千人研发人员拥有论文数量 /（篇 / 千人）	2.10	1 800.00
*C*A-05	企业科技机构相对数 /（个 / 亿元资产）	2.26	0.15
*C*A-06	企业仪器设备采购强度 /%	1.62	0.20
*C*A-07	企业 R&D 项目相对数 /（个 / 亿元资产）	0.69	0.13
*C*A-08*	理论与技术导入能力*（新聘员工平均培训时间）/ 天	1.47	26.10
*C*A-09*	工艺技术手段完备情况*（企业外包业务环节比重）/%	0.62	10.00
*C*A-10*	自动化生产水平*（生产线员工比重）/%	0.59	46.10
*C*A-11	企业创新激励机制建设水平（研发人员劳务支出比重）/%	1.26	19.00
*C*A-12	企业管理费用比重 /%	2.38	8.97
*C*A-13	企业创新战略目标的清晰程度*（新产品研发成功率）/%	1.03	15.07
*C*A-14	创新战略有效性*（新产品企业市场份额）/%	0.64	15.07
*C*A-15	创新机制的有效性*（新产品销售收入比重）/%	0.89	3.07
*C*A-16	科技体系与创新载体情况*（负责创新的部门或机构经费比重）/%	0.65	12.30
*C*A-17	管理人员创新意识*（企业管理制度变化频度）/（次 / 年）	0.71	8.00

续表

序号	观测指标	权重 /%	原值
C_A-18	信息采集和管理能力*（企业管理信息系统费用支出比重）	0.67	2.46
C_A-19	企业人均邮电业务总量 /（万元 / 年）	0.42	0.90
C_A-20	企业人均移动电话数量 /（台 / 人）	0.55	1.50
C_A-21	宽带覆盖率 /%	0.52	100.0
C_A-22	微机覆盖率 /%	0.55	100.0
C_A-23	信息技术投入增长率 /%	0.55	4.50
C_A-24	情报部门投入经费比重 /%	1.81	3.61
C_A-25	企业工程技术员工比重 /%	0.74	3.00
C_A-26	企业科技活动人员比重 /%	0.48	7.00
C_A-27	员工培训和学习频度 /（次 / 年）	0.53	4.00
C_A-28	研发人员的年总收入增长率 /%	0.74	13.00
C_A-29	研发人员观念素质*（本科学历人员比重）/%	0.80	49.22
C_A-30*	研发人员忠诚度*（年离职率）/%	0.57	1.00
C_A-31	员工满意度*（年收入增长率）/%	0.70	11.00
C_A-32	研发人员晋升制度的完善程度*（管理层由企业自身培养的研发人员比重）	0.85	14.41
C_A-33	企业研发支出经费比率 /%	0.94	6.00
C_A-34	资本创新效率资本创新效率（专利产出效率）/%	0.60	230.00
C_A-35	研发人员投入比重 /%	0.84	3.00
C_A-36	研发设备投入比重 /%	0.74	2.00
C_A-37	外部科研经费筹集比重 /%	1.44	27.00
C_A-38*	企业资源型企业的国家控制程度*（国有或者集体股份比重）	0.60	31.86
C_A-39*	企业资源禀赋优势*（企业资源占国家该资源总量的比重）	0.70	—
C_A-40*	市场准入门槛*（进入该资源市场所需政府批文数量）	0.64	19.00
C_A-41*	资源替代品多寡*（根据很容易被替代、容易被替代、不容易被替代，分别赋以 1、0.5、0）	0.54	1.00
C_A-42*	企业国际资源获取门槛*（资源进口单价年增长率）/%	0.64	5.10
C_A-43	企业技术引进费用占比 /%	0.55	18.43
C_A-44	企业国内技术购买费用占比 /%	0.73	7.37
C_A-45	企业技术引进合同金额占比 /%	2.67	19.90
C_A-46	企业消化吸收经费占比 /%	0.66	0.44
C_A-47	产、学、研合作比率 /%	0.91	9.00
C_B-01	地区人均国内生产总值 / 元	0.60	33 969.00
C_B-02	地区规模以上工业增加值增速 /%	0.81	16.00
C_B-03	地区人均可支配收入 / 元	2.82	16 263.43
C_B-04	地区经济发展全国排名	0.75	12.00
C_B-05	地区经济发展潜力*（GDP 增长率）/%	1.48	11.00
C_B-06	地区人均居民消费水平 / 元	0.57	9 550.51

续表

序号	观测指标	权重 /%	原值
*C*B-07	地区全社会固定资产投资占 GDP 比重 /%	0.89	66.85
*C*B-08	地区实际使用外资与 GDP 之比 /%	0.59	0.88
*C*B-09	地区金融机构资金信贷合计与 GDP 之比	0.71	1.95
*C*B-10	地区上市公司数量 / 家	1.86	49.00
*C*B-11	地区社会零售商品总额与 GDP 之比	0.56	0.33
*C*B-12	单位地区生产总值能耗（等价值）/（吨标准煤 / 万元）	0.55	1.30
*C*B-13	地区创新型企业的发展程度*（高新技术企业产出占 GDP 比重）/%	2.77	3.97
*C*B-14	地区创新产品市场容量	1.94	—
*C*B-15*	地区第二、第三产业比	2.72	1.55
*C*B-16*	地区城乡居民收入比	0.77	3.13
*C*B-17*	地区市场集中程度*（反向指标，各产业 GDP 贡献的离散程度，方差表示）	0.93	0.61
*C*B-18*	地区贫富差距*（反向指标，基尼系数）	0.57	0.38
*C*B-19	地区经济规模效应*（税收在 100 万以上的企业在税收贡献中的比重）/%	1.22	16.00
*C*B-20	地区人均公路里程 /（公里 / 人）	0.78	0.00
*C*B-21	地区人均铁路营业里程 /（公里 / 人）	0.55	0.00
*C*B-22	地区高速公路比重 /%	2.12	3.03
*C*B-23	地区每万人拥有公共交通数量 / 台	2.32	4.13
*C*B-24	地区城镇化发展水平（城镇人口比重）/%	1.06	45.60
*C*B-25	地区地理区位优势*（所处地区档次分为东部、中部、西部，不同档次区位将被赋予 3、2、1 的数值）	0.76	3.00
*C*B-26	地区电力生产消费比	1.30	0.57
*C*B-27	地区资源丰度（根据地区资源禀赋由课题组确定全国各省份资源丰度，以 3、2、1 量化表示）	1.01	1.00
*C*B-28	地区人居自然环境*（人口密度）/（人 / 公里^2）	0.89	355.00
*C*B-29	地区金融支持环境*（地区金融机构贷款余额与 GDP 之比）/%	1.90	0.97
*C*B-30	地区人均行政诉讼案件	1.68	0.00
*C*B-31	地区人均财政税收 /（万元 / 人）	0.59	0.24
*C*B-32	地区人均财政支出 /（万元 / 人）	1.30	0.49
*C*B-33*	地区政府廉洁水平*（三公经费比重）	2.24	—
*C*B-34	地区法院人均收案 /（件 / 万人）	1.64	46.00
*C*B-35	地区刑事犯罪人数比重 /（每万人发案数）	2.46	18.00
*C*B-36	地区万人拥有律师数	2.00	11.10
*C*B-37	地区技术创新成果保护法的完善与实施情况*（知识产权收案占民事收案比重）/%	1.46	0.79
*C*B-38	地区万人高校在校生人数 / 人	0.62	158.73
*C*B-39	地区万人科研机构数 /（个 / 万人）	0.87	0.12
*C*B-40	地区教育经费占财政支出比重 /%	1.46	15.97
*C*B-41	当地人居社会环境情况*（一般公共服务经费支出占财政支出比重）/%	1.12	11.73
*C*B-42	地区创新的文化发育程度*（地区科技经费支出比重）/%	0.67	0.94

续表

序号	观测指标	权重 /%	原值
C_B-43*	地区文明程度*（每万人犯罪数）	1.04	21.00

6．金钼股份

序号	观测指标	权重 /%	原值
C_A-01	专利及科技成果相对数 /（个 / 亿元资产）	2.15	0.78
C_A-02	获奖成果相对数 /（个 / 亿元资产）	1.13	0.20
C_A-03	千人研发人员拥有专利数量 /（个 / 千人）	1.18	11.00
C_A-04	千人研发人员拥有论文数量 /（篇 / 千人）	2.10	1 900.00
C_A-05	企业科技机构相对数 /（个 / 亿元资产）	2.26	0.05
C_A-06	企业仪器设备采购强度 /%	1.62	0.68
C_A-07	企业 R&D 项目相对数 /（个 / 亿元资产）	0.69	0.43
C_A-08*	理论与技术导入能力*（新聘员工平均培训时间）/ 天	1.47	28.30
C_A-09*	工艺技术手段完备情况*（企业外包业务环节比重）/%	0.62	7.00
C_A-10*	自动化生产水平*（生产线员工比重）/%	0.59	38.30
C_A-11	企业创新激励机制建设水平（研发人员劳务支出比重）/%	1.26	22.00
C_A-12	企业管理费用比重 /%	2.38	2.79
C_A-13	企业创新战略目标的清晰程度*（新产品研发成功率）/%	1.03	8.20
C_A-14	创新战略有效性*（新产品企业市场份额）/%	0.64	8.20
C_A-15	创新机制的有效性*（新产品销售收入比重）/%	0.89	4.20
C_A-16	科技体系与创新载体情况*（负责创新的部门或机构经费比重）/%	0.65	5.43
C_A-17	管理人员创新意识*（企业管理制度变化频度）/（次 / 年）	0.71	14.00
C_A-18	信息采集和管理能力*（企业管理信息系统费用支出比重）	0.67	1.09
C_A-19	企业人均邮电业务总量 /（万元 / 年）	0.42	0.15
C_A-20	企业人均移动电话数量 /（台 / 人）	0.55	1.10
C_A-21	宽带覆盖率 /%	0.52	100.0
C_A-22	微机覆盖率 /%	0.55	100.0
C_A-23	信息技术投入增长率 /%	0.55	3.50
C_A-24	情报部门投入经费比重 /%	1.81	2.24
C_A-25	企业工程技术员工比重 /%	0.74	3.00
C_A-26	企业科技活动人员比重 /%	0.48	7.00
C_A-27	员工培训和学习频度 /（次 / 年）	0.53	4.00
C_A-28	研发人员的年总收入增长率 /%	0.74	14.00
C_A-29	研发人员观念素质*（本科学历人员比重）/%	0.80	41.74
C_A-30*	研发人员忠诚度*（年离职率）/%	0.57	2.00
C_A-31	员工满意度*（年收入增长率）/%	0.70	9.00
C_A-32	研发人员晋升制度的完善程度*（管理层由企业自身培养的研发人员比重）	0.85	14.91

续表

序号	观测指标	权重 /%	原值
CA-33	企业研发支出经费比率 /%	0.94	5.00
CA-34	资本创新效率资本创新效率（专利产出效率）/%	0.60	125.00
CA-35	研发人员投入比重 /%	0.84	3.00
CA-36	研发设备投入比重 /%	0.74	2.00
CA-37	外部科研经费筹集比重 /%	1.44	20.00
CA-38*	企业资源型企业的国家控制程度*（国有或者集体股份比重）	0.60	10.00
CA-39*	企业资源禀赋优势*（企业资源占国家该资源总量的比重）	0.70	—
CA-40*	市场准入门槛*（进入该资源市场所需政府批文数量）	0.64	17.00
CA-41*	资源替代品多寡*（根据很容易被替代、容易被替代、不容易被替代，分别赋以 1、0.5、0）	0.54	0.00
CA-42*	企业国际资源获取门槛*（资源进口单价年增长率）/%	0.64	10.00
CA-43	企业技术引进费用占比 /%	0.55	0.34
CA-44	企业国内技术购买费用占比 /%	0.73	0.47
CA-45	企业技术引进合同金额占比 /%	2.67	0.11
CA-46	企业消化吸收经费占比 /%	0.66	0.54
CA-47	产、学、研合作比率 /%	0.91	11.00
CB-01	地区人均国内生产总值 / 元	0.60	33 464.00
CB-02	地区规模以上工业增加值增速 /%	0.81	17.90
CB-03	地区人均可支配收入 / 元	2.82	18 245.00
CB-04	地区经济发展全国排名	0.75	14.00
CB-05	地区经济发展潜力*（GDP 增长率）/%	1.48	13.80
CB-06	地区人均居民消费水平 / 元	0.57	10 053.46
CB-07	地区全社会固定资产投资占 GDP 比重 /%	0.89	76.11
CB-08	地区实际使用外资与 GDP 之比 /%	0.59	0.93
CB-09	地区金融机构资金信贷合计与 GDP 之比	0.71	2.13
CB-10	地区上市公司数量 / 家	1.86	43.00
CB-11	地区社会零售商品总额与 GDP 之比	0.56	0.31
CB-12	单位地区生产总值能耗（等价值）/（吨标准煤 / 万元）	0.55	0.85
CB-13	地区创新型企业的发展程度*（高新技术企业产出占 GDP 比重）/%	2.77	8.56
CB-14	地区创新产品市场容量	1.94	—
CB-15*	地区第二、第三产业比	2.72	1.59
CB-16*	地区城乡居民收入比	0.77	3.45
CB-17*	地区市场集中程度*（反向指标，各产业 GDP 贡献的离散程度，方差表示）	0.93	0.73
CB-18*	地区贫富差距*（反向指标，基尼系数）	0.57	0.34
CB-19	地区经济规模效应*（税收在 100 万以上的企业在税收贡献中的比重）/%	1.22	13.00
CB-20	地区人均公路里程 /（公里 / 人）	0.78	0.00
CB-21	地区人均铁路营业里程 /（公里 / 人）	0.55	0.00

续表

序号	观测指标	权重 /%	原值
C_B-22	地区高速公路比重 /%	2.12	2.50
C_B-23	地区每万人拥有公共交通数量 / 台	2.32	4.38
C_B-24	地区城镇化发展水平（城镇人口比重）/%	1.06	47.30
C_B-25	地区地理区位优势*（所处地区档次分为东部、中部、西部，不同档次区位将被赋予 3、2、1 的数值）	0.76	1.00
C_B-26	地区电力生产消费比	1.30	1.19
C_B-27	地区资源丰度（根据地区资源禀赋由课题组确定全国各省份资源丰度，以 3、2、1 量化表示）	1.01	3.00
C_B-28	地区人居自然环境*（人口密度）/（人 / 公里 ^{2}）	0.89	185.00
C_B-29	地区金融支持环境*（地区金融机构贷款余额与 GDP 之比）/%	1.90	1.06
C_B-30	地区人均行政诉讼案件	1.68	0.01
C_B-31	地区人均财政税收 /（万元 / 人）	0.59	0.40
C_B-32	地区人均财政支出 /（万元 / 人）	1.30	0.78
C_B-33*	地区政府廉洁水平*（三公经费比重）	2.24	—
C_B-34	地区法院人均收案 /（件 / 万人）	1.64	46.00
C_B-35	地区刑事犯罪人数比重（每万人发案数）	2.46	18.00
C_B-36	地区万人拥有律师数	2.00	1.27
C_B-37	地区技术创新成果保护法的完善与实施情况*（知识产权收案占民事收案比重）/%	1.46	0.61
C_B-38	地区万人高校在校生人数 / 人	0.62	257.78
C_B-39	地区万人科研机构数 /（个 / 万人）	0.87	0.21
C_B-40	地区教育经费占财政支出比重 /%	1.46	12.85
C_B-41	当地人居社会环境情况*（一般公共服务经费支出占财政支出比重）/%	1.12	11.65
C_B-42	地区创新的文化发育程度*（地区科技经费支出比重）/%	0.67	0.99
C_B-43*	地区文明程度*（每万人犯罪数）	1.04	21.00

7．中国石油

序号	观测指标	权重 /%	原值
C_A-01	专利及科技成果相对数 /（个 / 亿元资产）	2.15	0.12
C_A-02	获奖成果相对数 /（个 / 亿元资产）	1.13	0.01
C_A-03	千人研发人员拥有专利数量 /（个 / 千人）	1.18	15.00
C_A-04	千人研发人员拥有论文数量 /（篇 / 千人）	2.10	1 796.00
C_A-05	企业科技机构相对数 /（个 / 亿元资产）	2.26	0.02
C_A-06	企业仪器设备采购强度 /%	1.62	0.50
C_A-07	企业 R&D 项目相对数 /（个 / 亿元资产）	0.69	0.02
C_A-08*	理论与技术导入能力*（新聘员工平均培训时间）/ 天	1.47	23.40
C_A-09*	工艺技术手段完备情况*（企业外包业务环节比重）/%	0.62	5.00
C_A-10*	自动化生产水平*（生产线员工比重）/%	0.59	35.40

续表

序号	观测指标	权重 /%	原值
C_A-11	企业创新激励机制建设水平（研发人员劳务支出比重）/%	1.26	28.00
C_A-12	企业管理费用比重 /%	2.38	3.87
C_A-13	企业创新战略目标的清晰程度*（新产品研发成功率）/%	1.03	16.01
C_A-14	创新战略有效性*（新产品企业市场份额）/%	0.64	25.01
C_A-15	创新机制的有效性*（新产品销售收入比重）/%	0.89	5.01
C_A-16	科技体系与创新载体情况*（负责创新的部门或机构经费比重）/%	0.65	13.24
C_A-17	管理人员创新意识*（企业管理制度变化频度）/（次 / 年）	0.71	58.00
C_A-18	信息采集和管理能力*（企业管理信息系统费用支出比重）	0.67	2.65
C_A-19	企业人均邮电业务总量 /（万元 / 年）	0.42	0.90
C_A-20	企业人均移动电话数量 /（台 / 人）	0.55	1.50
C_A-21	宽带覆盖率 /%	0.52	100.0
C_A-22	微机覆盖率 /%	0.55	100.0
C_A-23	信息技术投入增长率 /%	0.55	4.50
C_A-24	情报部门投入经费比重 /%	1.81	3.80
C_A-25	企业工程技术员工比重 /%	0.74	4.00
C_A-26	企业科技活动人员比重 /%	0.48	9.00
C_A-27	员工培训和学习频度 /（次 / 年）	0.53	4.00
C_A-28	研发人员的年总收入增长率 /%	0.74	13.00
C_A-29	研发人员观念素质*（本科学历人员比重）/%	0.80	52.96
C_A-30*	研发人员忠诚度*（年离职率）/%	0.57	4.00
C_A-31	员工满意度*（年收入增长率）/%	0.70	10.00
C_A-32	研发人员晋升制度的完善程度*（管理层由企业自身培养的研发人员比重）	0.85	21.65
C_A-33	企业研发支出经费比率 /%	0.94	6.00
C_A-34	资本创新效率资本创新效率（专利产出效率）/%	0.60	225.00
C_A-35	研发人员投入比重 /%	0.84	3.00
C_A-36	研发设备投入比重 /%	0.74	2.00
C_A-37	外部科研经费筹集比重 /%	1.44	36.00
C_A-38*	企业资源型企业的国家控制程度*（国有或者集体股份比重）	0.60	100.0
C_A-39*	企业资源禀赋优势*（企业资源占国家该资源总量的比重）	0.70	—
C_A-40*	市场准入门槛*（进入该资源市场所需政府批文数量）	0.64	26.00
C_A-41*	资源替代品多寡*（根据很容易被替代、容易被替代、不容易被替代，分别赋以 1、0.5、0）	0.54	0.50
C_A-42*	企业国际资源获取门槛*（资源进口单价年增长率）/%	0.64	6.90
C_A-43	企业技术引进费用占比 /%	0.55	2.42
C_A-44	企业国内技术购买费用占比 /%	0.73	0.97
C_A-45	企业技术引进合同金额占比 /%	2.67	2.61
C_A-46	企业消化吸收经费占比 /%	0.66	0.07

续表

序号	观测指标	权重 /%	原值
C_A-47	产、学、研合作比率 /%	0.91	10.00
C_B-01	地区人均国内生产总值 / 元	0.60	35 181.00
C_B-02	地区规模以上工业增加值增速 /%	0.81	10.70
C_B-03	地区人均可支配收入 / 元	2.82	21 809.78
C_B-04	地区经济发展全国排名	0.75	10.00
C_B-05	地区经济发展潜力*（GDP 增长率）/%	1.48	9.20
C_B-06	地区人均居民消费水平 / 元	0.57	12 300.00
C_B-07	地区全社会固定资产投资占 GDP 比重 /%	0.89	65.87
C_B-08	地区实际使用外资与 GDP 之比 /%	0.59	1.53
C_B-09	地区金融机构资金信贷合计与 GDP 之比	0.71	3.86
C_B-10	地区上市公司数量 / 家	1.86	73.00
C_B-11	地区社会零售商品总额与 GDP 之比	0.56	0.36
C_B-12	单位地区生产总值能耗（等价值）/（吨标准煤 / 万元）	0.55	0.74
C_B-13	地区创新型企业的发展程度*（高新技术企业产出占 GDP 比重）/%	2.77	18.70
C_B-14	地区创新产品市场容量	1.94	—
C_B-15*	地区第二、第三产业比	2.72	1.08
C_B-16*	地区城乡居民收入比	0.77	3.33
C_B-17*	地区市场集中程度*（反向指标，各产业 GDP 贡献的离散程度，方差表示）	0.93	0.59
C_B-18*	地区贫富差距*（反向指标，基尼系数）	0.57	0.47
C_B-19	地区经济规模效应*（税收在 100 万以上的企业在税收贡献中的比重）/%	1.22	20.00
C_B-20	地区人均公路里程（公里 / 人）	0.78	0.00
C_B-21	地区人均铁路营业里程（公里 / 人）	0.55	0.00
C_B-22	地区高速公路比重 /%	2.12	2.07
C_B-23	地区每万人拥有公共交通数量 / 台	2.32	6.26
C_B-24	地区城镇化发展水平（城镇人口比重）/%	1.06	51.00
C_B-25	地区地理区位优势*（所处地区档次分为东部、中部、西部，不同档次区位将被赋予 3、2、1 的数值）	0.76	2.00
C_B-26	地区电力生产消费比	1.30	0.57
C_B-27	地区资源丰度（根据地区资源禀赋由课题组确定全国各省份资源丰度，以 3、2、1 量化表示）	1.01	2.00
C_B-28	地区人居自然环境*（人口密度）/（人 / 公里^2）	0.89	139.48
C_B-29	地区金融支持环境*（地区金融机构贷款余额与 GDP 之比）/%	1.90	1.93
C_B-30	地区人均行政诉讼案件	1.68	0.00
C_B-31	地区人均财政税收 /（万元 / 人）	0.59	0.77
C_B-32	地区人均财政支出 /（万元 / 人）	1.30	0.81
C_B-33*	地区政府廉洁水平*（三公经费比重）	2.24	
C_B-34	地区法院人均收案 /（件 / 万人）	1.64	44.71
C_B-35	地区刑事犯罪人数比重（每万人发案数）	2.46	16.71

续表

序号	观测指标	权重/%	原值
C_B-36	地区万人拥有律师数	2.00	4.80
C_B-37	地区技术创新成果保护法的完善与实施情况*（知识产权收案占民事收案比重）/%	1.46	0.83
C_B-38	地区万人高校在校生人数/人	0.62	100.17
C_B-39	地区万人科研机构数/（个/万人）	0.87	0.66
C_B-40	地区教育经费占财政支出比重/%	1.46	14.30
C_B-41	当地人居社会环境情况*（一般公共服务经费支出占财政支出比重）/%	1.12	10.06
C_B-42	地区创新的文化发育程度*（地区科技经费支出比重）/%	0.67	0.81
C_B-43*	地区文明程度*（每万人犯罪数）	1.04	19.00

8. 鄂尔多斯

序号	观测指标	权重/%	原值
C_A-01	专利及科技成果相对数/（个/亿元资产）	2.15	0.35
C_A-02	获奖成果相对数/（个/亿元资产）	1.13	0.14
C_A-03	千人研发人员拥有专利数量/（个/千人）	1.18	7.00
C_A-04	千人研发人员拥有论文数量/（篇/千人）	2.10	764.00
C_A-05	企业科技机构相对数/（个/亿元资产）	2.26	0.03
C_A-06	企业仪器设备采购强度/%	1.62	0.32
C_A-07	企业 R&D 项目相对数/（个/亿元资产）	0.69	0.13
C_A-08*	理论与技术导入能力*（新聘员工平均培训时间）/天	1.47	22.50
C_A-09*	工艺技术手段完备情况*（企业外包业务环节比重）/%	0.62	9.00
C_A-10*	自动化生产水平*（生产线员工比重）/%	0.59	42.50
C_A-11	企业创新激励机制建设水平（研发人员劳务支出比重）/%	1.26	24.00
C_A-12	企业管理费用比重/%	2.38	2.73
C_A-13	企业创新战略目标的清晰程度*（新产品研发成功率）/%	1.03	10.14
C_A-14	创新战略有效性*（新产品企业市场份额）/%	0.64	10.14
C_A-15	创新机制的有效性*（新产品销售收入比重）/%	0.89	8.14
C_A-16	科技体系与创新载体情况*（负责创新的部门或机构经费比重）/%	0.65	7.37
C_A-17	管理人员创新意识*（企业管理制度变化频度）/（次/年）	0.71	21.00
C_A-18	信息采集和管理能力*（企业管理信息系统费用支出比重）	0.67	1.47
C_A-19	企业人均邮电业务总量/（万元/年）	0.42	0.12
C_A-20	企业人均移动电话数量/（台/人）	0.55	1.10
C_A-21	宽带覆盖率/%	0.52	100.0
C_A-22	微机覆盖率/%	0.55	100.0
C_A-23	信息技术投入增长率/%	0.55	4.60
C_A-24	情报部门投入经费比重	1.81	2.63
C_A-25	企业工程技术员工比重/%	0.74	3.00

续表

序号	观测指标	权重 /%	原值
C_A-26	企业科技活动人员比重 /%	0.48	6.00
C_A-27	员工培训和学习频度 /（次 / 年）	0.53	6.00
C_A-28	研发人员的年总收入增长率 /%	0.74	12.00
C_A-29	研发人员观念素质*（本科学历人员比重）/%	0.80	38.49
C_A-30*	研发人员忠诚度*（年离职率）/%	0.57	2.00
C_A-31	员工满意度*（年收入增长率）/%	0.70	12.00
C_A-32	研发人员晋升制度的完善程度*（管理层由企业自身培养的研发人员比重）	0.85	15.83
C_A-33	企业研发支出经费比率 /%	0.94	3.00
C_A-34	资本创新效率资本创新效率（专利产出效率）/%	0.60	186.00
C_A-35	研发人员投入比重 /%	0.84	3.00
C_A-36	研发设备投入比重 /%	0.74	3.00
C_A-37	外部科研经费筹集比重 /%	1.44	25.00
C_A-38*	企业资源型企业的国家控制程度*（国有或者集体股份比重）	0.60	50.00
C_A-39*	企业资源禀赋优势*（企业资源占国家该资源总量的比重）	0.70	—
C_A-40*	市场准入门槛*（进入该资源市场所需政府批文数量）	0.64	22.00
C_A-41*	资源替代品多寡*（根据很容易被替代、容易被替代、不容易被替代，分别赋以 1、0.5、0）	0.54	0.50
C_A-42*	企业国际资源获取门槛*（资源进口单价年增长率）/%	0.64	8.40
C_A-43	企业技术引进费用占比 /%	0.55	0.22
C_A-44	企业国内技术购买费用占比 /%	0.73	0.10
C_A-45	企业技术引进合同金额占比 /%	2.67	0.15
C_A-46	企业消化吸收经费占比 /%	0.66	0.24
C_A-47	产、学、研合作比率 /%	0.91	8.00
C_B-01	地区人均国内生产总值 / 元	0.60	57 974.00
C_B-02	地区规模以上工业增加值增速 /%	0.81	19.00
C_B-03	地区人均可支配收入 / 元	2.82	17 698.15
C_B-04	地区经济发展全国排名	0.75	6.00
C_B-05	地区经济发展潜力*（GDP 增长率）/%	1.48	15.00
C_B-06	地区人均居民消费水平 / 元	0.57	13 264.24
C_B-07	地区全社会固定资产投资占 GDP 比重 /%	0.89	72.18
C_B-08	地区实际使用外资与 GDP 之比 /%	0.59	1.68
C_B-09	地区金融机构资金信贷合计与 GDP 之比	0.71	0.68
C_B-10	地区上市公司数量 / 家	1.86	24.00
C_B-11	地区社会零售商品总额与 GDP 之比	0.56	0.28
C_B-12	单位地区生产总值能耗（等价值）/（吨标准煤 / 万元）	0.55	1.41
C_B-13	地区创新型企业的发展程度*（高新技术企业产出占 GDP 比重）/%	2.77	2.27
C_B-14	地区创新产品市场容量	1.94	—

续表

序号	观测指标	权重 /%	原值
C_B-15*	地区第二、第三产业比	2.72	1.60
C_B-16*	地区城乡居民收入比	0.77	3.20
C_B-17*	地区市场集中程度*（反向指标，各产业 GDP 贡献的离散程度，方差表示）	0.93	0.78
C_B-18*	地区贫富差距*（反向指标，基尼系数）	0.57	0.44
C_B-19	地区经济规模效应*（税收在 100 万以上的企业在税收贡献中的比重）/%	1.22	10.00
C_B-20	地区人均公路里程 /（公里 / 人）	0.78	0.00
C_B-21	地区人均铁路营业里程 /（公里 / 人）	0.55	0.01
C_B-22	地区高速公路比重 /%	2.12	1.79
C_B-23	地区每万人拥有公共交通数量 / 台	2.32	4.96
C_B-24	地区城镇化发展水平（城镇人口比重）/%	1.06	56.62
C_B-25	地区地理区位优势*（所处地区档次分为东部、中部、西部，不同档次区位将被赋予 3、2、1 的数值）	0.76	1.00
C_B-26	地区电力生产消费比	1.30	0.77
C_B-27	地区资源丰度（根据地区资源禀赋由课题组确定全国各省份资源丰度，以 3、2、1 量化表示）	1.01	3.00
C_B-28	地区人居自然环境*（人口密度）/（人 / 公里^2）	0.89	20.00
C_B-29	地区金融支持环境*（地区金融机构贷款余额与 GDP 之比）/%	1.90	0.34
C_B-30	地区人均行政诉讼案件	1.68	0.00
C_B-31	地区人均财政税收 /（万元 / 人）	0.59	0.55
C_B-32	地区人均财政支出 /（万元 / 人）	1.30	1.20
C_B-33*	地区政府廉洁水平*（三公经费比重）	2.24	—
C_B-34	地区法院人均收案 /（件 / 万人）	1.64	47.00
C_B-35	地区刑事犯罪人数比重 / 每万人发案数	2.46	19.00
C_B-36	地区万人拥有律师数	2.00	5.46
C_B-37	地区技术创新成果保护法的完善与实施情况*（知识产权收案占民事收案比重）/%	1.46	0.60
C_B-38	地区万人高校在校生人数 / 人	0.62	154.91
C_B-39	地区万人科研机构数 /（个 / 万人）	0.87	0.12
C_B-40	地区教育经费占财政支出比重 /%	1.46	11.99
C_B-41	当地人居社会环境情况*（一般公共服务经费支出占财政支出比重）/%	1.12	10.19
C_B-42	地区创新的文化发育程度*（地区科技经费支出比重）/%	0.67	0.94
C_B-43*	地区文明程度*（每万人犯罪数）	1.04	22.00

9．开滦股份

序号	观测指标	权重 /%	原值
C_A-01	专利及科技成果相对数 /（个 / 亿元资产）	2.15	0.41
C_A-02	获奖成果相对数 /（个 / 亿元资产）	1.13	0.05
C_A-03	千人研发人员拥有专利数量 /（个 / 千人）	1.18	5.00

续表

序号	观测指标	权重 /%	原值
C_A-04	千人研发人员拥有论文数量 /（篇 / 千人）	2.10	900.00
C_A-05	企业科技机构相对数 /（个 / 亿元资产）	2.26	0.10
C_A-06	企业仪器设备采购强度 /%	1.62	0.95
C_A-07	企业 R&D 项目相对数 /（个 / 亿元资产）	0.69	0.07
C_A-08*	理论与技术导入能力 *（新聘员工平均培训时间）/ 天	1.47	27.20
C_A-09*	工艺技术手段完备情况 *（企业外包业务环节比重）/%	0.62	12.00
C_A-10*	自动化生产水平 *（生产线员工比重）/%	0.59	47.20
C_A-11	企业创新激励机制建设水平（研发人员劳务支出比重）/%	1.26	14.00
C_A-12	企业管理费用比重 /%	2.38	4.05
C_A-13	企业创新战略目标的清晰程度 *（新产品研发成功率）/%	1.03	10.05
C_A-14	创新战略有效性 *（新产品企业市场份额）/%	0.64	9.05
C_A-15	创新机制的有效性 *（新产品销售收入比重）/%	0.89	7.05
C_A-16	科技体系与创新载体情况 *（负责创新的部门或机构经费比重）/%	0.65	7.28
C_A-17	管理人员创新意识 *（企业管理制度变化频度）/（次 / 年）	0.71	15.00
C_A-18	信息采集和管理能力 *（企业管理信息系统费用支出比重）	0.67	1.46
C_A-19	企业人均邮电业务总量 /（万元 / 年）	0.42	0.72
C_A-20	企业人均移动电话数量 /（台 / 人）	0.55	1.50
C_A-21	宽带覆盖率 /%	0.52	100.0
C_A-22	微机覆盖率 /%	0.55	100.0
C_A-23	信息技术投入增长率 /%	0.55	2.50
C_A-24	情报部门投入经费比重 /%	1.81	2.61
C_A-25	企业工程技术员工比重 /%	0.74	3.00
C_A-26	企业科技活动人员比重 /%	0.48	5.00
C_A-27	员工培训和学习频度 /（次 / 年）	0.53	4.00
C_A-28	研发人员的年总收入增长率 /%	0.74	14.00
C_A-29	研发人员观念素质 *（本科学历人员比重 /%	0.80	39.12
C_A-30*	研发人员忠诚度 *（年离职率）/%	0.57	2.00
C_A-31	员工满意度 *（年收入增长率）/%	0.70	11.00
C_A-32	研发人员晋升制度的完善程度 *（管理层由企业自身培养的研发人员比重）	0.85	16.04
C_A-33	企业研发支出经费比率 /%	0.94	4.00
C_A-34	资本创新效率资本创新效率（专利产出效率）/%	0.60	180.00
C_A-35	研发人员投入比重 /%	0.84	3.00
C_A-36	研发设备投入比重 /%	0.74	2.00
C_A-37	外部科研经费筹集比重 /%	1.44	25.00
C_A-38*	企业资源型企业的国家控制程度 *（国有或者集体股份比重）	0.60	50.00
C_A-39*	企业资源禀赋优势 *（企业资源占国家该资源总量的比重）	0.70	—
C_A-40*	市场准入门槛 *（进入该资源市场所需政府批文数量）	0.64	17.00

续表

序号	观测指标	权重/%	原值
C_A-41*	资源替代品多寡*（根据很容易被替代、容易被替代、不容易被替代，分别赋以 1、0.5、0）	0.54	1.00
C_A-42*	企业国际资源获取门槛*（资源进口单价年增长率）/%	0.64	5.20
C_A-43	企业技术引进费用占比/%	0.55	8.57
C_A-44	企业国内技术购买费用占比/%	0.73	4.76
C_A-45	企业技术引进合同金额占比/%	2.67	12.86
C_A-46	企业消化吸收经费占比/%	0.66	0.29
C_A-47	产、学、研合作比率/%	0.91	8.00
C_B-01	地区人均国内生产总值/元	0.60	33 969.00
C_B-02	地区规模以上工业增加值增速/%	0.81	16.00
C_B-03	地区人均可支配收入/元	2.82	16 263.43
C_B-04	地区经济发展全国排名	0.75	12.00
C_B-05	地区经济发展潜力*（GDP 增长率）/%	1.48	11.00
C_B-06	地区人均居民消费水平/元	0.57	9 550.51
C_B-07	地区全社会固定资产投资占 GDP 比重/%	0.89	66.85
C_B-08	地区实际使用外资与 GDP 之比/%	0.59	0.88
C_B-09	地区金融机构资金信贷合计与 GDP 之比	0.71	1.95
C_B-10	地区上市公司数量/家	1.86	49.00
C_B-11	地区社会零售商品总额与 GDP 之比	0.56	0.33
C_B-12	单位地区生产总值能耗（等价值）/（吨标准煤/万元）	0.55	1.30
C_B-13	地区创新型企业的发展程度*（高新技术企业产出占 GDP 比重）/%	2.77	3.97
C_B-14	地区创新产品市场容量	1.94	—
C_B-15*	地区第二、第三产业比	2.72	1.55
C_B-16*	地区城乡居民收入比	0.77	3.13
C_B-17*	地区市场集中程度*（反向指标，各产业 GDP 贡献的离散程度，方差表示）	0.93	0.61
C_B-18*	地区贫富差距*（反向指标，基尼系数）	0.57	0.38
C_B-19	地区经济规模效应*（税收在 100 万以上的企业在税收贡献中的比重）/%	1.22	16.00
C_B-20	地区人均公路里程/（公里/人）	0.78	0.00
C_B-21	地区人均铁路营业里程/（公里/人）	0.55	0.00
C_B-22	地区高速公路比重/%	2.12	3.03
C_B-23	地区每万人拥有公共交通数量/台	2.32	4.13
C_B-24	地区城镇化发展水平（城镇人口比重）/%	1.06	45.60
C_B-25	地区地理区位优势*（所处地区档次分为东部、中部、西部，不同档次区位将被赋予 3、2、1 的数值）	0.76	3.00
C_B-26	地区电力生产消费比	1.30	0.57
C_B-27	地区资源丰度（根据地区资源禀赋由课题组确定全国各省份资源丰度，以 3、2、1 量化表示）	1.01	1.00
C_B-28	地区人居自然环境*（人口密度）/（人/公里^2）	0.89	355.00
C_B-29	地区金融支持环境*（地区金融机构贷款余额与 GDP 之比）（%）	1.90	0.97

续表

序号	观测指标	权重/%	原值
C_B-30	地区人均行政诉讼案件	1.68	0.00
C_B-31	地区人均财政税收/（万元/人）	0.59	0.24
C_B-32	地区人均财政支出/（万元/人）	1.30	0.49
C_B-33*	地区政府廉洁水平*（三公经费比重）	2.24	—
C_B-34	地区法院人均收案/（件/万人）	1.64	46.00
C_B-35	地区刑事犯罪人数比重（每万人发案数）	2.46	18.00
C_B-36	地区万人拥有律师数	2.00	11.10
C_B-37	地区技术创新成果保护法的完善与实施情况*（知识产权收案占民事收案比重）/%	1.46	0.79
C_B-38	地区万人高校在校生人数/人	0.62	158.73
C_B-39	地区万人科研机构数/（个/万人）	0.87	0.12
C_B-40	地区教育经费占财政支出比重%	1.46	15.97
C_B-41	当地人居社会环境情况*（一般公共服务经费支出占财政支出比重）/%	1.12	11.73
C_B-42	地区创新的文化发育程度*（地区科技经费支出比重）/%	0.67	0.94
C_B-43*	地区文明程度*（每万人犯罪数）	1.04	21.00

10. 东华能源

序号	观测指标	权重/%	原值
C_A-01	专利及科技成果相对数/（个/亿元资产）	2.15	0.23
C_A-02	获奖成果相对数/（个/亿元资产）	1.13	0.84
C_A-03	千人研发人员拥有专利数量/（个/千人）	1.18	9.00
C_A-04	千人研发人员拥有论文数量/（篇/千人）	2.10	1 200.00
C_A-05	企业科技机构相对数/（个/亿元资产）	2.26	0.19
C_A-06	企业仪器设备采购强度/%	1.62	0.72
C_A-07	企业R&D项目相对数/（个/亿元资产）	0.69	0.72
C_A-08*	理论与技术导入能力*（新聘员工平均培训时间）/天	1.47	19.50
C_A-09*	工艺技术手段完备情况*（企业外包业务环节比重）/%	0.62	8.00
C_A-10*	自动化生产水平*（生产线员工比重）/%	0.59	29.50
C_A-11	企业创新激励机制建设水平（研发人员劳务支出比重）/%	1.26	29.00
C_A-12	企业管理费用比重/%	2.38	1.27
C_A-13	企业创新战略目标的清晰程度*（新产品研发成功率）/%	1.03	12.84
C_A-14	创新战略有效性*（新产品企业市场份额）/%	0.64	12.84
C_A-15	创新机制的有效性*（新产品销售收入比重）/%	0.89	10.84
C_A-16	科技体系与创新载体情况*（负责创新的部门或机构经费比重）/%	0.65	10.07
C_A-17	管理人员创新意识*（企业管理制度变化频度）/（次/年）	0.71	11.00
C_A-18	信息采集和管理能力*（企业管理信息系统费用支出比重）	0.67	2.01
C_A-19	企业人均邮电业务总量/（万元/年）	0.42	0.12

续表

序号	观测指标	权重 /%	原值
CA-20	企业人均移动电话数量 /（台 / 人）	0.55	1.20
CA-21	宽带覆盖率 /%	0.52	100.0
CA-22	微机覆盖率 /%	0.55	100.0
CA-23	信息技术投入增长率 /%	0.55	3.20
CA-24	情报部门投入经费比重 /%	1.81	3.17
CA-25	企业工程技术员工比重 /%	0.74	3.00
CA-26	企业科技活动人员比重 /%	0.48	5.00
CA-27	员工培训和学习频度 /（次 / 年）	0.53	2.00
CA-28	研发人员的年总收入增长率 /%	0.74	13.00
CA-29	研发人员观念素质 *（本科学历人员比重）/%	0.80	40.30
CA-30*	研发人员忠诚度 *（年离职率）/%	0.57	2.00
CA-31	员工满意度 *（年收入增长率）/%	0.70	14.00
CA-32	研发人员晋升制度的完善程度 *（管理层由企业自身培养的研发人员比重）	0.85	13.43
CA-33	企业研发支出经费比率 /%	0.94	3.50
CA-34	资本创新效率资本创新效率（专利产出效率）/%	0.60	126.00
CA-35	研发人员投入比重 /%	0.84	2.00
CA-36	研发设备投入比重 /%	0.74	1.50
CA-37	外部科研经费筹集比重 /%	1.44	21.00
CA-38*	企业资源型企业的国家控制程度 *（国有或者集体股份比重）	0.60	10.00
CA-39*	企业资源禀赋优势 *（企业资源占国家该资源总量的比重）	0.70	—
CA-40*	市场准入门槛 *（进入该资源市场所需政府批文数量）	0.64	18.00
CA-41*	资源替代品多寡 *（根据很容易被替代、容易被替代、不容易被替代，分别赋以 1、0.5、0）	0.54	1.00
CA-42*	企业国际资源获取门槛 *（资源进口单价年增长率）/%	0.64	5.60
CA-43	企业技术引进费用占比 /%	0.55	1.92
CA-44	企业国内技术购买费用占比 /%	0.73	0.22
CA-45	企业技术引进合同金额占比 /%	2.67	0.80
CA-46	企业消化吸收经费占比 /%	0.66	1.26
CA-47	产、学、研合作比率 /%	0.91	7.00
CB-01	地区人均国内生产总值 / 元	0.60	62 290.00
CB-02	地区规模以上工业增加值增速 /%	0.81	13.80
CB-03	地区人均可支配收入 / 元	2.82	22 944.26
CB-04	地区经济发展全国排名	0.75	4.00
CB-05	地区经济发展潜力 *（GDP 增长率）/%	1.48	11.00
CB-06	地区人均居民消费水平 / 元	0.57	17 166.48
CB-07	地区全社会固定资产投资占 GDP 比重 /%	0.89	54.35
CB-08	地区实际使用外资与 GDP 之比 /%	0.59	3.66

续表

序号	观测指标	权重 /%	原值
C_B-09	地区金融机构资金信贷合计与 GDP 之比	0.71	2.31
C_B-10	地区上市公司数量 / 家	1.86	211.00
C_B-11	地区社会零售商品总额与 GDP 之比	0.56	0.33
C_B-12	单位地区生产总值能耗（等价值）/（吨标准煤 / 万元）	0.55	0.60
C_B-13	地区创新型企业的发展程度*（高新技术企业产出占 GDP 比重）/%	2.77	39.68
C_B-14	地区创新产品市场容量	1.94	—
C_B-15*	地区第二、第三产业比	2.72	1.21
C_B-16*	地区城乡居民收入比	0.77	2.12
C_B-17*	地区市场集中程度*（反向指标，各产业 GDP 贡献的离散程度，方差表示）	0.93	0.55
C_B-18*	地区贫富差距*（反向指标，基尼系数）	0.57	0.53
C_B-19	地区经济规模效应*（税收在 100 万以上的企业在税收贡献中的比重）/%	1.22	29.00
C_B-20	地区人均公路里程 /（公里 / 人）	0.78	0.00
C_B-21	地区人均铁路营业里程 /（公里 / 人）	0.55	0.00
C_B-22	地区高速公路比重 /%	2.12	2.71
C_B-23	地区每万人拥有公共交通数量 / 台	2.32	5.18
C_B-24	地区城镇化发展水平（城镇人口比重）/%	1.06	61.90
C_B-25	地区地理区位优势*（所处地区档次分为东部、中部、西部，不同档次区位将被赋予 3、2、1 的数值）	0.76	3.00
C_B-26	地区电力生产消费比	1.30	0.79
C_B-27	地区资源丰度（根据地区资源禀赋由课题组确定全国各省份资源丰度，以 3、2、1 量化表示）	1.01	1.00
C_B-28	地区人居自然环境*（人口密度）/（人 / 公里^2）	0.89	724.00
C_B-29	地区金融支持环境*（地区金融机构贷款余额与 GDP 之比）/%	1.90	1.16
C_B-30	地区人均行政诉讼案件	1.68	0.00
C_B-31	地区人均财政税收 /（万元 / 人）	0.59	0.65
C_B-32	地区人均财政支出 /（万元 / 人）	1.30	0.79
C_B-33*	地区政府廉洁水平*（三公经费比重）	2.24	—
C_B-34	地区法院人均收案 /（件 / 万人）	1.64	41.00
C_B-35	地区刑事犯罪人数比重（每万人发案数）	2.46	13.00
C_B-36	地区万人拥有律师数	2.00	1.65
C_B-37	地区技术创新成果保护法的完善与实施情况*（知识产权收案占民事收案比重）/%	1.46	0.95
C_B-38	地区万人高校在校生人数 / 人	0.62	210.08
C_B-39	地区万人科研机构数 /（个 / 万人）	0.87	0.63
C_B-40	地区教育经费占财政支出比重 /%	1.46	14.84
C_B-41	当地人居社会环境情况*（一般公共服务经费支出占财政支出比重）/%	1.12	12.03
C_B-42	地区创新的文化发育程度*（地区科技经费支出比重）/%	0.67	3.43
C_B-43*	地区文明程度*（每万人犯罪数）	1.04	16.00

11. 山煤国际

序号	观测指标	权重 /%	原值
C_A-01	专利及科技成果相对数 /（个 / 亿元资产）	2.15	0.20
C_A-02	获奖成果相对数 /（个 / 亿元资产）	1.13	0.02
C_A-03	千人研发人员拥有专利数量 /（个 / 千人）	1.18	14.00
C_A-04	千人研发人员拥有论文数量 /（篇 / 千人）	2.10	1 348.00
C_A-05	企业科技机构相对数 /（个 / 亿元资产）	2.26	0.01
C_A-06	企业仪器设备采购强度 /%	1.62	0.05
C_A-07	企业 R&D 项目相对数 /（个 / 亿元资产）	0.69	0.04
C_A-08*	理论与技术导入能力 *（新聘员工平均培训时间）/ 天	1.47	25.70
C_A-09*	工艺技术手段完备情况 *（企业外包业务环节比重）/%	0.62	11.00
C_A-10*	自动化生产水平 *（生产线员工比重）/%	0.59	45.70
C_A-11	企业创新激励机制建设水平（研发人员劳务支出比重）/%	1.26	17.00
C_A-12	企业管理费用比重 /%	2.38	2.67
C_A-13	企业创新战略目标的清晰程度 *（新产品研发成功率）/%	1.03	13.02
C_A-14	创新战略有效性 *（新产品企业市场份额）/%	0.64	7.02
C_A-15	创新机制的有效性 *（新产品销售收入比重 /%	0.89	5.02
C_A-16	科技体系与创新载体情况 *（负责创新的部门或机构经费比重）/%	0.65	10.25
C_A-17	管理人员创新意识 *（企业管理制度变化频度）/（次 / 年）	0.71	14.00
C_A-18	信息采集和管理能力 *（企业管理信息系统费用支出比重）	0.67	2.05
C_A-19	企业人均邮电业务总量 /（万元 / 年）	0.42	0.11
C_A-20	企业人均移动电话数量 /（台 / 人）	0.55	1.20
C_A-21	宽带覆盖率 /%	0.52	93.00
C_A-22	微机覆盖率 /%	0.55	98.00
C_A-23	信息技术投入增长率 /%	0.55	3.80
C_A-24	情报部门投入经费比重 /%	1.81	3.20
C_A-25	企业工程技术员工比重 /%	0.74	3.80
C_A-26	企业科技活动人员比重 /%	0.48	6.00
C_A-27	员工培训和学习频度 /（次 / 年）	0.53	2.00
C_A-28	研发人员的年总收入增长率 /%	0.74	11.67
C_A-29	研发人员观念素质 *（本科学历人员比重）/%	0.80	41.01
C_A-30*	研发人员忠诚度 *（年离职率）/%	0.57	2.00
C_A-31	员工满意度 *（年收入增长率）/%	0.70	11.00
C_A-32	研发人员晋升制度的完善程度 *（管理层由企业自身培养的研发人员比重）	0.85	12.67
C_A-33	企业研发支出经费比率 /%	0.94	5.00
C_A-34	资本创新效率资本创新效率（专利产出效率）/%	0.60	187.00
C_A-35	研发人员投入比重 /%	0.84	3.00
C_A-36	研发设备投入比重 /%	0.74	2.00

续表

序号	观测指标	权重/%	原值
C_A-37	外部科研经费筹集比重/%	1.44	25.00
C_A-38*	企业资源型企业的国家控制程度*（国有或者集体股份比重）	0.60	50.00
C_A-39*	企业资源禀赋优势*（企业资源占国家该资源总量的比重）	0.70	—
C_A-40*	市场准入门槛*（进入该资源市场所需政府批文数量）	0.64	19.00
C_A-41*	资源替代品多寡*（根据很容易被替代、容易被替代、不容易被替代，分别赋以 1、0.5、0）	0.54	1.00
C_A-42*	企业国际资源获取门槛*（资源进口单价年增长率）/%	0.64	5.50
C_A-43	企业技术引进费用占比/%	0.55	0.04
C_A-44	企业国内技术购买费用占比/%	0.73	0.02
C_A-45	企业技术引进合同金额占比/%	2.67	0.05
C_A-46	企业消化吸收经费占比/%	0.66	0.01
C_A-47	产、学、研合作比率/%	0.91	10.00
C_B-01	地区人均国内生产总值/元	0.60	31 357.00
C_B-02	地区规模以上工业增加值增速/%	0.81	17.90
C_B-03	地区人均可支配收入/元	2.82	15 647.66
C_B-04	地区经济发展全国排名	0.75	26.00
C_B-05	地区经济发展潜力*（GDP 增长率）/%	1.48	13.00
C_B-06	地区人均居民消费水平/元	0.57	9 745.60
C_B-07	地区全社会固定资产投资占 GDP 比重/%	0.89	62.94
C_B-08	地区实际使用外资与 GDP 之比/%	0.59	1.16
C_B-09	地区金融机构资金信贷合计与 GDP 之比	0.71	2.00
C_B-10	地区上市公司数量/家	1.86	33.00
C_B-11	地区社会零售商品总额与 GDP 之比	0.56	0.35
C_B-12	单位地区生产总值能耗（等价值）/（吨标准煤/万元）	0.55	1.76
C_B-13	地区创新型企业的发展程度*（高新技术企业产出占 GDP 比重）/%	2.77	2.83
C_B-14	地区创新产品市场容量	1.94	—
C_B-15*	地区第二、第三产业比	2.72	1.68
C_B-16*	地区城乡居民收入比	0.77	2.50
C_B-17*	地区市场集中程度*（反向指标，各产业 GDP 贡献的离散程度，方差表示）	0.93	0.68
C_B-18*	地区贫富差距*（反向指标，基尼系数）	0.57	0.47
C_B-19	地区经济规模效应*（税收在 100 万以上的企业在税收贡献中的比重）/%	1.22	14.00
C_B-20	地区人均公路里程/（公里/人）	0.78	0.00
C_B-21	地区人均铁路营业里程/（公里/人）	0.55	0.00
C_B-22	地区高速公路比重/%	2.12	2.97
C_B-23	地区每万人拥有公共交通数量/台	2.32	4.23
C_B-24	地区城镇化发展水平（城镇人口比重）/%	1.06	49.68
C_B-25	地区地理区位优势*（所处地区档次分为东部、中部、西部，不同档次区位将被赋予 3、2、1 的数值）	0.76	1.00

续表

序号	观测指标	权重 /%	原值
C_B-26	地区电力生产消费比	1.30	0.67
C_B-27	地区资源丰度（根据地区资源禀赋由课题组确定全国各省份资源丰度，以 3、2、1 量化表示）	1.01	3.00
C_B-28	地区人居自然环境*（人口密度）/（人 / 公里²）	0.89	212.00
C_B-29	地区金融支持环境*（地区金融机构贷款余额与 GDP 之比）/%	1.90	1.00
C_B-30	地区人均行政诉讼案件	1.68	0.00
C_B-31	地区人均财政税收 /（万元 / 人）	0.59	0.34
C_B-32	地区人均财政支出 /（万元 / 人）	1.30	0.66
C_B-33*	地区政府廉洁水平*（三公经费比重）	2.24	—
C_B-34	地区法院人均收案 /（件 / 万人）	1.64	45.00
C_B-35	地区刑事犯罪人数比重 / 每万人发案数	2.46	17.00
C_B-36	地区万人拥有律师数	2.00	1.44
C_B-37	地区技术创新成果保护法的完善与实施情况*（知识产权收案占民事收案比重）/%	1.46	0.62
C_B-38	地区万人高校在校生人数 / 人	0.62	165.45
C_B-39	地区万人科研机构数 /（个 / 万人）	0.87	0.28
C_B-40	地区教育经费占财政支出比重 /%	1.46	14.93
C_B-41	当地人居社会环境情况*（一般公共服务经费支出占财政支出比重）/%	1.12	10.64
C_B-42	地区创新的文化发育程度*（地区科技经费支出比重）/%	0.67	1.15
C_B-43*	地区文明程度*（每万人犯罪数）	1.04	20.00

12．云海金属

序号	观测指标	权重 /%	原值
C_A-01	专利及科技成果相对数 /（个 / 亿元资产）	2.15	0.86
C_A-02	获奖成果相对数 /（个 / 亿元资产）	1.13	2.62
C_A-03	千人研发人员拥有专利数量 /（个 / 千人）	1.18	5.00
C_A-04	千人研发人员拥有论文数量 /（篇 / 千人）	2.10	600.00
C_A-05	企业科技机构相对数 /（个 / 亿元资产）	2.26	0.22
C_A-06	企业仪器设备采购强度 /%）	1.62	0.40
C_A-07	企业 R&D 项目相对数 /（个 / 亿元资产）	0.69	0.68
C_A-08*	理论与技术导入能力*（新聘员工平均培训时间）/ 天	1.47	17.30
C_A-09*	工艺技术手段完备情况*（企业外包业务环节比重）/%	0.62	9.00
C_A-10*	自动化生产水平*（生产线员工比重）/%	0.59	27.30
C_A-11	企业创新激励机制建设水平（研发人员劳务支出比重）/%	1.26	28.00
C_A-12	企业管理费用比重 /%	2.38	4.39
C_A-13	企业创新战略目标的清晰程度*（新产品研发成功率）/%	1.03	15.62
C_A-14	创新战略有效性*（新产品企业市场份额）/%	0.64	15.62

续表

序号	观测指标	权重/%	原值
C_A-15	创新机制的有效性*（新产品销售收入比重）/%	0.89	13.62
C_A-16	科技体系与创新载体情况*（负责创新的部门或机构经费比重）/%	0.65	12.85
C_A-17	管理人员创新意识*（企业管理制度变化频度）/（次/年）	0.71	10.00
C_A-18	信息采集和管理能力*（企业管理信息系统费用支出比重）	0.67	2.57
C_A-19	企业人均邮电业务总量/（万元/年）	0.42	0.09
C_A-20	企业人均移动电话数量/（台/人）	0.55	1.10
C_A-21	宽带覆盖率/%	0.52	100.0
C_A-22	微机覆盖率/%	0.55	100.0
C_A-23	信息技术投入增长率/%	0.55	2.90
C_A-24	情报部门投入经费比重/%	1.81	3.72
C_A-25	企业工程技术员工比重/%	0.74	2.90
C_A-26	企业科技活动人员比重/%	0.48	4.80
C_A-27	员工培训和学习频度/（次/年）	0.53	3.00
C_A-28	研发人员的年总收入增长率/%	0.74	15.07
C_A-29	研发人员观念素质*（本科学历人员比重）/%	0.80	51.39
C_A-30*	研发人员忠诚度*（年离职率）/%	0.57	3.00
C_A-31	员工满意度*（年收入增长率）/%	0.70	15.00
C_A-32	研发人员晋升制度的完善程度*（管理层由企业自身培养的研发人员比重）	0.85	14.13
C_A-33	企业研发支出经费比率/%	0.94	3.80
C_A-34	资本创新效率资本创新效率（专利产出效率）/%	0.60	113.00
C_A-35	研发人员投入比重/%	0.84	1.80
C_A-36	研发设备投入比重/%	0.74	1.90
C_A-37	外部科研经费筹集比重/%	1.44	17.00
C_A-38*	企业资源型企业的国家控制程度*（国有或者集体股份比重）	0.60	10.00
C_A-39*	企业资源禀赋优势*（企业资源占国家该资源总量的比重）	0.70	—
C_A-40*	市场准入门槛*（进入该资源市场所需政府批文数量）	0.64	21.00
C_A-41*	资源替代品多寡*（根据很容易被替代、容易被替代、不容易被替代，分别赋以1、0.5、0）	0.54	0.00
C_A-42*	企业国际资源获取门槛*（资源进口单价年增长率）/%	0.64	6.30
C_A-43	企业技术引进费用占比/%	0.55	2.82
C_A-44	企业国内技术购买费用占比/%	0.73	0.20
C_A-45	企业技术引进合同金额占比/%	2.67	0.95
C_A-46	企业消化吸收经费占比/%	0.66	0.59
C_A-47	产、学、研合作比率/%	0.91	9.00
C_B-01	地区人均国内生产总值/元	0.60	62290.00
C_B-02	地区规模以上工业增加值增速/%	0.81	13.80
C_B-03	地区人均可支配收入/元	2.82	22 944.26

续表

序号	观测指标	权重 /%	原值
C_B-04	地区经济发展全国排名	0.75	4.00
C_B-05	地区经济发展潜力*（GDP 增长率）/%	1.48	11.00
C_B-06	地区人均居民消费水平 / 元	0.57	17 166.48
C_B-07	地区全社会固定资产投资占 GDP 比重 /%	0.89	54.35
C_B-08	地区实际使用外资与 GDP 之比 /%	0.59	3.66
C_B-09	地区金融机构资金信贷合计与 GDP 之比	0.71	2.31
C_B-10	地区上市公司数量 / 家	1.86	211.00
C_B-11	地区社会零售商品总额与 GDP 之比	0.56	0.33
C_B-12	单位地区生产总值能耗（等价值）/（吨标准煤 / 万元）	0.55	0.60
C_B-13	地区创新型企业的发展程度*（高新技术企业产出占 GDP 比重）/%	2.77	39.68
C_B-14	地区创新产品市场容量	1.94	—
C_B-15*	地区第二、第三产业比	2.72	1.21
C_B-16*	地区城乡居民收入比	0.77	2.12
C_B-17*	地区市场集中程度*（反向指标，各产业 GDP 贡献的离散程度，方差表示）	0.93	0.55
C_B-18*	地区贫富差距*（反向指标，基尼系数）	0.57	0.53
C_B-19	地区经济规模效应*（税收在 100 万以上的企业在税收贡献中的比重）/%	1.22	29.00
C_B-20	地区人均公路里程 /（公里 / 人）	0.78	0.00
C_B-21	地区人均铁路营业里程 /（公里 / 人）	0.55	0.00
C_B-22	地区高速公路比重 /%	2.12	2.71
C_B-23	地区每万人拥有公共交通数量 / 台	2.32	5.18
C_B-24	地区城镇化发展水平（城镇人口比重）/%	1.06	61.90
C_B-25	地区地理区位优势*（所处地区档次分为东部、中部、西部，不同档次区位将被赋予 3、2、1 的数值）	0.76	3.00
C_B-26	地区电力生产消费比	1.30	0.79
C_B-27	地区资源丰度（根据地区资源禀赋由课题组确定全国各省份资源丰度，以 3、2、1 量化表示）	1.01	1.00
C_B-28	地区人居自然环境*（人口密度）/（人 / 公里^2）	0.89	724.00
C_B-29	地区金融支持环境*（地区金融机构贷款余额与 GDP 之比）/%	1.90	1.16
C_B-30	地区人均行政诉讼案件	1.68	0.00
C_B-31	地区人均财政税收 /（万元 / 人）	0.59	0.65
C_B-32	地区人均财政支出 /（万元 / 人）	1.30	0.79
C_B-33*	地区政府廉洁水平*（三公经费比重）	2.24	—
C_B-34	地区法院人均收案 /（件 / 万人）	1.64	41.00
C_B-35	地区刑事犯罪人数比重（每万人发案数）	2.46	13.00
C_B-36	地区万人拥有律师数	2.00	1.65
C_B-37	地区技术创新成果保护法的完善与实施情况*（知识产权收案占民事收案比重）/%	1.46	0.95
C_B-38	地区万人高校在校生人数 / 人	0.62	210.08
C_B-39	地区万人科研机构数 /（个 / 万人）	0.87	0.63

续表

序号	观测指标	权重 /%	原值
CB-40	地区教育经费占财政支出比重 /%	1.46	14.84
CB-41	当地人居社会环境情况*（一般公共服务经费支出占财政支出比重）/%	1.12	12.03
CB-42	地区创新的文化发育程度*（地区科技经费支出比重）/%	0.67	3.43
CB-43*	地区文明程度*（每万人犯罪数）	1.04	16.00

13．河北钢铁

序号	观测指标	权重 /%	原值
CA-01	专利及科技成果相对数 /（个 / 亿元资产）	2.15	0.54
CA-02	获奖成果相对数 /（个 / 亿元资产）	1.13	0.05
CA-03	千人研发人员拥有专利数量 /（个 / 千人）	1.18	11.00
CA-04	千人研发人员拥有论文数量 /（篇 / 千人）	2.10	978.00
CA-05	企业科技机构相对数 /（个 / 亿元资产）	2.26	0.08
CA-06	企业仪器设备采购强度 /%	1.62	0.57
CA-07	企业 R&D 项目相对数 /（个 / 亿元资产）	0.69	0.10
CA-08*	理论与技术导入能力*（新聘员工平均培训时间）/ 天	1.47	26.50
CA-09*	工艺技术手段完备情况*（企业外包业务环节比重）/%	0.62	10.00
CA-10*	自动化生产水平*（生产线员工比重）/%	0.59	36.50
CA-11	企业创新激励机制建设水平（研发人员劳务支出比重）/%	1.26	20.00
CA-12	企业管理费用比重 /%	2.38	3.68
CA-13	企业创新战略目标的清晰程度*（新产品研发成功率）/%	1.03	18.05
CA-14	创新战略有效性*（新产品企业市场份额）/%	0.64	18.05
CA-15	创新机制的有效性*（新产品销售收入比重）/%	0.89	6.05
CA-16	科技体系与创新载体情况*（负责创新的部门或机构经费比重）/%	0.65	15.28
CA-17	管理人员创新意识*（企业管理制度变化频度）/（次 / 年）	0.71	27.00
CA-18	信息采集和管理能力*（企业管理信息系统费用支出比重）	0.67	3.06
CA-19	企业人均邮电业务总量 /（万元 / 年）	0.42	0.80
CA-20	企业人均移动电话数量 /（台 / 人）	0.55	1.20
CA-21	宽带覆盖率 /%	0.52	100.0
CA-22	微机覆盖率 /%	0.55	100.0
CA-23	信息技术投入增长率 /%	0.55	2.80
CA-24	情报部门投入经费比重 /%	1.81	4.21
CA-25	企业工程技术员工比重 /%	0.74	4.00
CA-26	企业科技活动人员比重 /%	0.48	6.00
CA-27	员工培训和学习频度 /（次 / 年）	0.53	3.00
CA-28	研发人员的年总收入增长率 /%	0.74	16.00
CA-29	研发人员观念素质*（本科学历人员比重）/%	0.80	61.12

续表

序号	观测指标	权重/%	原值
C_A-30*	研发人员忠诚度*（年离职率）/%	0.57	3.00
C_A-31	员工满意度*（年收入增长率）/%	0.70	8.00
C_A-32	研发人员晋升制度的完善程度*（管理层由企业自身培养的研发人员比重）	0.85	15.37
C_A-33	企业研发支出经费比率/%	0.94	6.00
C_A-34	资本创新效率资本创新效率（专利产出效率）/%	0.60	165.00
C_A-35	研发人员投入比重/%	0.84	2.00
C_A-36	研发设备投入比重/%	0.74	2.00
C_A-37	外部科研经费筹集比重/%	1.44	29.00
C_A-38*	企业资源型企业的国家控制程度*（国有或者集体股份比重）	0.60	100.0
C_A-39*	企业资源禀赋优势*（企业资源占国家该资源总量的比重）	0.70	—
C_A-40*	市场准入门槛*（进入该资源市场所需政府批文数量）	0.64	15.00
C_A-41*	资源替代品多寡*（根据很容易被替代、容易被替代、不容易被替代，分别赋以1、0.5、0）	0.54	1.00
C_A-42*	企业国际资源获取门槛*（资源进口单价年增长率）/%	0.64	6.70
C_A-43	企业技术引进费用占比/%	0.55	14.53
C_A-44	企业国内技术购买费用占比/%	0.73	7.75
C_A-45	企业技术引进合同金额占比/%	2.67	15.96
C_A-46	企业消化吸收经费占比/%	0.66	0.41
C_A-47	产、学、研合作比率/%	0.91	13.00
C_B-01	地区人均国内生产总值/元	0.60	33 969.00
C_B-02	地区规模以上工业增加值增速/%	0.81	16.00
C_B-03	地区人均可支配收入/元	2.82	16 263.43
C_B-04	地区经济发展全国排名	0.75	12.00
C_B-05	地区经济发展潜力*（GDP 增长率）/%	1.48	11.00
C_B-06	地区人均居民消费水平/元	0.57	9 550.51
C_B-07	地区全社会固定资产投资占 GDP 比重/%	0.89	66.85
C_B-08	地区实际使用外资与 GDP 之比/%	0.59	0.88
C_B-09	地区金融机构资金信贷合计与 GDP 之比	0.71	1.95
C_B-10	地区上市公司数量/家	1.86	49.00
C_B-11	地区社会零售商品总额与 GDP 之比	0.56	0.33
C_B-12	单位地区生产总值能耗（等价值）/（吨标准煤/万元）	0.55	1.30
C_B-13	地区创新型企业的发展程度*（高新技术企业产出占 GDP 比重）/%	2.77	3.97
C_B-14	地区创新产品市场容量	1.94	—
C_B-15*	地区第二、第三产业比	2.72	1.55
C_B-16*	地区城乡居民收入比	0.77	3.13
C_B-17*	地区市场集中程度*（反向指标，各产业 GDP 贡献的离散程度，方差表示）	0.93	0.61
C_B-18*	地区贫富差距*（反向指标，基尼系数）	0.57	0.38

续表

序号	观测指标	权重 /%	原值
CB-19	地区经济规模效应*（税收在 100 万以上的企业在税收贡献中的比重）/%	1.22	16.00
CB-20	地区人均公路里程 /（公里 / 人）	0.78	0.00
CB-21	地区人均铁路营业里程 /（公里 / 人）	0.55	0.00
CB-22	地区高速公路比重 /%	2.12	3.03
CB-23	地区每万人拥有公共交通数量 / 台	2.32	4.13
CB-24	地区城镇化发展水平（城镇人口比重）/%	1.06	45.60
CB-25	地区地理区位优势*（所处地区档次分为东部、中部、西部，不同档次区位将被赋予 3、2、1 的数值）	0.76	3.00
CB-26	地区电力生产消费比	1.30	0.57
CB-27	地区资源丰度（根据地区资源禀赋由课题组确定全国各省份资源丰度，以 3、2、1 量化表示）	1.01	1.00
CB-28	地区人居自然环境*（人口密度）/（人 / 公里^2）	0.89	355.00
CB-29	地区金融支持环境*（地区金融机构贷款余额与 GDP 之比）/%	1.90	0.97
CB-30	地区人均行政诉讼案件	1.68	0.00
CB-31	地区人均财政税收 /（万元 / 人）	0.59	0.24
CB-32	地区人均财政支出 /（万元 / 人）	1.30	0.49
CB-33*	地区政府廉洁水平*（三公经费比重）	2.24	—
CB-34	地区法院人均收案 /（件 / 万人）	1.64	46.00
CB-35	地区刑事犯罪人数比重（每万人发案数）	2.46	18.00
CB-36	地区万人拥有律师数	2.00	11.10
CB-37	地区技术创新成果保护法的完善与实施情况*（知识产权收案占民事收案比重）/%	1.46	0.79
CB-38	地区万人高校在校生人数 / 人	0.62	158.73
CB-39	地区万人科研机构数 /（个 / 万人）	0.87	0.12
CB-40	地区教育经费占财政支出比重 /%	1.46	15.97
CB-41	当地人居社会环境情况*（一般公共服务经费支出占财政支出比重）/%	1.12	11.73
CB-42	地区创新的文化发育程度*（地区科技经费支出比重）/%	0.67	0.94
CB-43*	地区文明程度*（每万人犯罪数）	1.04	21.00

14. 沙钢股份

序号	观测指标	权重 /%	原值
CA-01	专利及科技成果相对数 /（个 / 亿元资产）	2.15	2.75
CA-02	获奖成果相对数 /（个 / 亿元资产）	1.13	2.06
CA-03	千人研发人员拥有专利数量 /（个 / 千人）	1.18	6.00
CA-04	千人研发人员拥有论文数量 /（篇 / 千人）	2.10	400.00
CA-05	企业科技机构相对数 /（个 / 亿元资产）	2.26	0.33
CA-06	企业仪器设备采购强度 /%	1.62	0.53
CA-07	企业 R&D 项目相对数 /（个 / 亿元资产）	0.69	0.59

续表

序号	观测指标	权重 /%	原值
C_A-08*	理论与技术导入能力*（新聘员工平均培训时间）/ 天	1.47	20.00
C_A-09*	工艺技术手段完备情况*（企业外包业务环节比重）/%	0.62	9.00
C_A-10*	自动化生产水平*（生产线员工比重）/%	0.59	26.00
C_A-11	企业创新激励机制建设水平（研发人员劳务支出比重）/%	1.26	30.00
C_A-12	企业管理费用比重 /%	2.38	2.47
C_A-13	企业创新战略目标的清晰程度*（新产品研发成功率）/%	1.03	14.06
C_A-14	创新战略有效性*（新产品企业市场份额）/%	0.64	14.06
C_A-15	创新机制的有效性*（新产品销售收入比重）/%	0.89	3.06
C_A-16	科技体系与创新载体情况*（负责创新的部门或机构经费比重）/%	0.65	11.29
C_A-17	管理人员创新意识*（企业管理制度变化频度）/（次 / 年）	0.71	20.00
C_A-18	信息采集和管理能力*（企业管理信息系统费用支出比重）	0.67	2.26
C_A-19	企业人均邮电业务总量 /（万元 / 年）	0.42	0.08
C_A-20	企业人均移动电话数量 /（台 / 人）	0.55	0.90
C_A-21	宽带覆盖率 /%	0.52	100.0
C_A-22	微机覆盖率 /%	0.55	100.0
C_A-23	信息技术投入增长率 /%	0.55	1.50
C_A-24	情报部门投入经费比重 /%	1.81	3.41
C_A-25	企业工程技术员工比重 /%	0.74	1.50
C_A-26	企业科技活动人员比重 /%	0.48	2.80
C_A-27	员工培训和学习频度 /（次 / 年）	0.53	3.00
C_A-28	研发人员的年总收入增长率 /%	0.74	14.67
C_A-29	研发人员观念素质*（本科学历人员比重）/%	0.80	45.17
C_A-30*	研发人员忠诚度*（年离职率）/%	0.57	2.00
C_A-31	员工满意度*（年收入增长率）/%	0.70	14.00
C_A-32	研发人员晋升制度的完善程度*（管理层由企业自身培养的研发人员比重）	0.85	18.06
C_A-33	企业研发支出经费比率 /%	0.94	1.89
C_A-34	资本创新效率资本创新效率（专利产出效率）/%	0.60	268.00
C_A-35	研发人员投入比重 /%	0.84	1.20
C_A-36	研发设备投入比重 /%	0.74	1.30
C_A-37	外部科研经费筹集比重 /%	1.44	20.00
C_A-38*	企业资源型企业的国家控制程度*（国有或者集体股份比重）	0.60	10.00
C_A-39*	企业资源禀赋优势*（企业资源占国家该资源总量的比重）	0.70	—
C_A-40*	市场准入门槛*（进入该资源市场所需政府批文数量）	0.64	17.00
C_A-41*	资源替代品多寡*（根据很容易被替代、容易被替代、不容易被替代，分别赋以 1、0.5、0）	0.54	1.00
C_A-42*	企业国际资源获取门槛*（资源进口单价年增长率）/%	0.64	6.40
C_A-43	企业技术引进费用占比 /%	0.55	3.93

续表

序号	观测指标	权重/%	原值
C_A-44	企业国内技术购买费用占比/%	0.73	2.34
C_A-45	企业技术引进合同金额占比/%	2.67	1.28
C_A-46	企业消化吸收经费占比/%	0.66	1.67
C_A-47	产、学、研合作比率/%	0.91	10.00
C_B-01	地区人均国内生产总值/元	0.60	62 290.00
C_B-02	地区规模以上工业增加值增速/%	0.81	13.80
C_B-03	地区人均可支配收入/元	2.82	22 944.26
C_B-04	地区经济发展全国排名	0.75	4.00
C_B-05	地区经济发展潜力*（GDP增长率）/%	1.48	11.00
C_B-06	地区人均居民消费水平/元	0.57	17 166.48
C_B-07	地区全社会固定资产投资占GDP比重/%	0.89	54.35
C_B-08	地区实际使用外资与GDP之比/%	0.59	3.66
C_B-09	地区金融机构资金信贷合计与GDP之比	0.71	2.31
C_B-10	地区上市公司数量/家	1.86	211.00
C_B-11	地区社会零售商品总额与GDP之比	0.56	0.33
C_B-12	单位地区生产总值能耗（等价值）/（吨标准煤/万元）	0.55	0.60
C_B-13	地区创新型企业的发展程度*（高新技术企业产出占GDP比重）/%	2.77	39.68
C_B-14	地区创新产品市场容量	1.94	—
C_B-15*	地区第二、第三产业比	2.72	1.21
C_B-16*	地区城乡居民收入比	0.77	2.12
C_B-17*	地区市场集中程度*（反向指标，各产业GDP贡献的离散程度，方差表示）	0.93	0.55
C_B-18*	地区贫富差距*（反向指标，基尼系数）	0.57	0.53
C_B-19	地区经济规模效应*（税收在100万以上的企业在税收贡献中的比重）/%	1.22	29.00
C_B-20	地区人均公路里程/（公里/人）	0.78	0.00
C_B-21	地区人均铁路营业里程/（公里/人）	0.55	0.00
C_B-22	地区高速公路比重/%	2.12	2.71
C_B-23	地区每万人拥有公共交通数量/台	2.32	5.18
C_B-24	地区城镇化发展水平（城镇人口比重）/%	1.06	61.90
C_B-25	地区地理区位优势*（所处地区档次分为东部、中部、西部，不同档次区位将被赋予3、2、1的数值）	0.76	3.00
C_B-26	地区电力生产消费比	1.30	0.79
C_B-27	地区资源丰度（根据地区资源禀赋由课题组确定全国各省份资源丰度，以3、2、1量化表示）	1.01	1.00
C_B-28	地区人居自然环境*（人口密度）/（人/公里^2）	0.89	724.00
C_B-29	地区金融支持环境*（地区金融机构贷款余额与GDP之比）/%	1.90	1.16
C_B-30	地区人均行政诉讼案件	1.68	0.00
C_B-31	地区人均财政税收/（万元/人）	0.59	0.65
C_B-32	地区人均财政支出/（万元/人）	1.30	0.79

续表

序号	观测指标	权重 /%	原值
*C*B-33*	地区政府廉洁水平*（三公经费比重）	2.24	—
*C*B-34	地区法院人均收案 /（件 / 万人）	1.64	41.00
*C*B-35	地区刑事犯罪人数比重 / 每万人发案数	2.46	13.00
*C*B-36	地区万人拥有律师数	2.00	1.65
*C*B-37	地区技术创新成果保护法的完善与实施情况*（知识产权收案占民事收案比重）/%	1.46	0.95
*C*B-38	地区万人高校在校生人数 / 人	0.62	210.08
*C*B-39	地区万人科研机构数 /（个 / 万人）	0.87	0.63
*C*B-40	地区教育经费占财政支出比重 /%	1.46	14.84
*C*B-41	当地人居社会环境情况*（一般公共服务经费支出占财政支出比重）/%	1.12	12.03
*C*B-42	地区创新的文化发育程度*（地区科技经费支出比重）/%	0.67	3.43
*C*B-43*	地区文明程度*（每万人犯罪数）	1.04	16.00

15. 中国铝业

序号	观测指标	权重 /%	原值
*C*A-01	专利及科技成果相对数 /（个 / 亿元资产）	2.15	0.99
*C*A-02	获奖成果相对数 /（个 / 亿元资产）	1.13	0.08
*C*A-03	千人研发人员拥有专利数量 /（个 / 千人）	1.18	13.00
*C*A-04	千人研发人员拥有论文数量 /（篇 / 千人）	2.10	315.00
*C*A-05	企业科技机构相对数 /（个 / 亿元资产）	2.26	0.04
*C*A-06	企业仪器设备采购强度 /%	1.62	0.04
*C*A-07	企业 R&D 项目相对数 /（个 / 亿元资产）	0.69	0.06
*C*A-08*	理论与技术导入能力*（新聘员工平均培训时间）/ 天	1.47	19.70
*C*A-09*	工艺技术手段完备情况*（企业外包业务环节比重）/%	0.62	13.00
*C*A-10*	自动化生产水平*（生产线员工比重）/%	0.59	31.70
*C*A-11	企业创新激励机制建设水平（研发人员劳务支出比重）/%	1.26	21.00
*C*A-12	企业管理费用比重 /%	2.38	1.57
*C*A-13	企业创新战略目标的清晰程度*（新产品研发成功率）/%	1.03	17.08
*C*A-14	创新战略有效性*（新产品企业市场份额）/%	0.64	17.08
*C*A-15	创新机制的有效性*（新产品销售收入比重）/%	0.89	5.08
*C*A-16	科技体系与创新载体情况*（负责创新的部门或机构经费比重）/%	0.65	14.31
*C*A-17	管理人员创新意识*（企业管理制度变化频度）/（次 / 年）	0.71	28.00
*C*A-18	信息采集和管理能力*（企业管理信息系统费用支出比重）	0.67	2.86
*C*A-19	企业人均邮电业务总量 /（万元 / 年）	0.42	0.90
*C*A-20	企业人均移动电话数量 /（台 / 人）	0.55	1.50
*C*A-21	宽带覆盖率 /%	0.52	100.0
*C*A-22	微机覆盖率 /%	0.55	100.0

续表

序号	观测指标	权重 /%	原值
C_A-23	信息技术投入增长率 /%	0.55	2.50
C_A-24	情报部门投入经费比重 /%	1.81	4.02
C_A-25	企业工程技术员工比重 /%	0.74	4.00
C_A-26	企业科技活动人员比重 /%	0.48	8.00
C_A-27	员工培训和学习频度 /（次 / 年）	0.53	2.00
C_A-28	研发人员的年总收入增长率 /%	0.74	13.33
C_A-29	研发人员观念素质*（本科学历人员比重）/%	0.80	57.26
C_A-30*	研发人员忠诚度*（年离职率）/%	0.57	3.00
C_A-31	员工满意度*（年收入增长率）/%	0.70	12.00
C_A-32	研发人员晋升制度的完善程度*（管理层由企业自身培养的研发人员比重）	0.85	16.09
C_A-33	企业研发支出经费比率 /%	0.94	6.00
C_A-34	资本创新效率资本创新效率（专利产出效率）/%	0.60	105.00
C_A-35	研发人员投入比重 /%	0.84	3.00
C_A-36	研发设备投入比重 /%	0.74	2.00
C_A-37	外部科研经费筹集比重 /%	1.44	31.00
C_A-38*	企业资源型企业的国家控制程度*（国有或者集体股份比重）	0.60	100.0
C_A-39*	企业资源禀赋优势*（企业资源占国家该资源总量的比重）	0.70	—
C_A-40*	市场准入门槛*（进入该资源市场所需政府批文数量）	0.64	23.00
C_A-41*	资源替代品多寡*（根据很容易被替代、容易被替代、不容易被替代，分别赋以 1、0.5、0）	0.54	0.00
C_A-42*	企业国际资源获取门槛*（资源进口单价年增长率）/%	0.64	8.70
C_A-43	企业技术引进费用占比 /%	0.55	1.43
C_A-44	企业国内技术购买费用占比 /%	0.73	0.57
C_A-45	企业技术引进合同金额占比 /%	2.67	1.03
C_A-46	企业消化吸收经费占比 /%	0.66	0.45
C_A-47	产、学、研合作比率 /%	0.91	11.00
C_B-01	地区人均国内生产总值 / 元	0.60	35 181.00
C_B-02	地区规模以上工业增加值增速 /%	0.81	10.70
C_B-03	地区人均可支配收入 / 元	2.82	21 809.78
C_B-04	地区经济发展全国排名	0.75	10.00
C_B-05	地区经济发展潜力*（GDP 增长率）/%	1.48	9.20
C_B-06	地区人均居民消费水平 / 元	0.57	12 300.00
C_B-07	地区全社会固定资产投资占 GDP 比重 /%	0.89	65.87
C_B-08	地区实际使用外资与 GDP 之比 /%	0.59	1.53
C_B-09	地区金融机构资金信贷合计与 GDP 之比	0.71	3.86
C_B-10	地区上市公司数量 / 家	1.86	73.00
C_B-11	地区社会零售商品总额与 GDP 之比	0.56	0.36

续表

序号	观测指标	权重 /%	原值
C_B-12	单位地区生产总值能耗（等价值）/（吨标准煤 / 万元）	0.55	0.74
C_B-13	地区创新型企业的发展程度 *（高新技术企业产出占 GDP 比重）/%	2.77	18.70
C_B-14	地区创新产品市场容量	1.94	—
C_B-15*	地区第二、第三产业比	2.72	1.08
C_B-16*	地区城乡居民收入比	0.77	3.33
C_B-17*	地区市场集中程度 *（反向指标，各产业 GDP 贡献的离散程度，方差表示）	0.93	0.59
C_B-18*	地区贫富差距 *（反向指标，基尼系数）	0.57	0.47
C_B-19	地区经济规模效应 *（税收在 100 万以上的企业在税收贡献中的比重）/%	1.22	20.00
C_B-20	地区人均公路里程 /（公里 / 人）	0.78	0.00
C_B-21	地区人均铁路营业里程 /（公里 / 人）	0.55	0.00
C_B-22	地区高速公路比重 /%	2.12	2.07
C_B-23	地区每万人拥有公共交通数量 / 台	2.32	6.26
C_B-24	地区城镇化发展水平（城镇人口比重）/%	1.06	51.00
C_B-25	地区地理区位优势 *（所处地区档次分为东部、中部、西部，不同档次区位将被赋予 3、2、1 的数值）	0.76	2.00
C_B-26	地区电力生产消费比	1.30	0.57
C_B-27	地区资源丰度（根据地区资源禀赋由课题组确定全国各省份资源丰度，以 3、2、1 量化表示）	1.01	2.00
C_B-28	地区人居自然环境 *（人口密度）/（人 / 公里 ^{2}）	0.89	139.48
C_B-29	地区金融支持环境 *（地区金融机构贷款余额与 GDP 之比）/%	1.90	1.93
C_B-30	地区人均行政诉讼案件	1.68	0.00
C_B-31	地区人均财政税收 /（万元 / 人）	0.59	0.77
C_B-32	地区人均财政支出 /（万元 / 人）	1.30	0.81
C_B-33*	地区政府廉洁水平 *（三公经费比重）	2.24	—
C_B-34	地区法院人均收案 /（件 / 万人）	1.64	47.91
C_B-35	地区刑事犯罪人数比重 / 每万人发案数	2.46	19.91
C_B-36	地区万人拥有律师数	2.00	4.80
C_B-37	地区技术创新成果保护法的完善与实施情况 *（知识产权收案占民事收案比重）/%	1.46	0.83
C_B-38	地区万人高校在校生人数 / 人	0.62	100.17
C_B-39	地区万人科研机构数 /（个 / 万人）	0.87	0.71
C_B-40	地区教育经费占财政支出比重 /%	1.46	14.30
C_B-41	当地人居社会环境情况 *（一般公共服务经费支出占财政支出比重）/%	1.12	10.06
C_B-42	地区创新的文化发育程度 *（地区科技经费支出比重）/%	0.67	0.81
C_B-43*	地区文明程度 *（每万人犯罪数）	1.04	19.00

16. 吉恩镍业

序号	观测指标	权重 /%	原值
C_A-01	专利及科技成果相对数 /（个 / 亿元资产）	2.15	0.24

续表

序号	观测指标	权重/%	原值
C_A-02	获奖成果相对数 /（个 / 亿元资产）	1.13	0.04
C_A-03	千人研发人员拥有专利数量 /（个 / 千人）	1.18	7.00
C_A-04	千人研发人员拥有论文数量 /（篇 / 千人）	2.10	539.00
C_A-05	企业科技机构相对数 /（个 / 亿元资产）	2.26	0.01
C_A-06	企业仪器设备采购强度 /%	1.62	0.07
C_A-07	企业 R&D 项目相对数 /（个 / 亿元资产）	0.69	0.09
C_A-08*	理论与技术导入能力*（新聘员工平均培训时间）/ 天	1.47	27.90
C_A-09*	工艺技术手段完备情况*（企业外包业务环节比重）/%	0.62	14.00
C_A-10*	自动化生产水平*（生产线员工比重）/%	0.59	32.90
C_A-11	企业创新激励机制建设水平（研发人员劳务支出比重）/%	1.26	15.00
C_A-12	企业管理费用比重 /%	2.38	1.40
C_A-13	企业创新战略目标的清晰程度*（新产品研发成功率）/%	1.03	11.04
C_A-14	创新战略有效性*（新产品企业市场份额）/%	0.64	10.04
C_A-15	创新机制的有效性*（新产品销售收入比重）/%	0.89	4.04
C_A-16	科技体系与创新载体情况*（负责创新的部门或机构经费比重）/%	0.65	8.27
C_A-17	管理人员创新意识*（企业管理制度变化频度）/（次 / 年）	0.71	11.00
C_A-18	信息采集和管理能力*（企业管理信息系统费用支出比重）	0.67	1.65
C_A-19	企业人均邮电业务总量 /（万元 / 年）	0.42	0.06
C_A-20	企业人均移动电话数量 /（台 / 人）	0.55	1.00
C_A-21	宽带覆盖率 /%	0.52	95.00
C_A-22	微机覆盖率 /%	0.55	97.00
C_A-23	信息技术投入增长率 /%	0.55	3.20
C_A-24	情报部门投入经费比重 /%	1.81	2.81
C_A-25	企业工程技术员工比重 /%	0.74	2.00
C_A-26	企业科技活动人员比重 /%	0.48	4.00
C_A-27	员工培训和学习频度 /（次 / 年）	0.53	1.00
C_A-28	研发人员的年总收入增长率 /%	0.74	11.00
C_A-29	研发人员观念素质*（本科学历人员比重）/%	0.80	33.07
C_A-30*	研发人员忠诚度*（年离职率）/%	0.57	1.00
C_A-31	员工满意度*（年收入增长率）/%	0.70	10.00
C_A-32	研发人员晋升制度的完善程度*（管理层由企业自身培养的研发人员比重）	0.85	21.02
C_A-33	企业研发支出经费比率 /%	0.94	3.00
C_A-34	资本创新效率资本创新效率（专利产出效率）/%	0.60	115.00
C_A-35	研发人员投入比重 /%	0.84	2.00
C_A-36	研发设备投入比重 /%	0.74	1.00
C_A-37	外部科研经费筹集比重 /%	1.44	23.00
C_A-38*	企业资源型企业的国家控制程度*（国有或者集体股份比重）	0.60	10.00

续表

序号	观测指标	权重 /%	原值
C_A-39*	企业资源禀赋优势*（企业资源占国家该资源总量的比重）	0.70	—
C_A-40*	市场准入门槛*（进入该资源市场所需政府批文数量）	0.64	16.00
C_A-41*	资源替代品多寡*（根据很容易被替代、容易被替代、不容易被替代，分别赋以 1、0.5、0）	0.54	0.00
C_A-42*	企业国际资源获取门槛*（资源进口单价年增长率）/%	0.64	8.10
C_A-43	企业技术引进费用占比 /%	0.55	0.07
C_A-44	企业国内技术购买费用占比 /%	0.73	0.03
C_A-45	企业技术引进合同金额占比 /%	2.67	0.07
C_A-46	企业消化吸收经费占比 /%	0.66	0.02
C_A-47	产、学、研合作比率 /%	0.91	9.00
C_B-01	地区人均国内生产总值 / 元	0.60	38 460.00
C_B-02	地区规模以上工业增加值增速 /%	0.81	18.80
C_B-03	地区人均可支配收入 / 元	2.82	15 411.47
C_B-04	地区经济发展全国排名	0.75	11.00
C_B-05	地区经济发展潜力*（GDP 增长率）/%	1.48	14.00
C_B-06	地区人均居民消费水平（元）	0.57	10 810.77
C_B-07	地区全社会固定资产投资占 GDP 比重 /%	0.89	70.41
C_B-08	地区实际使用外资与 GDP 之比 /%	0.59	1.20
C_B-09	地区金融机构资金信贷合计与 GDP 之比	0.71	0.77
C_B-10	地区上市公司数量 / 家	1.86	43.00
C_B-11	地区社会零售商品总额与 GDP 之比	0.56	0.39
C_B-12	单位地区生产总值能耗（等价值）/（吨标准煤 / 万元）	0.55	0.92
C_B-13	地区创新型企业的发展程度*（高新技术企业产出占 GDP 比重）/%	2.77	9.66
C_B-14	地区创新产品市场容量	1.94	—
C_B-15*	地区第二、第三产业比	2.72	1.52
C_B-16*	地区城乡居民收入比	0.77	2.37
C_B-17*	地区市场集中程度*（反向指标，各产业 GDP 贡献的离散程度，方差表示）	0.93	0.71
C_B-18*	地区贫富差距*（反向指标，基尼系数）	0.57	0.35
C_B-19	地区经济规模效应*（税收在 100 万以上的企业在税收贡献中的比重）/%	1.22	15.00
C_B-20	地区人均公路里程 /（公里 / 人）	0.78	0.00
C_B-21	地区人均铁路营业里程 /（公里 / 人）	0.55	0.00
C_B-22	地区高速公路比重 /%	2.12	2.45
C_B-23	地区每万人拥有公共交通数量 / 台	2.32	4.76
C_B-24	地区城镇化发展水平（城镇人口比重）/%	1.06	53.40
C_B-25	地区地理区位优势*（所处地区档次分为东部、中部、西部，不同档次区位将被赋予 3、2、1 的数值）	0.76	2.00
C_B-26	地区电力生产消费比	1.30	1.33
C_B-27	地区资源丰度（根据地区资源禀赋由课题组确定全国各省份资源丰度，以 3、2、1 量化表示）	1.01	2.00

续表

序号	观测指标	权重 /%	原值
C_B-28	地区人居自然环境*（人口密度）/（人 / 公里^2）	0.89	151.00
C_B-29	地区金融支持环境*（地区金融机构贷款余额与 GDP 之比）/%	1.90	0.38
C_B-30	地区人均行政诉讼案件	1.68	0.00
C_B-31	地区人均财政税收 /（万元 / 人）	0.59	0.31
C_B-32	地区人均财政支出 /（万元 / 人）	1.30	0.80
C_B-33*	地区政府廉洁水平*（三公经费比重）	2.24	—
C_B-34	地区法院人均收案 /（件 / 万人）	1.64	45.00
C_B-35	地区刑事犯罪人数比重（每万人发案数）	2.46	17.00
C_B-36	地区万人拥有律师数	2.00	1.17
C_B-37	地区技术创新成果保护法的完善与实施情况*（知识产权收案占民事收案比重）/%	1.46	0.77
C_B-38	地区万人高校在校生人数 / 人	0.62	204.71
C_B-39	地区万人科研机构数 /（个 / 万人）	0.87	0.40
C_B-40	地区教育经费占财政支出比重 /%	1.46	12.48
C_B-41	当地人居社会环境情况*（一般公共服务经费支出占财政支出比重）/%	1.12	10.51
C_B-42	地区创新的文化发育程度*（地区科技经费支出比重）/%	0.67	0.96
C_B-43*	地区文明程度*（每万人犯罪数）	1.04	20.00